U0572539

考古随笔

三

考古随笔

三

陈星灿 著

文物出版社

图书在版编目（CIP）数据

考古随笔. 三 / 陈星灿著. -- 北京：文物出版社，
2020.12

ISBN 978-7-5010-6899-9

Ⅰ. ①考… Ⅱ. ①陈… Ⅲ. ①考古学－中国－文集
Ⅳ. ①K870.4-53

中国版本图书馆CIP数据核字(2020)第236185号

考古随笔　三

作　　者：陈星灿

封面题签：罗　丰
责任编辑：李　飏
装帧设计：刘　远　程星涛
责任印制：陈　杰
责任校对：李　薇

出版发行：文物出版社
地　　址：北京市东直门内北小街2号楼
邮　　编：100007
网　　址：http://www.wenwu.com
制　　版：北京荣宝艺品印刷有限公司
印　　刷：北京雍艺和文印刷有限公司
经　　销：新华书店
开　　本：889mm×1194mm　1/32
印　　张：13.625
版　　次：2020年12月第1版
印　　次：2020年12月第1次印刷
书　　号：ISBN 978-7-5010-6899-9
定　　价：98.00元

引言

这本小册子，收录过去近20年来发表的大部分随笔，但也选入少量此前发表而尚未收入文集的旧文。最早的文章发表在2000年，最晚的则发表在2019年，共收入文章64篇。为了便于读者，分列在如下几个单元中。

"往事如烟"是写已经过世的考古学家的。逝者多少都是我接触较多的老师或朋友，对我的工作或者人生有过影响。这样的先生其实还有不少，当初本来也是要写文章追念的，但是或者因为忙，或者时过境迁，竟没有留下片言只语。

"书里书外"是读书有感。所感有考古的书，也有历史的书，还有民俗的书。有的是出版社或者报社的约稿，直接把书寄给我，约我写评论；也有的是自己读后有感而发，并没有人催稿。所评有中国书，也有外国书，有的发表以后还得到了作者的回应或批评。这些批评有的我赞成，有的并没有说服我，但我依然把它们视为美好的学术交流。

"读书闲谈"可资"闲谈"的题目不少——我其实有许多读书札记，不过发表的就只有这些，其他还都没有成文。这部分与我关注的社会生活史是有关系的，讨论的材料贯穿古今，也让我有些意外。

陈星灿

1991年获历史学博士学位，现为中国社会科学院考古研究所所长、研究员，研究方向为中国史前考古学。

图为2018年在内蒙古自治区乌兰布统草原

"书前书后"是我为自己写的、编的书或者别人的书写的序、跋、前言或者后记，其实已经发表的还不止这些，没有收录的文字或者因为太短，或者因为觉得发表的时间不适合收录在此，所以就选了这些。我把张光直先生给《庙底沟与三里桥》英文版所写的序言，也翻译发表并收录于此，以作为永久的纪念。

　　"考古新知"是我平时关注的重点，也是《考古随笔》和《考古随笔二》讨论的重要内容，这本集子本来应该以本单元为主的，但是因为忙，虽然做了很多札记，发表出来的却只有这么可怜的几篇，如果以后还能出版《考古随笔四》，我也许会把它们发表在那里。现在把话先说出来，作为对自己的一种鞭策。这部分有我批评别人的文章，有的还得到了反批评。因为版权的原因，我不能把批评我的文字也收在这个集子里，有兴趣的读者不妨找来参看。

　　"考古杂谈"涉及考古的方方面面。需要说明的是，《上穷碧落下黄泉——史前人类居住简史》《生死两茫茫——从居室葬到帝王陵墓》，原是《中华遗产》杂志的约稿，编辑经过许多加工和配图，修改版发表在该刊2010年第3期上。为了存真，我把原文发表在这里，标题也回到原初的状态。《全覆盖式（拉网式）区域调查方法试谈——

从伊洛河下游区域调查说起》是与李润权博士和刘莉博士合写的，《"失落的文明"与失落的选择》原是瑞典东方博物馆前馆长马思中（Magnus Fiskesjö）博士的作品，2002年因他之邀我有缘短期在斯德哥尔摩访问，工作间隙把它翻译出来，随后发表在了《读书》上。

"风俗古今"多是我过去几年翻译的作品，按理不该和自作的文章一起收入随笔的，其中有考古的，也有民俗的，还有历史的，都是我喜爱的文章，也是我研究中因为喜爱而特意翻译的，敢于收在这里，是为了便于读者。我要感谢这些文章的作者——〔瑞典〕高本汉（B. Karlgren）先生、〔法〕雷焕章（Jean A. Lefeuvre）先生、〔德〕何可思（Eduard Erkes）先生、〔瑞典〕汉娜·赖（Hanna Rydh）女士和〔英〕阿瑟·魏利（Arthur Waley）先生。我只想说，这些文章比我自己写的高明，也更值得阅读，只可惜我译得太少。

《考古随笔三》，更多地写了人和书，似乎有点偏，但主题其实是贯通的，大致不出考古、民俗和历史的范畴。我要感谢最初发表这些文字的报刊和编辑们，特别是《中国文物报》《中国社会科学报》《南方文物》《中国文化》《东方早报·上海书评》《人民日报》《中国人文田野》及其编辑李政、杨阳、周广明、胡振宇、陆灏、杨雪梅和蓝勇等，也感谢在编辑过程中帮我搜集小文的吴浩、付永旭及林思雨等旧雨新知。把上述文字收录在这里出版，我也要特别感谢文物出版社和编辑李飔女士。

陈星灿

2019年6月13日于京西大有庄宿舍

目　录

往事如烟/

3 · 追念张光直先生

7 · 在剑桥的追思

12 · 安金槐先生不朽

15 · 不能忘却的怀念
　　——贾老二三事

19 · 安志敏先生小传

23 · 张森水先生二三事

27 · 怀念张彦煌先生

31 · 喝粥足矣，奋进为乐
　　——考古学家佟柱臣先生印象

36 · 斯人已逝，精神永存
　　——追悼考古学家吕烈丹教授

书里书外

45 · 抢救史料　善莫大焉
　　——读《考古人和他们的故事》第一、二集有感

48 · 踏遍青山人未老　始信昆仑别有山
　　——读汪宁生先生《始信昆仑别有山——海外游
　　学日记选辑》

52 · 见微知著　由此及彼
　　——读王小庆《石器使用痕迹显微观察的研究》

56 · 全面公布考古材料的典范
　　——读《登封王城岗考古发现与研究（2000 –
　　2005）》

63 · 李济和他的考古事业

67 · 让我们进入史前人的物质和情感世界
　　——介绍一本英国军人所写的澳洲土著民族志

72 · 真他妈的，我多么勤奋哪！
　　——读《我的老师高本汉——一位学者的肖像》

79 · 读《我们的根——简说五千年中国文明史》

85 · 名著有瑕疵
　　——读牟复礼先生《中国思想的起源》

89 · 翻译家，您慢一点吧

96 · 紧跟世界学术潮流的夏鼐先生
　　——写在《夏鼐日记》出版之际

读书闲谈 / 103 · "茹毛饮血"正解

105 · 祭祀必用家畜

108 · 偶得一束

书前书后 / 123 · 张光直先生《古代中国考古学》中文版跋

128 · 《美术、神话与祭祀》2001年版校译者的话

131 · 不因新材料的发现而过时
　　　——《商文明》译后记

135 · 《传薪有斯人》前言

140 · 《考古发掘与历史复原》编后记

146 · 《考古学专题六讲》新版赘言

148 · 《20世纪中国考古学史研究论丛》前言

151 · 《考古随笔二》自序

154 · 《庙底沟与三里桥》双语版张光直先生序

161 · 《庙底沟与三里桥》双语版后记

166 · 《中国北方边疆地区的史前社会》序

168 · 《中国科学考古学的兴起
　　　——1928-1949年历史语言研究所考古史》序

171 · 《跨湖桥文化研究》序言

177 · 梁思永先生与中国考古学
　　　——《梁思永考古论文集》编者按语

185 · 《区域互动框架下的史前中国南方海洋文化》序

189 · 《一个考古人的日记》序

195 · 《哈民玉器研究》序

198 · 《发现殷墟》丛书总序

考古新知

203 · 古代的谷物加工方式

207 · 中国家鸡的起源是从公元前141年开始吗?

213 · 独木舟是如何加工的

217 · 作为制陶工具的卵石

222 · 贾湖骨牌——最早的信物?

考古杂谈

227 · 新世纪我们做什么
　　　——中国新石器时代考古学的片断展望

232 · 全覆盖式(拉网式)区域调查方法试谈
　　　——从伊洛河下游区域调查说起

236 · 让考古丰富我们的历史

239·揭秘中国早期国家的资源策略
    ——以灰嘴遗址为例

244·中原地区墓葬新传统的开启

249·庙底沟时代：早期中国文明的第一缕曙光

261·李济先生与中国文明起源研究

271·以古史重建为己任的中国考古学

275·历史和现实双重变奏下的中国考古学

280·"失落的文明"与失落的选择

286·上穷碧落下黄泉
    ——史前人类居住简史

294·生死两茫茫
    ——从居室葬到帝王陵墓

风俗古今／
305·二次葬的民族考古学观察
    ——河南偃师灰嘴村葬俗小记

319·商代晚期黄河以北地区的犀牛和水牛
    ——从甲骨文中的兕和兕字谈起

349·关于高本汉《古代中国的丰产符号》
    的几点讨论

358 · 中国和日本男性生殖器形象的巫术用途及
　　　其后世遗风

361 · 季节繁殖仪式及斯堪的纳维亚和中国
　　　的死亡崇拜

408 · 史前中国的一些礼仪用品

往事如烟

追念张光直先生

2001年1月4日清晨，当我们中澳联合考古队的队员在巩义街头的一家小店吃早饭时，润权兄从哈佛大学打来越洋电话，告诉我张光直先生已于波士顿当地时间1月3日凌晨在医院病逝。虽然我对此早有心理准备，但还是感到非常突然。想到从此天人两隔，再也不能见到先生，不禁悲从中来。先生的音容笑貌，不时浮现眼前。

我开始知道先生大概是在1984年。当时我读大学三年级，先生的《中国青铜时代》刚刚在三联出版。记得有一次在中大任教的乔晓勤老师极力向大家推荐此书，并问我读这本书的感受。我说我并不觉得有什么了不得。实则当时根本读不懂，但我从此记住了先生的名字。

1993年初夏，我在北大勺园第一次见到先生。当时我已经得到哈佛—燕京学社的录取通知书，准备到哈佛进修。因我在哈佛的指导老师，就是张光直先生，所以这次见面除了看望先生，也有拜师的意思。先生瘦小的身材，在宾馆不很明亮的灯光下，与我的想象颇有不同。当时他行走已显不便，也许由于旅途的劳顿，颇显疲惫。但他很关切地询问我的工作情况，要我加强英语的学习。具体谈些什么，我现在已经记不起来。但先生的宽厚、睿智、幽默，通过他那双炯炯有神的大眼睛和风趣的谈吐，深刻地感染了我。以后每当想起先生，最先映到眼前的总是他那双与众不同的大眼睛。

在哈佛进修的一年，几乎天天可以见到先生。他的办公室在Peabody博物馆的五层。我们一见到他的那辆深红色的Volvo轿车停在楼前，就知道先生已经在工作了。他坚持自己开车，即使在风雪弥漫的天气，也从不让人代劳。先生自尊心极强，从来不提及自己的病，也坚持不用拐杖。但有时也拿病开玩笑。有一次他很认真地告诉我，他之所以新买这辆Volvo轿车，就是因为车翻了不会把自己压瘪。实际上自1993年初秋他因肠胃闹病做过手术后，身体已大不如前。本来正在肆虐的帕金森病魔，从此愈加严重了。记得有一天宪国兄带我去看望手术后的先生，先生拖着虚弱的病躯，在细雨中领我们看他家树木参天的园子，随后还坚持自己开车到附近的一家中餐馆买了三份盒装的炸酱面。那天路面很滑，我们很为先生的安全担心，但先生不一会就开车回来了。我想先生是在证明他自己还有能力不仅为自己，也还能为别人处理学问之外的事情。

随着和先生的接触多起来，我和先生成了忘年交。先生也很看重我们之间的友谊，实际上很多年轻学者可能都有类似的感觉。先生是举世闻名的大学者，但他从来没有架子。人类学系同学主持的每周一次的东亚考古讲座，他差不多每次必到。即使讲的内容索然无味，他也往往能够插上一句半句问话，把气氛弄得活泼起来。我有一次讲良渚文化兽面纹的分析，下来先生说你讲的意思我都听懂了，就是一个词没有听懂——你把God读成"戈德"，美国人都把它读成"嘎德"——不过现在也懂了。先生并没有责备我的意思，但我因此知道也许我的半瓶子醋的英语根本就不能让大家明白我的意思。还有一次，我要到泰国开会，正巧在人类学系楼前见到要驱车回家的先生。我向他道别，他把车窗玻璃摇上又摇下，然后面带他特有的微笑严肃地对我说："可别沾女人！"这句话给我留下深刻印象。此时的先生已经超越了一般意义上的老师，而更像我的长辈和朋友。

先生和我谈的话题很广泛，但大都围绕中国考古学展开。他几次建议我去收集一下新考古学的材料，看看Binford说的话和他实际上做到的到底有多大距离。他对宾福德有很多不太好的看法，称他为教主；Binford也在一些场合说过先生不好的话。其间的是非很难遽定，但我更愿意相信这是同一个时代两个巨人之间的惺惺相惜，因为作为学者没有什么比被人遗忘更可悲的了。

先生因与考古所合作在商丘发掘，从1994年秋天到1997年冬天，每年至少回大陆一次。先生的身体每况愈下，但只要能够支撑，他都要坚持到工地去。他相信一定能够在商丘找到商人的老家。许多人认为商丘地处黄泛区，即便商人的老家确实在那里，也很难在短期内落实。但先生认为，如果一挖就能挖出成绩，那还有什么意思。他在人生的最后岁月，在学术上仍然是不断地挑战和进取，就像他向自己身体的极限挑战一样。

1997年夏天，先生再一次来到北京。此时，他的身体已经虚弱得不成样子。晚上我和另外几个年轻人轮流睡在他的房间地板上，以便随时照顾他的起居。他的样子像一个婴儿，和平时完全不同。这是先生最不想让人看到的一面，但此时他已经完全不由自主了。尽管如此，先生白天依然谈笑风生，虽然很多时候已经很难明白他的意思。他把日程安排得满满的，在餐桌上想吃什么就吃什么，我体会他是力图把每一天都过得有意思。他生在北京，对北京非常有感情，几次写信都说"但愿今生能再去一次北京"。1997年夏天回国，他已经正式退休。在他送我的一张用金箔做成的名片上，正面中间靠左，印着先生微笑的彩色头像，右边用行书写着如下的一段话："在我另一阶段的人生起点，你我再度开始我们持久的友谊。张光直。"背面上侧用英文写着同样的一句话，右下角是河南柘城山台寺龙山文化祭祀坑出土九牛一鹿的线图，是先生和张长寿先生带队的中美联合考古队的最新发现。先生平时生活简朴，这次用金箔做成为数不多的名片，是他珍重生命和友谊的具体体现。

张光直先生走了，但先生的生命将通过他的著作而永远活在人世间。由我协助先生编选的《张光直作品系列》一套四册，已经由北京三联书店出版。另外一套主要是翻译的作品，包括《中国古代考古学》《商文明》《美术、神话与祭祀》和《反思考古学》，也将在近日内以《张光直学术作品系列》之名由辽宁教育出版社出版。遗憾的是先生再也看不到这套他喜欢的著作的出版了！

知道先生去世的当天晚上，我们在饭桌上特意摆了一套碗筷和酒杯，加满了饭菜和啤酒用以祭奠先生。先生一生幽默——他大概是我所知道的唯一用手铲开启信封的人——我相信他会高兴我们用这种方式纪念他。

2001年1月14日凌晨于河南巩义

（原载《文物天地》2001年第2期）

在剑桥的追思

来到哈佛的第三天，看到早年陈伯庄先生发表在《大学生活》杂志（1960年7月16日出版）上的一篇文章。在这篇题为《自由中国学术的前瞻》的文章里，陈先生一方面在表扬杨振宁、李政道两位天才的物理学家获得诺贝尔奖，为中华民族争得了莫大光荣，同时紧接着还给我们披露了张光直先生的一条信息。他是这样说的：

> 今年初我重游哈佛，文化人类学大家克罗孔教授（Clyde Kluckhohn）对我说，"快要在我们学系里得博士学位的张光直真了不起，十年来在人类学系里读博士的学生都比他不上。考博士口试时，他对于各教授问他的各种问题，答得那么应对如流，对理论，对事实都能把握得那么精深正确；不到半小时，大家都认为不须再问下去，于是都起来和他握手道贺。现在我们已内定了聘他在本系做助教（注'内定'英语称pocket appointment），今夏交到博士论文之后，即发正式聘书。"其后我到了纽约，特别约张君晚餐——他和他那在哥伦比亚大学读博士的夫人都在纽约，各写各的博士论文——他是一个身段中材而清瘦的青年，台湾人，台大毕业，系李济之的得意学生。

这段故事，从没有听张先生说起过，也许他一辈子得到的表扬和称赞太多，他已经不记得别人说过什么了。即使像这样在他二十多岁尚未拿到博士学位，就被前辈学者把他与诺贝尔奖得主相提并论的事情，他都没有放在心上。不过读到这篇文章，我倒是想起以前张先生给我看到的他在北京读小学时的成绩单。我记得那是放在他办公室的抽屉里的，已经发黄的纸上记录了先生每个年度的各科成绩，印象中全是高分，张先生似乎从小就认定他是可以成就一番大事业的，所以很多少年的成长记录都留了下来。这次来问，张师母说，先生生前已经把它们赠给哈佛—燕京图书馆了，图书馆作为珍贵资料收藏起来，目前尚不能借阅。

又过了几天，在友人家里看到皮博迪博物馆出版的1997年春季号Symbols（《符号》杂志）。上面刊登了张先生退休的消息，随文还刊发了一帧他晚年的照片。这篇不长的文字，却收录了1996年4月12日先生在夏威夷获得亚洲研究学会颁发的亚洲研究杰出贡献奖（Award for Distinguished Contributions to Asian Studies）的授奖辞。我记得先生获奖后来到北京，曾同我们谈到此事，他很自豪，但不愿做过多的渲染。《中国文物报》曾发过一个简单的消息，但是关于先生的学术贡献，是时任中国社会科学院考古研究所科研处副处长的冯浩璋先生综合国内材料写就的，当时并没有看到这篇授奖辞。由于不易看到，这里我把它翻译出来，以供国内研究者参考：

在过去的四十年中，张光直教授为中国和东南亚考古的进步和发展鞠躬尽瘁，不遗余力。他的卓越的领导才能和杰出贡献，无人能够望其项背。张光直教授几乎是独自一人担负了培养三代考古学研究生的重任，这些学生目前正执掌着北美、欧洲、澳大利亚和亚洲各地重要大学的教席。

张光直教授1950年在台湾大学从考古学大师李济学习考古学，是其学术历程的发端。1954年9月他来到马萨诸塞的剑桥，开始在哈佛大学人类学系攻读博士学位课程；当时他怀揣50美元，仅有一只差不多装满书的箱子。1960年他成为哈佛大学人类学系的正式员工，一年以后转任耶鲁大学，任教至1977年。从1977年到现在，他一直担任哈佛大学John Hudson考古学讲座教授，并曾出任人类学系主任（1981～1984年）和哈佛大学东亚研究评议会主席（1986～1989年）。除此之外，从1993年到1996年，张教授还担任台湾"中央研究院"的副院长一职，1979年他当选美国国家科学院院士。他以影响深远的《古代中国考古学》一书而享誉国际学术界，该书已出至第四版，新的扩充版正在准备中。此书一直担负着把中国考古学介绍给世界考古和历史学界的责任，至今没有其他的著作能够取代。毫无疑问，这是一本现代东亚研究的核心文本之一。

张教授被普遍认为是给予学生无微不至关怀的教师，无论在高水平的学术研究上还是在生活中，他都堪称楷模。

　　亚洲研究学会特此授予张光直教授最高的学术荣誉：亚洲研究杰出贡献奖。学会主席和各位成员与光临今天授奖仪式的诸位一道，宣布张教授为我们学会最杰出和最有成就的一员。

　　这篇授奖辞主要褒奖了先生在中西考古学界的桥梁作用，包括教学和至今被奉为经典的《古代中国考古学》，而对于先生在商文明研究等专门领域的高水平研究成果，则没有特别提及。倒是《符号》自己的介绍，着重提到张先生是世界著名的中国青铜时代的商文明研究专家。另外需要纠正上文一点的是，张先生来美读书的时间是1955年，而不是1954年；他被聘Hudson讲座教授的时间是1984年，而不是1977年；他就任"中研院"副院长的时间当是1994年，而不是1993年。我至今还清楚地记得1994年夏季的一天，我们在哈佛广场一侧的"大升"饭馆为先生送行的场面。先生爱吃甜食，每次吃饭，他总不忘给自己和大家叫一份冰激凌吃，印象中那次好像也点了冰激凌。

　　来剑桥后我曾专门去拜访张师母。师母住在"牧羊人"街的一套公寓里。她说起先生最后的日子，说起先生晚年从中国台湾回到美国后把客厅里的两个书架上的书颠来倒去，念念不忘的不是他的病，而是《古代中国考古学》第五版的写作。据说先生把资料分门别类，有的资料他复印了不止一份，那一定是他认为对新版非常重要的资料。其实就我所知，先生从20世纪90年代初就开始计划第五版的写作事宜。1993年他为中文版（即将由辽宁教育出版社出版）写作的序言，其实就是对该书第四版自1986年出版以后有关中国考古重大发现及其解释的初步综合，该序言长达万言，举凡四川三星堆、江西大洋洲等等重要考古发现，都有涉及。1994年春天先生还在哈佛大学为学生开设《中国考古学》课程，每每问到我们国内的考古发现，并把重要的文章和报告复印出来，分放各处。要是天假以年，先生一定会写出一本更精彩的《古代中国考古学》，那是毋庸置疑的。

先生是太用功了。他的著作目录A4的纸竟然印满了25页之多！他一个人的劳动抵得上不知多少人的工作。先生虽然早早地走了，也许还带着没有完成新版《古代中国考古学》的遗憾，但他的著作却会把他的生命以及这生命代表的一切长久地延续下去。先生现在躺在剑桥一角的公墓里，这是他自己挑选的地方，白里透红的花岗岩上，镌刻着先生手书的"张光直"三个不大的汉字，名字的下面，写着"Archaeologist, 4.15.1931–1.3. 2001"。普普通通，不事张扬，一如先生的为人。约两尺见方的墓石前面，摆放着不知道谁送来的盛开的艳黄的菊花和溢香的红玫瑰，后面则是如茵的绿草。我站在墓前默默地想，先生，有这么多人经常来看您，您不会感到寂寞吧？

（原载《四海为家》编辑委员会编《四海为家》，生活·读书·新知三联书店，2002年）

安金槐先生不朽

2001年是中国考古学的伤心之年。这一年，先是张光直先生撒手人寰（1月4日），接着是安金槐先生（7月5日）和贾兰坡先生（7月8日）魂归道山。也是在这一年，另一位重量级的、享誉世界的中国考古学家郑德坤先生，在多年卧病之后也永远地离开了我们。

我跟安金槐先生接触不多，对他的了解，更多是从他的著作和我跟别人的闲聊中得到的。第一次见安先生，是在1987年的盛夏。那年我和同学曹勇跟导师安志敏先生到西北考古实习，在先生的带领下，我们一路从宁夏、甘肃、陕西走到河南。到了郑州，为了节省有限的考察经费，由安金槐先生介绍我们住进河南省文物研究所宿舍楼一楼的一套客房里。那年夏天出奇地热，一楼尤其闷热。我看到两个互称"老安"的老朋友，站在没有任何空调设备的灰暗的房间里，一边擦汗，一边嘘寒问暖，情景令人感动。那次我们在郑州待了两三天，差不多把全部的时间都用来看仓库里的出土品，一天三餐也都是在所里的食堂吃。那时还没有请人到外面吃饭的习惯，安金槐先生也不陪我们吃饭，只是叫食堂给我们多加个菜，并坚持不收我们的饭钱。两位安先生都是中国考古学界了不起的人物，他们也都有率真、朴素、直来直去的一面，他们淡如水的君子之交，给我留下深刻印象。

　　我毕业以后到河南做田野工作，去河南省文物考古研究所的机会多起来。所里的老老少少，对我都很关照。有时候我甚至产生错觉，觉得那就是我自己的研究所，朋友很多。与安金槐先生见面打招呼，或者在楼道里，或者在文物考古所的大院里，他总叫我陈龙灿，我也不纠正他，不是我想占乒乓世界冠军的便宜，是觉得没有这个必要。也许正是这个世界冠军的名字，让他记住了我。我对安先生是仰视的，所以很少跟他主动聊什么，倒是他还会偶尔问起安志敏先生和北京的人和事。1992年夏天，环渤海考古学术讨论会在石家庄召开。会上先生讲了些什么，我已经全然不记得了。会后参观旅行，最后一站是燕下都。安金槐先生一行要在这里跟大家告别。我清楚地记得严文明先生等恭恭敬敬地送先生上车，安先生一行坐的是一辆后面有斗的工具车，车里没有空调，当时石家庄通往郑州的高速公路也还没有开通，走起来非常颠簸、辛苦，但年过七旬的安金槐先生神采飞扬，满不在乎。这一次，我是从大家送他远去的目光里，看到了先生在众人心目中的位置。

　　还有一次，该是1995年吧。我所在的中国社会科学院考古研究所要给安金槐先生主笔的《密县打虎亭汉墓》颁发夏鼐考古学基金优秀成果奖。先生来到北京，住在考古所附近的一家小招待所里，饭由考古所招待，据说先生自己规定了饭菜的规格，也不让任何人陪他吃饭。那次同他一起来领奖的是时任河南省文物考古研究所的许天申副所长，我去看安先生，亲见天申在先生面前毕恭毕敬的样子。当时安先生已经从所长任上退下十多年，虽然名义上还是名誉所长，但实际上并没有多少实际的权力，在我们这个流行权力崇拜的国度，大家敬畏他，我想一定不是因为先生有什么权力，而是他的为人和学问使然。

2000年，我有幸去成都参加中国考古学会第十次年会。在那次会议上，安金槐先生因为年事已高，主动写信请求辞去中国考古学会常务理事的职务。他和安志敏先生这次是不约而同地站在了一起。他虽然不再担任学会的职务，但是并没有停下手中的工作。实际上，他的《郑州商城》已经到了最后的冲刺阶段。这部凝结着先生毕生心血的巨著，共有1500页之巨。如果说20世纪50年代郑州商城的发现，开辟了早商研究的新篇章；而这部巨著的出版，必将为早商研究带来新的生命和活力。先生虽然没有亲见这部巨著的出版，但他一定是满意而去的。他发现了郑州商城，又亲自把郑州商城的发掘报告整理完成，前后刚好半个世纪，作为一个考古学家，他该是笑着离开这个人世的吧！

2005年4月20日于北京郎家园蜗居

（原载河南省文物考古研究所编《安金槐先生纪念文集》，大象出版社，2005年）

不能忘却的怀念

——贾老二三事

　　都柏林当地时间2008年 6月30日下午2点至3点30分，第六届世界考古学大会在爱尔兰都柏林大学的O'Reilly Hall有一个名为"Peter Ucko纪念奖和纪念讲座"的活动，隆重纪念一年前去世的伦敦大学教授皮特·阿寇先生（1938～2007年）。该活动先是邀请伦敦大学著名解剖学家 Michael Day作了一个专题讲演，然后是把第一届"Peter Ucko 纪念奖"授予美国著名考古学家Larry Zimmerman先生。纪念活动是对死者的怀念，更是对生者的鼓励。屏幕上含笑的、大概是用青铜雕塑的皮特·阿寇头像，慈祥地看着大家——受过他恩惠的学生和来自世界各地的考古学家，好像他还活着，还在用目光跟大家交流。

　　我只在北大考古系听过阿寇先生的一次讲演，跟他没有什么交往。不过这个纪念活动却让我想起8年前去世的贾兰坡先生——一个给予我和许多年轻人鼓励和支持的前辈考古学家。异国他乡，夜不能寐，为了不能忘却的纪念，遂写下这篇早该写就的文字。

　　记得第一次见贾老，是20世纪80年代末的一个夏天。我还在中国社科院考古所读研究生，我的同学员晓枫把我领到贾老（不知道从什么时候开始，好像老老少少都是这么称呼他的）的家。贾老在他拥挤而感觉黑暗的书房里接待了我们。我开始还有点紧张，但看晓枫和贾老熟知的样子，紧张感一下子消失了。贾老第一次见我，就拿出三四十年代周口店发掘的照片和笔记给我看，还大谈德日进（Pierre Teihard de Chardin，1881～1955年）、步达生（Davidson Black，1884～1934年）、葛利普（Amadeus William Grabau，1870～1946年）、魏敦瑞（Franz Weidenreich，1973～1948年）等外国考古学家对中国古人类学和旧石器时代考古学的杰出贡献。他超强的记忆力和对这些前辈外国学者"不合时宜"的评介，激起我研究中国史前考古学史的强烈兴趣。第一次见面，贾老就赠给我他的《贾兰坡旧石器时代考古论文集》（文物出版社，1984年）。贾老在扉页上用毛笔给我题签，还和我合影留念。这本有贾老签名的论文集是我最为珍贵的藏书之一。

和贾老认识后，只要去双古所（中国科学院古脊椎动物与古人类研究所），总要找机会看看贾老。他喜欢我们这些年轻人，聊的不是考古就是考古学史，当然也有三四十年代中外学者艰苦而不乏趣味的生活。有时候视力不好的贾师母也参加进来，书房里充满了欢声笑语，那情景至今还如在眼前。

1991年6月，贾老应我的导师安志敏先生邀请，到社科院考古所参加我的博士论文答辩。他给予论文很高评价，也指出一些细节上的问题。当时贾老已经85周岁高龄，能把贾老请来，还能把贾老的手笔留在论文评阅书上，我是非常高兴和感激的。

　　大概是 2000 年的一天，我带着儿子去家里看望贾老，想让儿子认识这个靠自学成为国际知名的大学者，同时也想请贾老给我刚刚出版的《中国史前考古学史研究（1895～1949）》写一封推荐信，参加第二届中国社会科学院优秀科研成果的评奖活动。贾老年过九旬，身体和视力都不如从前。但他的记忆力还很好，不仅给我写下推荐意见，还把他刚刚出版的自传《悠长的岁月》（湖南少儿出版社，2000年）签名送给我的孩子。我的孩子是第一次见贾老，贾老的宽厚、仁慈和对后辈的奖掖和提携，即便是不很懂事的小孩子，也深受感动。多半是由于贾老的推荐，我的不成样子的小书获得院优秀科研成果二等奖，并得到三万元奖金。拿到这笔钱，正好遇到买房，这笔钱差不多是我全部房款的一半。贾老肯定不知道，他不仅在精神上也在物质上资助了我这个既非他的学生也非亲属故旧的后生。

　　最后一次见贾老，是在北京医院。他当时已经不省人事，躺在一大间嘈杂的病房里，接受医生的急救，也接受四面八方前来看望他的、爱他的人。

　　贾老终其一生是个永不停歇的劳动者、思想者，直到生命的最后，还在发表论文。毫无疑问，贾老首先是一位优秀的考古学家。以一个中学生的学历成为"北京人"的发现者之一和世界著名旧石器时代考古学家，并因此成为中国和美国科学院的"双料"院士，可以说是 20 世纪的一个神话。但对我和许多年轻后生来说，贾老不仅是一个优秀的考古学家，更是一个不遗余力提携后辈、扶持年轻人的长者。他没有架子、没有所谓大考古学家的派头，更没有自己的小圈子。我常常想，我认识的贾老，是一个给中国考古学送温暖的人。目前中国旧石器时代考古的中坚力量，多半受过贾老直接间接的呵护和关爱。中科院古脊椎所的自不必说，京外的如谢飞、石金鸣、王益人、陈淳、陈全家、魏海波诸兄，都直接受过贾老的教诲，他们在旧石器考古方面做出的贡献，也跟贾老有密切关系。贾老已经永远地离开了我们，但贾老的精神将长存。

（原载高星、石金鸣、冯兴无主编《天道酬勤桃李香——贾兰坡院士百年诞辰纪念文集》，科学出版社，2008年）

安志敏先生小传

　　中国社会科学院考古研究所研究员、中国社会科学院研究生院考古系教授、博士生导师、著名考古学家安志敏因病医治无效，于2005年10月26日2时50分在北京逝世，享年82岁。

　　安志敏先生，山东烟台人，生于1924年4月5日。1948年毕业于中国大学史学系，1952年毕业于北京大学史学研究部，师从裴文中、梁思永、夏鼐等著名考古学家学习中国考古学。安志敏从大学毕业即来到燕京大学历史系兼任助教，协助裴文中史前考古学的教学实习，负责整理史前陈列馆。次年，代裴文中讲授史前考古学。中华人民共和国成立伊始，考古研究所尚未成立的1950年春天，即参加了具有重要意义的新中国第一次殷墟发掘。1950年9月起正式进入中国科学院考古研究所（1977年改属中国社会科学院）工作，累任至研究员。历任黄河水库考古队副队长，东北考古队副队长兼第一组组长，考古所第一研究室主任、副所长、学术委员会委员，《考古》杂志主编，《中国大百科全书（考古学）》编辑委员会副主任兼《新石器时代考古》分支主编，中国社会科学院研究生院院务委员、考古系主任、博士生导师，兼任国家文物委员会委员、中国考古学会常务理事和名誉理事、中国史学会理事、中国古陶瓷研究会副会长、中国第四纪研究委员会全新世分委员会副主任、中国科学院古脊椎动物与古人类研究所学术委员会委员、楚文化研究会顾问、中国中亚文化研究协会理事。

安志敏长期致力于田野考古工作，是新中国考古事业的重要领导者和组织者之一，也是中国当代考古学家中研究领域最广、成果最丰硕的学者之一。他在坚实的田野工作的基础上，探索中国史前文化的渊源和发展关系，对中国史前考古学体系的创立和中国上古史的重建做出了重要贡献，在考古学诸多研究领域卓有建树：通过原手斧概念的提出，对旧石器时代东西方判然有别的砍砸器传统和手斧传统做了仔细的划分，进而修正了华北地区旧石器时代两个系统的传统概念。深入研究细石器的渊源、传统和发展，深刻揭示了中国大陆和东北亚、美洲的史前文化联系；通过对庙底沟遗址的发掘和研究，确立了庙底沟二期文化，揭示了中原地区仰韶文化和龙山文化之间的发展传承关系；深入研究以磁山和裴李岗为代表的华北地区早期新石器文化，为中原地区新石器时代文化的渊源和发展脉络的确立提供了新的论据；对黄河流域的仰韶文化和龙山文化进行地区和类型的划分，为探讨中国文明的起源提供了必要的条件；通过对甘青刘家峡库区的考古调查和研究，进一步否定关于甘青史前文化的所谓"六期说"，为准确认识西北地区史前文化做出了新的贡献。此外，安志敏还对中国史前农业、中国早期青铜器、辽东史前文化、东南沿海和华南地区史前文化、碳–14年代测定的异常问题、中日古代文化交流以及历史时期考古中的诸多问题做过深入的研究。

安志敏自1950年参加殷墟和辉县考古发掘以来，先后参加或主持数十项田野调查和发掘，足迹遍及大半个中国，举其要者有河南渑池仰韶村、郑州二里岗、洛阳中州路、黄河三门峡和刘家峡水库、陕县庙底沟与三里桥、安阳小南海，湖南长沙，河北唐山贾各庄，内蒙古海拉尔松山，辽宁旅顺双砣子和岗上等，为新中国考古事业的发展做出了不可磨灭的贡献。1956年，时年32岁的安志敏，担任黄河水库考古队副队长，协助夏鼐负责黄河水库的考古调查和发掘。同年，安志敏升任副研究员，成为当时考古所乃至新中国考古界最年轻的高级研究人员。

安志敏虽然终生在中国（社会）科学院考古研究所工作，但数十年来他以多种方式教育、培养了大量考古人才。自1952年起在文化部、中国科学院和北京大学联合举办的全国考古训练班担任新石器时代考古的教学工作，并辅导田野实习。1953年至1957年参加北京大学考古专业的史前考古教学组，讲授新石器时代考古。20世纪70年代末期以来，又在中国社会科学院研究生院考古系讲授新石器时代考古、考古学理论和方法等课程，培养硕士和博士研究生多人。自20世纪50年代起，安志敏即介入《考古》杂志（最初为《考古通讯》）的编辑工作，"文革"后又曾长期担任《考古》主编，为新中国考古研究成果的发表做出很大贡献。

安志敏自中学时代起即对考古学发生兴趣，从1945年以来发表论著近400篇，论文先后结集为《中国新石器时代论文集》（1982年）、《东亚考古论集》（1998年）；主编

《庙底沟和三里桥》（1959年）、《双砣子与岗上——辽东史前文化的发现和研究》（1996年）等多种，许多论著被译成日、英、德等多种文字在国外发表，还应邀到亚洲、欧洲、非洲、美洲的十多个国家访问和讲学，在国内外享有崇高威望。1985年安志敏荣膺德意志考古研究院通讯院士，又被推选为国际史前学与原史学联合会常务理事、亚洲史学会评议员。

（原载中国考古学会编《中国考古学年鉴（2005）》，文物出版社，2006年）

张森水先生二三事

2007年11月27日一睁眼就收到高星兄的一条短信："张森水先生今晨逝世。"我吃了一惊，怎么也不敢相信这是真的。我甚至不敢打电话问高星，而是先给侯亚梅打电话，希望这只不过是一个误会或者有人恶作剧开的玩笑。但事实是无情的，亚梅证实了这个消息。我再打电话问高星，知道张森水先生确实已于当日早晨6点43分去世。想想去年两度在考古工地见到先生，他是那样的投入，那样的精力充沛，而今却天人两隔，成了古人，不禁悲从中来，往事一一浮现在眼前。

认识张森水先生远在20年前。当时我的同学员晓枫在古脊椎动物与古人类研究所工作，我周末无聊，经常去那里蹭饭吃，有时候不是周末也过去玩。就这样认识了贾兰坡、张森水、林圣龙、黄慰文、祁国琴、尤玉柱、卫奇等先生。张先生当时正指导高星做硕士论文，从他的门口经过，总看到他在伏案工作。当时双古所全所都在一幢四层高的楼上办公，不少人还住在楼里，楼道里到处都是锅碗瓢盆和木箱子，物质条件很差。但我感觉研究所的学术氛围很好，心向往之。当时虽已跟张先生认识，不过向他当面请教的机会并不多。1991年初夏的一天，我刚刚完成博士论文。导师安志敏先生想请张先生做答辩委员，让我送一份论文给张先生。我骑着自行车，摸到张先生在南锣鼓巷的家。印象中那是一个大杂院，屋里的陈设我是一点都不记得了，但是，有一件事让我至今不忘，恐怕永远也不会忘记。那天很热，我在胡同口给张先生和张师母买了一个西瓜。张森水先生和我谈完话，送我走的时候，从兜里掏出十元钱，一定让我接受。他说，你上学不容易，今天你来给我买西瓜我收下，你也拿着这十块钱，就算我托你买瓜好不？我根本没想到张先生会这样做，当时不知所措，竟然傻乎乎拿着那十块钱走了。那个西瓜根本不值十块钱，我送论文给他买一个西瓜也是人之常情，而他却那么认真，对年轻人又是那么体谅。这是我近距离认识先生的开始。

10年后，我有幸跟先生一道作为答辩委员参加双古所一个学生的论文答辩。答辩会讨论期间，他丝毫也不掩饰对那篇论文的不满，直言不讳指出论文的缺陷和不足，但是最后他还是投了赞成票。从这件事，我知道他是有原则的，但也是灵活的，这尤其体现在他对年轻人的态度上。

过去的几年，我偶尔还会去双古所，有时候还会去先生的屋里坐坐。他还像过去一样忙，腰是越来越弯了，文章却越出越多。2004年，科学出版社给他出了论文集——《步迹录——张森水旧石器考古论文集》，收入论文27篇，这不过是他大量著作的一小部分。同年，北京出版社还出版了《北京志·世界文化遗产卷·周口店遗址志》，这部近58万字的专著，竟然是张先生一人独立完成，他的勤奋和多产让我惊讶。

2006年10月30日，张森水先生在陕西省考古研究所泾渭基地观察龙王辿遗址出土的石制品。（陈星灿摄）

作为国家文物局考古专家组成员，先生有机会到各地指导工作。在我的印象中，他的工作决不仅限于指导的层面，他是要亲力亲为的。这几年福建、浙江、安徽等省的旧石器时代考古工作，能有新的突破，跟先生的直接参与有很大关系。2005年我去双古所看先生，先生把他的论文集和《周口店遗址志》赠送给我。论文集序言里的一段话，让我至今印象深刻。他说："人生苦短，做事太少。学考古，悠悠岁月已半百，忆步迹，有烦有喜，有苦有乐，走过的路，从弯取直。青年多幻想，难免有错，醒悟过来，抛空务实；中年净心，事理渐明，敬业勤业，身苦心愉；老年求索，愿成路石，自感力不从心酬愿难。"这种夫子自道，既是先生的人生感悟，恐怕也是他退休以后还努力工作的动力所在。

2006年10月29日，我们和张先生、张师母一道从西安乘车去壶口瀑布旁边的龙王辿遗址参观，次日又来到西安北郊陕西省考古研究所的泾渭基地看该遗址出土的石器。先生不顾旅途劳累，总是仔细地观察遗迹现象和遗物。在泾渭基地，他拿着放大镜，一件件地观察石器的形状、特征。这是我最后一次见先生，他那种专注的神情，仿佛还在眼前。先生一定是遗憾地离开这个他热爱的世界的，也一定是遗憾地离开他热爱的旧石器时代考古事业的。如果天假以年，先生肯定还有更多、更精彩的论著问世。

呜呼，碧落黄泉，先生何在？思之泫然。愿先生在天之灵安息。

2007年12月25日

（原载《中国文物报》2008年2月8日）

怀念张彦煌先生

我和张彦煌先生交往不多。2007年11月12日张彦煌先生在北京去世，当时我不在北京，这个消息是几天后才知道的，因而未能参加他的遗体告别仪式。一个多月来，张先生那张笑脸和他清癯的身庞时不时出现在我的面前。我觉得应该写点什么，以纪念这位和蔼可亲的前辈考古学家。

张先生是山西考古事业的主要奠基人之一。我和他的几次交往，也多是在山西。1999年9月中旬，我和刘莉到山西考察。虽然山西有不少相熟的朋友可以帮忙，包括石金鸣、宋建忠、张庆捷、王益人诸兄，但是所里的朋友还是建议张彦煌先生来给我们做向导。请张先生有两个原因，一是我们要去的晋南，是他工作一辈子的地方，他熟悉那里的一草一木；二是他跟从山西省文物局、山西省考古研究所到运城、临汾甚至夏县等地的文管会、考古队的同志们都很要好，办事比较方便。我当然很想请先生带我们前往，但考虑到先生年过七旬，实在不好意思开口。没想到先生还没等我们把请求说完，就满口答应了。无须说，有张先生跟我们一路同行，考察一帆风顺。到了山西，张先生像回到了自己家里，太原、临汾和运城各地的年轻同志，视先生为父执；先生也没有一点点前辈考古学家的架子，用他满口四川乡音的大嗓门跟年轻人开玩笑。我知道考古所不少同志跟兄弟考古单位有良好工作关系，但像张先生这样从省局领导到技工、民工都很尊重的学者也不多见。考古所能够为山西考古工作做出贡献，跟张先生平易近人的作风和他奠定的良好工作基础密不可分。我们在先生的带领下考察了运城盐池、运城西曲樊、襄汾陶寺、夏县东下冯、垣曲商城、平陆前庄等重要遗址。记得是在前庄考察时，先生穿着黑色的平底布鞋，谁知道荆棘竟然穿透鞋底，深深扎进先生的脚板，鲜血直流。我和同行的刘莉、运城的李伯勤兄都很难过。先生虽然一瘸一拐，但他用手绢把伤口包扎一下，继续工作。这是我们考察路上最不幸的事情。直到今天，每念及此，我都感到非常抱歉。

第二次见先生是几年以后的秋冬之交。何努兄在襄汾陶寺发现了大型的特殊形状的夯土基址，他推测可能是龙山时期的天文观测遗迹。慎重起见，山西队把考古所夏商周考古研究室特别是山西考古队历任队长都请到现场观摩考察。张先生是山西队的首任队长（1959～1989年），当然也在邀请之列。我有幸跟张先生坐同一节车厢前往襄汾。他看起来还是老样子，虽然消瘦，但爽朗、乐观，精神很好。跟他聊天，他一方面为何努的工作成绩由衷高兴，觉得山西队后继有人；另一方面也不隐讳他的观点，认为对待这样的特殊遗迹，在定性上要慎之又慎，切忌先人为主。他热爱考古事业，全力扶持年轻人的拳拳之心，令人感动。

这次考察之后的几年里，我很少看到先生。偶尔在所里见到先生，也都只是在走廊里寒暄几句。也曾想过年过节去看看先生，但始终没有去。我内心觉得像他这样乐观的先生是一定会高寿的，没想到他竟突然离开我们，再也不给我当面请教和感谢的机会。先生很少谈他自己的事情，要不是写这篇小文，我还真不知道先生是1952年华西大学社会系古代社会专业毕业的，也不知道他究竟主持和参加过多少遗址的考古发掘。为了11月14日的遗体告别仪式，许宏兄草拟了一份张先生的讣告，很好地总结了他一生的工作成绩，我把其中一段录在下面，借此悼念这位默默奉献的考古前辈：

　　张彦煌先生将他的一生奉献给了中国的考古事业。他自1959年担任中国社会科学院考古研究所山西工作队首任队长，直至退休。先后主持了晋西南运城和临汾盆地约8000平方公里区域的考古普查，主持了

1999年9月20日，张彦煌先生在太原晋祠。左起：任之禄、张彦煌、刘莉、吕烈丹。（陈星灿摄）

对夏县禹王城的调查钻探，主持和参与主持了对夏县东下冯、芮城西王村、曲沃方城、翼城感军、侯马晋都和临沂程村墓地等的发掘工作。在晋西南地区的考古普查中，发现和复查了新石器时代和汉唐时期的古文化遗址、古城址和古墓葬三百多处，基本搞清了该地区古文化遗存的年代、谱系和分布情况。通过对夏县禹王城的调查、钻探和实测，结合文献记载，确认该城址为战国魏都和两汉的河东郡治——安邑。西王村、东下冯等遗址的发掘，则为深化中原古代文化与文明的研究做出了重要的学术贡献。张先生还先后组织协调、推动和指导了襄汾陶寺遗址两轮大规模的田野工作。可以说，张彦煌先生是山西考古的主要奠基者之一。

除了为数不少的论文和考古简报、中型报告，张彦煌先生还主编过两本大型考古报告《夏县东下冯》（文物出版社，1988年）和《临猗程村墓地》（中国大百科全书出版社，2003年）。有这样两部报告存世，先生可以不朽矣。

2007年12月26日夜

（原载《中国文物报》2008年3月7日）

喝粥足矣，奋进为乐

——考古学家佟柱臣先生印象

自2011年12月7日上午在寒风中的八宝山送别佟柱臣先生，脑子里就不断闪现出先生古朴的样子来。他是那样的慈祥，脸上布满微笑，好像还像平常那样微微地抬头看着我。跟先生有限的几次交往也便慢慢浮现在眼前。

20世纪80年代中期，我来考古研究所读书。导师安志敏先生早就把研究生论文的题目定下了，就是让我和同学曹勇整理中瑞西北科学考察团二三十年代在内蒙古和甘肃、宁夏、新疆的采集品。这批采集品以细石器为主，也有个别磨制石器和陶器。因为采集品放在所里，所以观察、记录和研究也就只能到所里来做。当时，小白楼（因为墙壁是白色所以习称为小白楼）还没有盖，假山东南边有一所东西向的平房，中间有一条走廊，把平房分为南北两部分。我的办公室在走廊北边，错对面就是佟先生的办公室。每天早晨，我看见一个个子不高、看起来十分瘦弱的老先生，穿着已经洗得发白的蓝色中山装，慢慢地移进走廊，走进办公室，然后再拿着水壶去打开水，然后就再也看不到他了。同事给我介绍说这是佟柱臣先生，我诺诺，见了打个招呼，但是并没有什么交往。直到快毕业时，我拿着内蒙古托克托县出土的一件磨制石铲去请教他，才算第一次走进先生的办公室。我知道他对磨制石器很有研究，就想问问这个长方形磨制石铲刃部的好几条沟槽状的痕迹是怎么形成的。先生用放在桌上的放大镜仔细观察，然后告诉我："是使用痕迹。"这个石铲有两个穿孔，孔的上方还分别刻凿了一道弯弯的眉毛状的痕迹，与双孔组合起来像个人面，整个石铲象征人面的意思是非常明显的。我颇觉得这个石铲可能有别的用途，不见得具有一般石铲的功能，但佟柱臣先生坚持说刃部的沟槽是使用痕迹。先生看过数以万计的磨制石器，他这样说，自有他的道理。这种石铲，也许兼有形而上和形而下两方面的功能吧。

我来所晚，没有福分听佟先生的课，但知道他为研究生开过"东北考古"和"中国东北考古学史"的课。80年代末，我写博士论文，研究1949年以前的中国考古学史，就向先生借他的《中国东北考古学史（讲稿）》来读。先生的讲稿，手写在考古研究所八开的稿纸上。他对日本考古学家鸟居龙藏的评价很高，说鸟居的《南满洲调查报告》是"东北地区考古的第一本书""东北考古学开始阶段的一本比较标准的书"。他还认为，"外国学者大多是尾随其帝国主义的烽烟炮火之后来到中国的……如果说作历史结论的话，我们只能说他们是掠夺。但作为我们搞考古研究的同志来说，还应该注意一点，就是他们发表的材料，乃是我们的祖先，中华民族祖先遗留下来的古代文化遗产，我们还是要把这些材料拿过来认真加以整理和研究的，尽管对外国的一些观点，我们要采取批判的态度，然而就考古材料的意义来讲，我认为还是该怎么用就怎么用，不能因为是外国人搞出来的，就一律摒弃。这种摒弃的简单做法和态度是不可取的，因为他无益于我们学术研究工作的深入进行。"先生说得多么好啊！我的论文不仅引用了这段话，实际上我对那个时代外国学者在中国考古工作的评价，也明显受到佟先生的影响。

虽然和先生住对面，也许是年龄差距的原因，我很少去打扰先生。记忆中求学时代的交往好像就这么几次。让我感觉好奇的是，先生快70岁的人了，每天都来上班。他不骑自行车，好像也不坐公共汽车，似乎也不参加什么会议，每天来了都坐在办公室里写东西。后来，所里把平房拆掉，要盖办公楼，佟先生的办公室没了，他也就不再来上班了。

这之后，虽然很少看见佟先生，但他的著作不断，实际上跟他的接触反而增多了。几本大部头的著作都是在他退休后出版的。先是1989年文物出版社给他出版了《中国东北考古和新石器时代考古论集》，接着1991年巴蜀书社又给他出版了《中国边疆民族物质文化史》。时隔四年，他的《中国新石器研究》又由巴蜀书社出版。这本书上下两巨册，长达220万字，是凝结着佟先生一生心血的集成之作。据先生晚年自述，他从1939年开始考察新石器，跑遍了除台湾和西藏之外的所有省区。其间因为绘图而目睹、摩挲了近十万件石器，在现场画了上万件原大的线图。这本书也曾三易其稿，仅他的女儿佟伟华帮他校稿，就花了几个月的时间。该书收录的石器有7981件，从动笔到最后完稿，用了三十多年的时间，手写定稿即有三十多斤之重，稿子码放到一起近一米高（文见《新京报》2006年2月5日）。想想看，当年先生每天上班应该都是在写这本书。他不用电脑，这两百多万字的书稿，是一笔一画写在纸上的，不要说搜集资料，但就写在纸上，该花费多少工夫呀！

进入新世纪以来，差不多每年或者每隔一年的岁末我和同事都会去看望先生。先生住在方庄附近的一栋公寓楼里。每次去，不管天寒地冻，先生和夫人总是笑眯眯地迎接我们，告诉我们先生最近又做了什么。两位年近耄耋的老人是那么乐观，让我们也深受感染。先生的腿脚不便，但直到几年以前，他和夫人饭后还会在院里散步，先生每天还要伏案四个多小时。就在去年，佟先生满九十大寿之年，他还出版了《中国辽瓷研究》。这是先生生前的最后一本书，这本书算是完满实现了他早年"立言以明志"的人生目标。一个靠自学成才的考古学家，实在是中国考古学史上的奇迹。

与同时代的著名考古学家相比，佟先生的田野工作较少，20世纪50年代又长期在博物馆从事陈列工作，给人的感觉，他是一个比较"边缘"的考古学家。也许正是因为他没有把大量时间投入到某一个或某几个遗址的发掘上，也许正是由于博物馆的工作需要比较的眼光，成就了先生广阔的视野和敏锐的思想。他的许多研究成果，实在是走在中国考古学前沿的。早在1951年发表的《黄河长江中下游地区新石器文化的分布与分期》一文，就曾得到前辈考古学家高去寻先生的表扬（李卉、陈星灿编《传薪有斯人》，生活·读书·新知三联书店，2005年，第133～134页）。这篇文章是根据当时的考古材料，对黄河长江流域新石器时代文化所做"比较的、综合的"研究，可算作八九十年代以来中国新石器时代文化分期、分区研究的滥觞之作。1986年初，先生又明确提出中国新石器时代文化的多中心发展论和发展不平衡论。大家现在都知道费孝通先生有关中华民族形成的"滚雪球"理论和严文明先生有关中国文明起源的"重瓣花朵"理论，其实，佟先生的论文发表得更早，他认为"多中心发展和发展不平衡"是中国新石器时代文化发展的规律，也是中国文明起源的重要特征。佟先生的这个观点，可以追溯到60年代初期，他在总结中国原始社会晚期历史的几个特征时，把中国新石器时代概括为"生产地域性""文化连续性""历史发展不平衡性"以及"文化的影响与融合"，这不正是中国文明起源的"多元一体学说"的雏形吗？佟先生的一生以中国新石器考古为主，兼及边疆民族考古和东北地区考古，他能站在时代前列，在中国文明起源、中国国家起源等问题的研究上提出一系列有价值的学说，跟他长期从事边疆民族地区的考古研究是有关系的。

佟先生去了。在八宝山跟他告别的那天，我看着躺在鲜花丛中的佟先生，觉得他好像还在微笑。那天天很冷，所里也没有逐个电话通知退休的老同事来为佟先生送别，在职的同事们多还在田野发掘，许多人不知道先生已经离去，来送别的人实在说不上多。这让我想起我记忆中那个独来独往、埋头写作的佟先生。先生是耐得住寂寞的。但是，一个身后留下近500万字著作的学者，是不会寂寞的。他的著作，将伴随着我们和一代代的青年学子前行。先生的名言是："喝粥足矣，奋进为乐。"这句不合时宜的话，也是应该被我们牢记的。

2011年12月17日于回龙观

（原载《中国社会科学报》2012年1月30日）

斯人已逝，精神永存

——追悼考古学家吕烈丹教授

2016年4月19日凌晨，宪国兄发来一封吕烈丹弟弟烈扬寄自澳洲的邮件，说"家姐已于3月21日离世"。我顿时不能自已，陷入悲痛之中。虽然早知道这一天迟早要来，但还是没有想到这么快。过去三十多年跟吕烈丹交往的片段挥之不去。

在中山大学人类学系读书的时候，吕烈丹比我早两班，她1983年毕业。两班的男生交往颇多，我也在生活和学习上受到老大哥们无微不至的关照。但是，三位女生，记忆中却是跟她们连一句话也没有说过。1985年秋天，我来到中国社会科学院研究生院读书，因为那年学校到11月初才开学，我又来得早，就临时借住在考古研究所同事的一间宿舍里。记得是9月份的一天，宪国兄约我去接吕烈丹。原来，当年吕烈丹考取了北京大学考古系的硕士研究生班，那天正是她报到的日子。我记得我们是从报到处把她的行李搬到了校园外的研究生宿舍，并没有到车站接她。我们交谈不多，她还是当年的样子，面色黑黑的，眸子也是黑黑的，身体瘦长，一双大眼睛炯炯有神。她的导师是著名的旧石器考古学家吕遵谔教授。1987年，吕烈丹以一篇实验考古的论文获得硕士学位（即后来发表的《西樵山石器原料霏细岩开采方法的实验研究》），回到她的工作单位——广州市南越王墓博物馆工作。她学旧石器，我学新石器，我们的老师既是山东老乡还是老朋友，我们本来应该有很多交集，但记忆中自中大毕业之后也只有这一面之缘。

再见吕烈丹，是在1998年春天。这一年我应刘莉邀请，在澳大利亚拉楚布大学考古系做访问研究。吕烈丹刚刚在澳大利亚国立大学获得博士学位，在没有找到正式工作之前，她在拉楚布大学考古系做所谓Research Associate，就是不拿薪水不教书却可以利用学校资源的附属研究员。见面多了，我们才熟悉起来。我到这时才知道，她是和母亲、弟弟一起于1989年底举家移民澳大利亚的。为了生存，前几年她曾经在银行工作过一段时间。虽然收入不菲，但她并不喜欢银行工作。1993年，她的舅舅因患肺癌去世。从发现癌症到去世，只有短短三个月的时间。她目睹了舅舅的病逝，这一看似偶然的事件，却让她生出无限感慨，从而坚定了重返学术界的决心。1994年，她考取了澳大利亚国立大学，师从著名考古学家Peter Bellwood攻读博士学位。她多次跟我说，舅舅的死，让她明白，人生苦短，一个人应该做自己喜欢的事。而她也正是执着于这个信念，1998年取得博士学位。次年1～5月先是在香港中文大学人类学系做了不足半年的临时讲师，然后前往欧洲，在法国国家科学研究中心（CNRS）又做了12个月的博士后。2000年8月，她正式进入香港中文大学，成为该校人类学系讲师。从此，她的职业生涯才在一个新的起点上重新开始。

吕烈丹的职业考古生涯，可以分为前后两段。前面不足10年，是以南越王墓的发掘和研究为中心的。在此期间她除参加编写了《西汉南越王墓》（文物出版社，1991年）考古发掘报告的几个重要部分外，还出版内容十分丰富的《南越王墓与南越王国》（广州文化出版社，1990年）一书及多篇相关论文，显示出她多方面的研究潜质和才能。也许应该说从攻读硕士学位开始，她便走到了史前考古学研究的道路上。更从1998年开始，实验考古、植物考古、新旧石器时代过渡、华南和香港史前考古、农业起源研究、围绕农业起源的残留物分析、石器微痕分析、古气候和古环境的演变等等便成了她的重要研究方向和课题。因为在香港中文大学人类学系教书的需要，除了从事考古学研究外，她还积极开展了文化遗产管理和博物馆学的研究，在繁重的教学工作之外，又做了不少田野调查工作，发表了大量论著。最近在英国出版的《中国博物馆：权力、政治与认同》一书（*Museums in China: Power, Politics and Identities*, Oxford: Routledge，2013），就是这方面研究的重要成果之一。

吕烈丹几乎把全部的时间都用到了研究和教学上。尽管如此，每次我到香港，不管她有多忙，都要抽出时间请我吃顿饭，饭毕，她就又匆匆回到研究室或实验室工作。我记得是2009年的那个秋天，我到香港城市大学短期讲学，适逢周末，中午她请我在中大附近的饭馆吃饭，饭后还乘地铁带我到她新买的房子看了看——房子里干干净净，空空如也——没有几件家具，连书都是放在研究室的。于是，我们在房间里看了看，坐都没坐，她就又送我出门，她自己则又回到研究室工作去了。

尽管吕烈丹惜时如金，但也并非不通人情世故。2005年秋冬季节，考古研究所的七八位同事在宪国兄的带领下，在香港整理发掘资料。因为香港房租太贵，同仁们竟然都挤在吕烈丹的中大宿舍里生活和工作。这个180平方米的公寓，是中大给吕烈丹长期使用的福利房，据说她可以在此居住8年。那段时间，吕烈丹自己住一间，客厅和其他房间里则堆满了资料，也住满了我的同事。我因开会在新年前后来到香港，宾馆的房间给了从广州来的两位同学住，我也凑到吕家这个拥挤的宿舍里。吕烈丹只在吃饭和深夜睡觉的时候才回到宿舍，其他时间都是在研究室度过的。她虽然没有成过家，万事自己扛着，但也没有养成拒人千人之外的古怪性格，她待人的热诚和胸襟，是我比不上的。

在中大任教的前12年里，是吕烈丹一生中最忙、也是发表著作最多的一段时间，是她的黄金岁月。这中间她争取到香港研究基金会、香港古迹古物办、香港中文大学等的十多项课题，研究包括长江下游地区稻作农业起源和长江流域农业的扩张、距今10000～4000年前华南和香港的生业经济、香港最早期居民的起源和文化发展、中国大陆和香港的考古遗址管理等涵盖考古和文化遗产管理等多方面的内容。2002年，她任教中文大学之初，就把残余物分析（Residue analysis，又称残留物分析）方法介绍到中国（《考古器物的残余物分析》，《文物》2002年第5期），此后多年并对广西、香港、浙江和山西等地的许多史前遗址做了淀粉粒、孢粉和植硅石的分析，可以说她是中国考古学中残留物分析的开创者。她的《稻作与史前文化的演变》（科学出版社，2012年），尝试综合自然科学、民族学和考古学的研究成果以及包括她自己所做的多种实验考古在内的丰富资料，集中讨论稻作的起源和发展以及稻作农业与中国史前社会文化的演变关系。该书获得《中国文物报》评选的当年十佳文化遗产图书奖。评论认为"该书是迄今为止对长江中下游地区（以及江淮地区）史前稻作农业的发生和发展及其与史前社会变迁之间相互的关联性问题最为全面和系统性研究的一部著作。此前虽然有多部著作涉及相关问题的研究，……还没有该书稿这样以稻作农业的发生发展为核心，从水稻的生物性状、环境、聚落、经济与社会等多方面全方位论述稻作农业起源和发展的著作，在这个意义上该书稿是一部原创性著作，对相关研究领域而言有独特的价值。"

我知道，当2012年夏末这本专著交给科学出版社的时候，吕烈丹已经检查出肺癌两三个月了，当时就认为是肺癌晚期。9月12日傍晚，我在灯市口附近的民福居请她吃饭，来了一群同事。她看起来跟平时没有什么异样，且谈笑风生。她说她小时候有三个愿望：上大学，出国，写本书，现在都超额实现了。她说她不仅上了大学，得了博士，走了四十多个国家，还出了几本书，现在年薪过百万，以前连想都未曾想过。她说，几个月前，她还跟人说死而无憾，结果刚说过此话就发现了肺癌，因此话是不能乱说的。这番话虽然惹得大家哈哈大笑，但我们都深知肺癌的厉害，暗暗为她揪心。我还希望这不过是虚惊一场，所谓肺癌不过是误诊罢了。

　　其实从发现肺癌开始，吕烈丹就一面积极治疗，一面开始安排未尽的工作了。2013年末，她有关中国博物馆发展史的英文著作出版。在这本书中，她通过案例研究、实地考察和数据分析等等方法，提出国家政府和社会精英所倡导的政治议程、社会范式和民族文化认同如何影响了中国博物馆的百年发展历程。这本书原是写给西方读者看的，是建立在作者的田野调查和早年在博物馆工作经验基础上的中国博物馆学专著。因为有跟中国主流认识不一样的思考，所以她只是告诉我她有这样一本著作，却始终没有送给我一本。

　　吕烈丹是如此坚强，她真是把别人喝咖啡的时间都用到了工作上，病了之后更是如此。2014年9月，她因病情加重请假离开中文大学，回到墨尔本治疗。没想到她回到墨尔本，不仅完成了一本介绍世界各地文化遗产的著作，而且还独自一人去了一趟印度和伊朗，完成了她的一个心愿。这本著作，是她走遍50个国家之后针对各地的世界文化遗产写下的考察游览记录，虽然参考了不少资料，但更多是她的个人经验，对于经常出国旅游的中国普通民众是非常有实用参考价值的。我想她一定是咬着牙独自走完这段旅程的。实际上因为怕打搅她，她回到澳大利亚后我们就很少通信，我只是悄悄打听她的情况，这些事情是后来才知道的。

　　没想到去年11月中，她给我写信，问我能否帮她联系一家出版社，把她这本游记一样的著作公之于世。我帮她推荐给三联书店，她很高兴，也期待有肯定的答复。12月28日，她写长信给我，说"真的谢谢你将书稿发给三联。我只希望书稿能够出版，不要我付钱，于愿已足，稿费什么的都不敢奢求了。毕竟现在这个年代，出版社是在做生意。我的情况，说句老实话是恶化了。这个月23号去做定期的CT检查，发现脑部出现很多大小不等的肿瘤，显然是出现脑转移了。明天去看医生，决定下一步的方案，大概要做全脑放疗，之后化疗或者试验别的药物，看医生定吧。坦白说，我知道自己剩下的日子不多了。回顾自己的一生，虽然不是长寿，总算也活到将近60岁了。以我这类型的4期肺癌病人，从确诊开始计算，平均存活30～33个月，我已经活了42个月。这辈子，做了自己想做的事情（包括在敦煌做了一点关于文化遗产的田野工作），看过了自己想看的主要世界文明遗址，吃过不少美食，最近15年的生活也还算是衣食无忧，我觉得自己比世界上很多人的一生已经好了，没有什么遗憾了，早已做好心平气和离开这个世界的准备。"信中还说，唯一让她放心不下的，是和考古所同事合作尚未最后完成的《香港史前文化研究》一书。她说回澳洲之前，她已经将相关资料包括她自己能够写作的部分，都交给傅宪国了，希望宪国可以主持完成此书。也希望我能帮助她完成这最后的心愿，因为这是香港政府研究资助局资助的研究经费，所以她"希望能有个交代"。

我们的最后一封通信，停留在了今年的1月18日，那一天她刚刚跟我说要把这部书稿连照片一并挂号寄给我，因为她害怕等不到三联接受那一天了，却意外得到三联同意出版的来信，很是高兴。的确，她虽在病中，但还是放心不下工作。这本书稿能够出版，让她心上的一块石头落地了。

3月21日，吕烈丹是在医院接受最新免疫疗法时，病情突然变坏安然离世的。作为一个考古学家，在她最后的日子里，她经常说，千千万万的人在她前面已经离开，千千万万的人在她之后亦会跟随。这是她在人生最后阶段对生死的感悟吧。据她弟弟烈扬事后告诉我，她希望家人对她的离世低调处理。她不希望为她安排任何追悼仪式，所以她的最后一程，仅有她的弟弟和弟弟的小儿子为她送行。而我们——她的朋友和同事，也是在她去世差不多一个月之后才得到她的死讯的。

吕烈丹（1959～2016年）去世了，但她留下了丰厚的文化遗产。她在考古学、文化遗产管理和博物馆学方面都留下的大量著作，必将永远陪伴着我们。生命的价值不能以长短衡量。她像一颗流星，划破天空，在身后留下长久的美丽。

2016年4月25日于甘肃张掖挂职宿舍

（原载《南方文物》2016年第3期）

书里书外

抢救史料　善莫大焉

——读《考古人和他们的故事》第一、二集有感

　　考古学是一门实证科学，所谓有一分证据说一分话。考古学又是一门经验性很强的科学，没有长期的田野实践，从业者很难获得完备而又可靠的史料。可是，经验层面的知识很难通过目前的考古发掘报告和研究论文传递给读者和后来的考古从业者，因此，考古学家的传记、自传、访谈、口述和回忆录，就显得尤其重要。

　　如果从1926年李济先生发掘山西夏县西阴村算起，中国人自己的考古学至今已满80周年。以20年为一代，中国考古学已经走过了四代人的历程。这其中的光荣和辉煌、艰难与困苦、挫折和倒退，当然都可以从汗牛充栋的考古发掘报告和研究论文中寻觅踪迹，但是，要了解这个虽不算长却也决不能说短的过程，没有考古学家个人对从业生涯的回顾和反省，毕竟是有缺憾的，是不完整的。可惜的是，这还真是中国考古学的真实状况。除了李济的《安阳》、石璋如的《石璋如先生口述》、贾兰坡的《悠长的岁月》、张光直的《番薯人的故事》、汪宁生的《西南访古三十年》等少数著名考古学家的自传和口述（《安阳》也许还算不上》），和《东南文化》《南方文物》以及《江汉考古》等刊物对俞伟超、严文明等几位先生的简短访谈外，大多数考古学家的成长过

程和他们从业的心路历程，除了从考古发掘报告和研究论文程式化的叙述排比、追寻之外，只能通过道听途说来获得。从这个意义上说，《考古人和他们的故事》编委会无疑是为我们做了一件天大的好事；这套丛书的出版，对于抢救史料、丰富中国考古学的内涵，可谓善莫大焉。

考古人一生与泥土为伍，许多人到老还在忙着报告的编写，本没有多少机会反思过去的岁月；另一方面，以发表论文和简报为宗旨的考古刊物，也很难给考古学家发表口述、自传的机会，因此，《考古人和他们的故事》让考古人从容回顾自己的一生经历或者某些关键的历史片断，不仅可以说提供了一个绝佳的叙事平台，也很可能为以后出版更多、更翔实的考古学家的自传、传记和口述，提供了一个范例。

已经出版的第一、二集《考古人和他们的故事》，集中叙述了郭大顺、汪宁生、王学理和李仰松四位著名考古学家的故事。由于专业的关系，我个人对汪宁生、李仰松和郭大顺先生的学术贡献还是有相当了解的，但是仔细研读他们的故事，仍有不少意外的收获（比如大甸子猪狗随葬的方式、大甸子彩绘陶器的保护方法、牛河梁所谓"庙"的内涵、皂马台齐家文化无头墓穴的情况等等）。而王学理先生有关秦帝国都城考古的经历，则为我打开了一个差不多是完全陌生世界的大门。我相信一个初学者很可能就为王先生这篇不算轻松的文字，选择秦汉考古作为自己的努力方向，去解开秦帝国那许多的待解之谜，而这是无论多少考古报告和论文都未必能做到的。

两册故事的主人公，均为中国考古学的佼佼者，选择他们讲述自己的故事固谓得人。但是，我们还有不少望九、望八、望七的考古学家，他们很多还在学术园地里辛勤耕耘，他们中的一些人一辈子默默无闻，甚至没有多少机会在考古报告里留下自己的名字，如果有计划地约请他们撰写自己的自传或口述并加以出版，若干年后有数十种《考古人和他们的故事》摆上我们的书架，为后来者指引方向，中国的考古事业定当更加蒸蒸日上、丰富多彩。

（原载《中国文物报》2006年12月8日）

踏遍青山人未老　始信昆仑别有山

　　——读汪宁生先生《始信昆仑别有山——海外游
学日记选辑》

　　汪宁生先生是我素所尊敬的民族考古学家。他勤奋耕
耘，著作等身。最近在他长长的著作目录之上，又加上了一
本《始信昆仑别有山——海外游学日记选辑》（文物出版
社，2008年）。这不是一本学术专著，但通读此书，感到受
益良多，值得向读者郑重推荐。

　　这本海外游学日记，开始于1983年9月11日初访美国，
终结于2007年1月21日访问缅甸，为时差不多四分之一个世
纪。其间汪宁生先生出国17次，足迹遍及五大洲的30个国家
和地区。日记没有纯粹按时间先后排列次序，而是以地区为
纲，然后再依访问的先后叙述之。

　　自改革开放以来，我国考古学家到海外留学、讲学、开
会、访问者日多，虽然像汪先生这样跑遍五大洲的人并不多
见，但有海外游学经验者不在少数。就我所知，本书是中国
考古学家出版的第一本海外访学日记。因此，这与其说是一
个人的海外游学记录，毋宁说是我们这个时代中国学者重新
走出国门、中国考古学敞开心扉拥抱世界的见证。迈出国门
的艰难、言语不通的尴尬、见贤思齐的感谓、恨铁不成钢的
抱怨、发现材料的喜悦、他乡遇故旧的开心，凡此等等，均

能在日记中找到踪迹。这本是改革开放之初出国生活的共同经验，但只有汪先生把他的个人经验详细记录下来并公布于众。对我而言，这不仅是中国考古学史的珍贵史料，也是中国改革开放30年的一个侧影。

汪先生第一次出国已过"知天命之年"，但是他对新事物的敏感，绝不在年轻人之下，且随时把所见所感记录下来，尤其值得我辈仿效。他给这本日记选辑取名为《始信昆仑别有山》，就是看到世界各地的古代文明辉煌灿烂、各有特点，并不都在古代中国之后。比如他2002年12月1日在参观了墨西哥城的蒂奥提华坎遗址之后，这样写道："蒂奥提华坎的建筑水平，在当时世界上足可与罗马城媲美，也不逊于中国的长安城和洛阳城。至于雕塑方面的成就更非同一时代中国雕塑可比拟，霍去病墓前的著名的马踏匈奴像只是粗具轮廓而已。我们不可小看美洲印第安人创造的文明！"（第282页）确是平实之论。又比如1991年5月20日在参观完加拿大维多利亚博物馆后写道："当地印第安人生活方式的陈列，尤有研究价值。冬天人们集中住在三个村落的固定房屋中，其他时期以核心家庭为单位前往营地，分散住在临时住所，从事采集。如此不同季节的不同生计和居住方式，会留下不同的考古遗存，虽然他们属于同一种人。这对反驳中国学界在考古文化与人们共同体之间简单画上等号，是个有力证据。"（第259页）1992年10月10日，汪先生在西雅图第一次见到龟甲响器，说"又见龟甲器一种，询之乃作法之响器，可以解释大汶口文化等处出土同类物用途，大快！"熟悉汪先生著作的读者，大概不难看到他的不少学术论文都跟他处处留心的海外游学经历有关，也跟他敏锐的观察力有很大关系。

游记当然不会是学术笔记，除了民族考古学的观察和感悟之外，汪先生也记录了学术界的许多逸闻趣事和许多学术之外的事情。他跟张光直、余英时、俞伟超、林耀华、吴汝康、Peter Ucko、Ian Hodder、石璋如、郑德坤等著名学者的交往，有的虽片言只语，却极为传神，为我们留下难得的学术史料。比如1998年5月29日记在台北与张光直先生见面事："张光直兄今日亦在史语所内，闻我在此，约我见面。自上次在北大赛克勒博物馆成立典礼见面后，已有数年不见，其疾似又加深，言语不清，一臂举动不便，仍大谈商丘发掘事，情绪甚高。最后谓'可惜蒋经国基金会不再给钱了，有人反对'。问谁反对，答曰：'许××'。他'可能看我不行了。但我还要争取'。"（第363页）备极传神。20世纪80年代末期他对东欧的访问，也为我们了解东欧诸国社会剧变前的政治、经济、文化等方面的情况提供了难得的个人视角，虽篇幅有限，也弥足珍贵。（第157～180页）作为民族考古学家，汪先生颇有知识分子的情怀；这本民族考古学家的日记，实际上内容非常丰富，相信一般读者也会感兴趣。

写日记毕竟不是写论文，虽然眼见为实，但误听、误读的事情实属难免，更何况是在异国他乡的旅行之中！这本日记汪先生已经做了仔细的校订工作，还在文中加了补记和说明，甚至补充了相关参考文献，但仍不免错误。比如说"不列颠哥伦比亚大学1980年成立，历史不长，现已成为加拿大西海岸最好的大学。"（第258页）1980应为1908之误。又如研究东南亚地区考古的瑞典考古学家Olav R. T. Janse被误写为Olav. R. T. Jance（第149页）。好在这类错误不多，希望今后再版的时候加以更正。

汪先生曾出过一本《西南考古三十五年》（山东画报出版社，1998年），公布过他在西南访古的部分日记，可与此书参照阅读。为学术计，我衷心希望能够在不久的将来看到汪先生在西南从事民族考古调查的全部日记，不仅为追寻汪先生学术研究的心路历程，也为发现更多做学问的线索和材料。

（原载《中国文物报》2008年9月17日）

见微知著　由此及彼

——读王小庆《石器使用痕迹显微观察的研究》

　　王小庆博士自2000年从日本东北大学学成归来进入中国社会科学院考古研究所博士后流动站以来，勤奋努力，在短短两年的时间内，以一己之力，完成了一份有关我国北方早中期新石器时代文化石器显微分析的重要的具有开拓性的研究报告。现在，经过修订，这份报告以《石器使用痕迹显微观察的研究》为题正式出版（文物出版社，2008年），填补了我国考古学研究上的一项空白，为中国史前时代石器分析及经济类型的研究开出一条新路。

　　众所周知，兴隆洼文化和赵宝沟文化是否有农业存在，一直是一个令人困扰的难题。但是无论肯定与否，论者主要都是从石器工具的类型出发，而工具类型、功能的确认，基本上是建立在个人经验的基础上，实际情况如何，因缺乏显微观察、植物遗存分析、遗留物分析、石器的实验分析、人与动物的食性分析、淀粉粒分析等等科学手段的参与，至今仍是见仁见智。兴隆洼、赵宝沟文化是否具有农业，对于理解该地区农业起源、新石器时代早中期人类的经济活动、生活状况，以及经济与环境的关系等等问题，均至关重要。对于理解同时期周围地区的新石器时代文化，也有重要的参考价值。不仅如此，由于该地区长期以来都是气候敏感的农牧交错地带，气候、环境与生产息息相关，因此该课题的研究结果，对于制定该地区可持续发展规划，也不无现实意义。王小庆博士选择这样一个难题，从石器显微观察的角度入手加以研究，是非常值得称赞的。

　　全书除绪论和结语外，共分五章。首章介绍石器使用痕迹显微观察研究的基本理论、方法、历史和现状；第二章介绍兴隆洼、赵宝沟文化石器的类型、特征和技术体系；第三章介绍兴隆洼、赵宝沟文化石器加工与使用的实验；第四章介绍兴隆洼、赵宝沟遗址石器使用痕迹的观察与使用功能的推定；最后一章讨论兴隆洼、赵宝沟文化经济类型的内容、特征与演变。全书重点集中在后三章上。在占有国外大量的石器显微观察和实验研究数据的基础上，王小庆博士对兴隆洼和赵宝沟遗址出土的数十件各类石器（兴隆洼遗址的11件锄形器、13件石刀、7件石斧、25件细石叶，赵宝沟遗址的3件石斧、2件石耜和31件细石叶），用金相显微镜（Olympus BX60M）进行了详细的显微观察，同时他又自己动手制作石器（锄形器7件、打制石刀6件、磨制石斧4件、石耜2件），并用它们对不同材料做了各种加工实验（石锄形器掘土、刮兽皮；石刀切肉、剔骨头、砍骨头、砍斫木材、削木材；石斧刮兽皮、砍骨头、砍斫木材；石耜掘土），并记录下各种实验留下的光泽类型和显微观察照片。以实验的结果对照兴隆洼和赵宝沟遗址出土遗物的石器使用痕迹，作者的结论有许多出人意表之处。比如，通常被认为是掘土工具的锄形器，大体分为三类，一类是掘土工具，一类是加工木材和动物骨骼的砍砸器，还有一类是刮除动物脂肪的鞣皮工具。又比如石刀，绝大多数被认为是切割肉类或者肢解动物的工具；有一半石斧也被认为具有类似功能。细石叶则被分为两类，虽然都是镶嵌在骨柄上的复合工具，但兴隆洼的细石叶被认为是切割肉类和解体动物的，而赵宝沟的却有部分是用来收割谷物的。实际上，正是因为兴隆洼遗址缺乏收割工具，所以作者才认为该文化的"经济形态应是以采集、狩猎活动为中心，农业经济此时应尚未出现"；而赵宝沟文化却可能已经出现了农业经济（第178页）。尽管作者对兴隆洼和赵宝沟文化经济类型的最终认定，只是依靠石器工具方面的证据，但却是前所未有的重要证据，它建立在显微观察的基础上，是值得研究者高度重视的。

本书的宗旨是石器的显微分析，除此之外似乎不应再有更多要求，但是从论证兴隆洼和赵宝沟文化经济类型的目的来看，如果能够有其他方面的材料比如人与动物的食性分析，陶、石器的遗留物分析，植物遗存、花粉、植物硅酸体分析、淀粉粒分析，甚至石器的组合分析等等作为补充证据，结论将会更有说服力。当然，这些方面的工作本来就少甚至完全阙如，仅靠作者自己的力量是远远不够的。另外，第一章主要是基于国外的研究结果，作者赖以比较的光泽类型（表一）以及所反映的加工对象，也主要是国外研究者的实验结果。这个光泽类型表是一种石料的实验结果，还是多种不同石料的综合加工结果，实验的预设条件（比如石料、加工时间等）如果能够详细说明则效果更好，因为这直接关系到与作者本人观察和实验材料的比较。还有，收割是考察农业存在的一个重要方面，作者也有充分的认识，但是该项研究却缺乏对植物收割的实验（不论是石刀还是细石叶，加工对象不管是现代作物还是狗尾草等野生作物）。本书的另外一个特点是要而不烦，但是石器制作实验、加工实验的步骤，似乎也都该有更多的图像和说明来表示，一则便于后学者学习，二则便于其他研究者重复检验作者的实验结果。另外，仅从实验和显微观察的角度来看，标本的数量还嫌单薄，比例也不协调，因此也会影响作者对石器功能的最后判断。不过，尽管有上述不足，王小庆博士的石器显微分析显然已经取得了很大成绩，希望他将这项方兴未艾的研究工作继续下去，争取更加丰硕的成果。

2008年有两本石器显微分析的专著出版，这是令人振奋的一件事情。与高星、沈辰主编的《石器显微分析的考古学实验研究》（科学出版社）相比，本书是首次系统地将高倍法石器显微分析技术介绍到我国来，并付诸实践，与高、沈书的低倍法显微分析实验相得益彰，为研究者提供了两个范例。最后，值得一提的是，以往国内对石器微痕分析技术的介绍多引自美国，鲜有介绍日本学者的研究成果者。王小庆博士充分利用日本东北大学的研究成果，某种程度上为我们做了日式的示范。我在想，日本人学习美国的东西，不仅渐成规模，而且已经形成自己的特色。如果假以时日，包括高倍法和低倍法在内的石器显微分析技术，也一定能在中国生根开花并结出硕果。

（原载《中国文物报》2008年11月26日）

全面公布考古材料的典范
——读《登封王城岗考古发现与研究（2000－2005）》

　　一本考古报告怎样写，写什么，从来就不是一件容易的事情。但是，全面、准确地公布考古发掘的收获，应该是考古报告的最高目标。由北京大学考古文博学院和河南省文物考古研究所编著的《登封王城岗考古发现与研究（2000－2005）》（大象出版社，2007年）一书，煌煌两巨册，文字部分长达1066页，图版248面，堪称近年来完整、全面、准确公布考古材料的典范。

　　这部巨著是对2000～2005年度王城岗遗址发掘以及颍河中上游河南登封、禹州地区区域考古调查成果的全面报道。在此期间，王城岗遗址的发掘曾先后被列入国家科技攻关计划"中华文明探源工程预研究"和国家"十五"重点科技攻关计划"中华文明探源工程（一）"两个课题之中。因此考古发掘和区域调查的目的十分明确，即通过解剖王城岗遗址及对颍河中上游地区的区域系统调查，深入认识王城岗遗址的年代、布局及其在周围地区聚落形态中的地位和作用，进而为把握公元前2000年前后嵩山南北地区中国文明腹地的社会复杂化进程提供翔实、准确的第一手资料。

　　通过短短几年的努力，这项工作取得了哪些收获呢？著名考古学家李伯谦先生在为该书所写的序言中曾有准确而审慎的概括，不妨撮要录在下面：

1．通过对王城岗龙山文化遗址的重新调查，将遗址的面积由过去所知的40万平方米扩大为50万平方米。

2．通过地层叠压关系和出土陶器的类型学排比，将过去王城岗龙山文化所分五期合并为前后期三段，使其发展演变的阶段性更加明晰。

3．发现了王城岗龙山文化晚期大城城墙和城壕，复原面积达34.8万平方米，是已知河南境内发现的龙山文化城址中最大的一座。

4．发现了王城岗河南龙山文化晚期大城城壕打破西小城城墙的地层关系，证明大城和小城并非同时，小城始建于一段偏晚（原分期的二期），二段已废弃。大城始建于二段（原分期的三期），延续使用至三段偏早（原分期的四期），三段偏晚（原分期的五期）已衰落下去。

5．建立了更加完善、细化的王城岗龙山文化碳-14年代标尺，重新推定了王城岗龙山文化小城的年代，上限不早于公元前2200～前2130年，下限不晚于公元前2100～前2055年，其中值约为公元前2122年；大城城墙的年代，上限不晚于公元前2100～前2055年或公元前2110～前2045年，下限不晚于公元前2070～前2030年或公元前2100～前2020年，其中值约为公元前2055年。

6．经过全站仪实测，发现大城北部城壕东西底部落差不足0.4米，证明当时城墙和城壕的建造是经过事先设计和测量计算的。

7．经过模拟试验，建造大城城墙和城壕，假定每天出动1000名青壮年劳力，约需要一年零两个月的时间；以一个村落能够常年提供50～100名青壮年劳力计算，要完成这个工程，需要动员10～20个村落的劳力。这与调查的颍河上游登封地区龙山晚期聚落遗址的数量基本吻合，由此推出王城岗大城的兴建可能是动员了以王城岗遗址为中心的整个聚落群的力量共同完成的。根据调查，王城岗龙山晚期城址是颍河上游周围数十千米范围内规模最大、等级最高的聚落遗址，王城岗龙山晚期大城是当时该地区涌现出来的可以看作是雏形国家的政治实体的中心所在。

8．根据地望、年代、等级及与二里头文化的关系以及"禹都阳城"等有关文献记载的综合研究，王城岗龙山文化晚期大城应即"禹都阳城"之阳城，东周阳城当以"禹都阳城"即在附近而得名，而早于大城的王城岗龙山文化晚期小城则可能是传为禹父的鲧所建造，从而为夏文化找到了一个起始点。

9．通过王城岗龙山文化晚期动物遗骸的研究，证明当时已经驯养了猪、狗、黄牛、绵羊等动物，获取肉食资源的方式已经进入了开发型阶段。

10．通过对王城岗龙山文化晚期遗址出土植物遗存的研究，证明农作物中除了传统的粟类作物，还有一定数量的稻谷和大豆，表明河南龙山文化晚期的居民已由种植粟类作物的单一种植制度逐步转向了包括稻谷和大豆在内的多品种农作物种植制度，人类食谱渐趋多样。

除此之外，我再把该报告中某些重要的认识补充如下：1. 王城岗龙山文化晚期城址被水冲毁应该是春秋晚期以后才发生的事情。东周阳城由王城岗东迁至告城一带，也许正是迫于水患对东周阳城的威胁。2. 龙山文化晚期阶段，颍河中上游形成了登封境内以王城岗遗址为中心、禹州境内以瓦店遗址为中心的两大聚落群。聚落等级分化表明该时期颍河中上游地区的社会复杂化程度在两个聚落群内部得到空前发展，且两大聚落群有各自不同的文化背景和聚落发展模式。3. 王城岗遗址浮选发现二里头时期的小麦，枣王遗址龙山文化土样中发现麦类植硅体，表明该地区至少从二里头时期甚至龙山文化时期就已经开始种植小麦了，而王城岗遗址二里岗时期小麦籽粒的大量发现，表明早在公元前1500年前后的商代早期，小麦的价值已为中原地区的先民所认知。由于小麦的加入，多品种农作物种植制度得到完善。4. 植硅体分析表明，仰韶至二里头时代，颍河中上游地区的农业经济具有稻粟混作的特点，稻作农业比较普遍。浮选结果显示春秋时代王城岗遗址的稻谷相对数值下降，表明随着气候趋向干凉，稻谷在中原地区的种植规模开始萎缩。5. 通过对区域调查诸遗址浮选土样的深入分析，发现仰韶文化阶段的农作物遗存以脱壳阶段的废弃物为主，龙山文化时期以扬场阶段的废弃物为主，表明龙山文化时期发生了农业生产组织方式的变化，即"从大家庭的社会结构向更小规模的核心家庭的社会结构的转变"。6.通过对禹州瓦店遗址动物遗存的分析，表明龙山时期野生动物比例呈逐步下降趋势，家畜成为先民获得肉食资源的主要方式。7.通过考古实验，尝试复原了王城岗遗址龙山文化石铲、石刀和石斧的制作和使用流程。8.通过对王城岗出土白陶的主量和微量元素分析，表明白陶的烧造可能并非由某一单一中心向外输出，在龙山晚期至二里头文化时期，颍河中上游地区可能就有王城岗、游方头和石道等多处聚落分别制作和使用白陶；黑灰陶的生产也存在类似情况。9.通过对王城岗出土木炭碎块的分析，表明龙山文化时期遗址周围分布着大量阔叶树栎林、其他阔叶树种和刚竹属，因此王城岗地区具有亚热带气候特点，龙山文化亚热带北界比现在偏北。其后的二里头和春秋时期均不如龙山时期温暖湿润，但龙山时期以来的居民均喜欢以栎木作为薪材。

凡此等等，虽然其中的不少结论尚有待进一步证实，但无不说明报告涵盖了该研究课题方方面面的内容。举凡各时期考古遗迹、遗物的描述和分析，王城岗及其周围地区的考古调查、发掘和研究的历史，遗址的分期研究，植物遗存、动物遗存的观察、测量和分析，植物硅酸体分析，孢粉分析，木炭碎块分析，人类遗骸的观察和分析，石器的显微观察和分析，陶器的激光剥蚀进样电感耦合等离子体发射光谱研究，石器工具的制作和使用实验研究，龙山文化大城用工量的模拟实验研究，碳–14年代研究等等，使这本考古报告跟传统考古报告有很大距离，极大地丰富了我们对于王城岗以及王城岗周围地区文明化进程的认识，为整体把握中原地区中国文明起源的脉搏，也提供了前所未有的丰富材料。实际上，这本报告迄今为止也是"中华文明探源工程"启动以来，完成最早也最为丰硕的研究成果。

毋庸讳言，在如此短促的时间内完成这本集大成的巨著，难免存在这样那样的不足。比如，第一，把颍河中上游地区的区域调查报告纳入其中，作为本书的第十二章，书名又不能体现，难免会给读者造成张冠李戴的误会。第二，本报告虽然也有不少附录，收录颍河中上游地区诸遗址的植硅体分析、动物遗存分析等研究报告，但有关王城岗遗址本身的这部分内容，又是作为本书第八九章出现的，把动植物遗存分析作为专章是20世纪90年代以来中国考古报告的新气象，但是这种做法如果与其他章节的关系处理不好，就容易出现遗址描述和结论等部分的重复，给人留下拖泥带水的印象。第三，本书不仅收录了王城岗遗址1985年的考古发掘材料，在附录里还收录了瓦店遗址1997年发掘的动物研究报告，前者收入本书也许有助于读者对王城岗考古材料的整体把握，但把后者收入本书，而且在书名上又完全得不到体现，不如单独发表更为妥当。第四，由于各章执笔不同，很容易出现内容前后矛盾或者多次重复，甚至在城址面积等基本数据的描述上（比如城址面积就有"达30万""30余万""30万""34.8万"平方米等说法）都不一致，影响了报告的整体形象。第五，动物研究报告应该说发表了所有的观察和测量记录，但是把测量数据放入正文，既影响一般读者阅读，也给专门研究者的使用造成不便，不如列为附表更为便宜。第六，颍河中上游地区植物考古调查的报告原是用英文写作的，译成中文作为附录原无不可，但是又把英文原文附在后面，与其他各章和各附录的体例都不协调，徒然增加了报告的篇幅。

当然，上述种种缺陷大多由体例方面的问题引起，并不背离考古报告追求完整、准确的宗旨；相反，也许还是以完整、准确为宗旨的结果。方燕明先生作为该书的主笔和主编，为报告的出版呕心沥血，是非常值得我们感谢的。

最后，发掘王城岗的另外一个重要任务是探求早期夏文化甚至夏都的历史真相。王城岗小城是否为鲧所建造，大城是否禹都"阳城"，就我看来，这本报告是无法回答的，但这并不减弱报告的科学价值。从考古学入手，揭示公元前2000年前后王城岗及其周围地区的经济、社会和文化发展水平，才是这本报告的关键所在。

（原载《中国文物报》 2009年4月1日）

李济和他的考古事业

　　任何一个科学工作者，假如能在身后留下300多万字的著作，多数还能在身后一版再版，广受学界欢迎，就算非常了不起了。但李济先生的事功并不完全体现在他的著述中，实际上，他所开创的殷墟考古乃至整个中国的考古事业，还在蓬勃发展，并结出累累硕果。

　　张光直先生曾说李济在中国考古界拥有多个第一：1926年，当他30岁的时候，他发掘了山西夏县西阴村遗址，这是中国人的第一次科学考古发掘；1928年，当他32岁的时候，他成为中央研究院历史语言研究所的第一位考古组主任，并领导了举世闻名的安阳殷墟的科学考古发掘；1945年，当他49岁的时候，他被任命为第一个国立中国历史博物馆——中央博物院的首任院长；1949年，当他53岁的时候，他建立起中国大学第一个考古系——台湾大学考古人类学系，并任系主任多年，培养了一大批优秀学者；最后，在20世纪60年代初，他开始主持编写一部由多学科参与、多人合作的《中国上古史》，并在1972年出版了《中国上古史（待定稿）第一本：史前部分》。但是，如果用一句话总结李济，我也许会说他是安阳发掘的领导者，因为他的一生都跟安阳发掘分不开。

　　安阳发掘的意义重大，它不仅奠定了商代考古的基础，使商史成为信史，把"中国历史推早了六七百年至一千年"（李济：《安阳发掘之回顾》，《李济文集》卷五，上海人民出版社，2006年，第183页），也为中国考古学奠定了基础，为初创的中国考古事业设定了最高的学术典范。李济的团队，学会了在纷繁变化的古代文化遗迹中，分辨土质土色，划分文化层；也学会了挖掘夯土基址和商王大墓；还通过安阳后冈三叠层的发掘，解决了商文化的来源问题；在研究上则采取多学科合作方式，把中国早期文化全方位地呈现给世界学术界。安阳发掘，也为中国考古学培养了人才。20世纪后半海峡两岸考古界的领袖人物——董作宾、梁思永、夏鼐、郭宝钧、高去寻、石璋如、尹达、胡厚宣、尹焕章、赵青芳，都是在二三十年代殷墟考古中成长起来的。可以说，没有他们，就没有今天的中国考古事业。安阳发掘的示范意义，到今天也还没有过时。

李济离开大陆的时候，已经52岁。由于社会动荡，尽管史语所考古组诸人尽心竭力，但是安阳发掘的报告却只发表在薄薄4本《安阳发掘报告》和4册《中国考古学报》中，安阳发掘的大部分成绩可以说都还没有公布于世。作为安阳发掘的领导者，李济的压力之大可以想见。他常自叹息"将来如何交代"（高去寻致张光直信，见李卉、陈星灿编《传薪有斯人——李济、凌纯声、高去寻、夏鼐与张光直通信集》，生活·读书·新知三联书店，2005年，第129页），他的后半生虽然还兼顾教书育人，实际上却也可以说是全部地投入到安阳发掘资料的整理和研究上了。从1948年底移居台北，到1979年去世，在李济的不懈努力下，作为中国考古报告集之四的古器物研究专刊（第一至第五本），由李济和他的助手万家保合著，相继出版，这就是我们熟知的青铜觚形器、爵形器、斝形器、鼎形器和53件青铜容器的研究；另外，他还完成了大型《殷墟陶器甲编》（中国考古报告集之二：小屯第三本，1956年）。除此之外，作为中国考古报告集之二的《小屯第一本：遗址的发现与发掘》系列，出了5本，均是由石璋如先生完成的；作为同系列《小屯第二本：殷墟文字之甲乙丙编》，出版了9本，分别由董作宾、屈万里、张秉权先生完成；作为中国考古报告集之三的侯家庄系列，出版了包括1001、1002、1003、1004、1217、1500、1550大墓在内的发掘报告7本，均由高去寻先生以辑补梁思永先生遗稿的名义出版。这些朴素的黄色封面的八开本著作，摆起来像一条黄色的长龙，为安阳也为中国考古学树立了典范。这其中，李济本人的工作量已属惊人，但却只占全部殷墟考古发掘和研究报告的一小部分。李济放弃了出洋寻找舒服生活的各种机会，目的只有一个，那就是完成安阳殷墟发掘的研究和出版工作。虽然这一愿望在他生前并没有完全实现，但正如张光直先生所言，他已经"尽其所能"。对此我们只能充满敬意，而不能有哪怕丝毫的怨言。

看着上海人民出版社出版的五卷本《李济文集》，我想也许会有人套用李济悼念胡适先生的话来追悼这位中国考古事业的奠基人：像李先生一生的成绩，"可以说是'自有千古'，不需要任何纪念的标志。换句话说，他留下的工作成绩，就是纪念他最好的纪念品"（《故院长胡适先生纪念论文集序》，《李济文集》卷五，第142页）。但是，李济一

生的成绩不仅仅包括在他个人的著述里，也包括在他的同事
和学生的著述里，还包括在他开创并设立了很高典范的中国
考古事业里。

（原载《新民晚报》2009年10月19日）

让我们进入史前人的物质和情感世界
——介绍一本英国军人所写的澳洲土著民族志

张光直先生说考古学家要熟读民族志。道理很简单：不管我们是否愿意，我们对古代社会和文化的解释，皆需要借助民族志的材料——我们自己的或者是所谓后进民族的。考古学离不开民族志，实际上即便是我们习以为常的对考古遗物的命名和分类，也无不是我们自己的直接经验或者某种间接经验的投射，所谓鼎、豆、壶、斧、锛、凿之类的分类，即是我们生活经验积淀的结果，也应该算作从广义上的民族志得来。但是我们毕竟离开史前社会太久了，要理解史前人的物质和情感世界，真是谈何容易！不过，我最近读到一本18世纪末期一名普通英国军官沃特金·坦奇所写的《澳洲拓殖记》（商务印书馆，刘秉仁译，2008年），感觉对于了解史前人的世界真是大有助益，故特此向读者推荐。

大家都知道，在欧洲人到来之前，澳洲土著已经在这片广袤的大陆上居住了数万年，他们的生活全靠采集狩猎，他们从来也没有制造过陶器，他们的工具非常粗笨，按照考古学家的分类，他们无疑属于旧石器时代的人类。他们是怎样生活的呢？当他们和全副武装的欧洲人初次接触的时候他们会有什么样的反应？他们的精神世界丰富吗？如果这是一本人类学家的研究著作，也许会从理论上系统回答这些问题。

关键是本书的作者是一名英国的下级军官，他没有理论，也没有多少因为学术训练而得到的思维定式和偏见，却是用感性的笔触，向读者细致描述了澳洲土著的物质和精神世界，虽然缺乏系统，却值得我们学习史前考古的人加以关注。

让我在这里举几个例子。

我们都知道旧石器时代的人住窝棚和洞穴，但窝棚是怎样的？考古上看到的不过是几块环绕的石头或者柱洞。他却说"那些窝棚，也就是几块树皮垒在一起成一个炉灶的形状，在一头开一个很低的出入口，那口子的长度倒是够一个人躺着进去。有理由相信，他们更多依靠岩壁上到处都是的那些洞穴栖身，而不是靠这些窝棚。"（第43页）

人类捕鱼和划船的历史都很悠久，但是怎样划船捕鱼？他说"他们划着去捕鱼的小划子，就像他们的窝棚一样粗鄙简单，也就是两端用藤条系起来的一大块树皮。可是他们操控这种小船的灵敏，加上划船的轻巧，以及在没有遮拦的海面上划出几英里的勇敢，还真是让人佩服。几乎每一只小划子上都有一堆火，一抓到鱼就在火上烤着吃。"（第43～44页）说到烤鱼，他说"我们给了他几条鱼，他根本不洗剥干净，而是随便把鱼扔到火上烤，当鱼变热的时候，拿起来，刮鱼鳞，用牙把鱼皮剥下来吃掉。然后取出内脏，再把鱼放在火上，最后烤熟吃掉。"（第90页）

我们知道史前人茹毛饮血，既然如此，一定是生食居多，其实不然。"除非饥饿至极，他们从不吃生肉，而是一律在火上烤，包括蔬菜也是在火上烤。用火烤出来的蔬菜是一种非常无害的食品，但若生吃，许多蔬菜是有毒的，一个

可怜的犯人曾经溜出去吃了生蔬菜，结果中毒，不到一天就死了。"（第44页）

考古经常发现石矛头。把矛头装在木柄上就成了标枪。标枪的厉害要不是坦奇告诉我们，我们是很难了解的。"第一脚踏上这块致命土地的时候，我们觉得土著人的标枪没有什么价值。然而，致命的经历让我们明白，这种武器的杀伤力不容小视，而印第安人投掷这种标枪的技巧也相当厉害。十几名囚犯先后莫名其妙地失踪了。……其中一个长得很粗壮的人，被标枪从身体最厚的部位穿过，另外一个受害人的头盖骨被敲碎。……还有两个因犯在离上述两人遇害地点很远的地方忙着打草的时候，突然遭到一伙印第安人的袭击，他们想跑都来不及，其中一人被标枪刺中屁股，印第安人又把他打倒，抢走了他的衣服。这个可怜的受害者，尽管伤得非常严重，还是挣扎着爬回来了。而他的同伴被那些野蛮人带走，一直下落不明，直到几天以后一名士兵在印第安人的一个窝棚里拣到他的夹克和帽子，他被一根标枪刺穿了身体。"（第45～46页）标枪也用来射杀鱼和袋鼠。因为坦奇他们就曾经在"一只袋鼠的大腿肉里发现一根很长的标枪头的碎片，碎片嵌进肉里，伤口已完全愈合。"（第46页）

标枪的制作也很值得注意："标枪头有些做成鱼叉一样的倒钩形状，有些是又直又尖的。印第安人投标枪身手不凡，修理起这种东西来也是手艺一流。有一位先生有次把一支破标枪拿给一个印第安人，他立即抓起一只蚝壳，用嘴把蚝壳改成一个工具，然后当场把标枪修好又可以用了。在修标枪的过程中，他把脚掌当成了他的一个工作台。"（第46

页）这种带倒钩的标枪曾经射中一名英国囚犯，扎到身体里的那截标枪长度有7英寸半，"在那上面有一个木头做的倒钩，和几个小一点的石头做的用黄色树胶粘上去的倒钩，这些倒钩在取标枪的过程中因为要用力往外拔，所以多数被扯下来，留在病人体内。"（第162页）这对我们了解细石叶的功能和复合工具的制作是难得的第一手资料。

澳洲土著的情感世界也很丰富。老人病了，小孩子会照料他（第96页）。哥哥快要死了，妹妹会"挪到他的身边，挨着他躺下，直到那尸体冰凉她才离开"（第99页）。病了，他们自己会找草药（第100页）。他们很忠诚，会学习（第101页），也很诚实（第139页），当然也会说谎，不过说谎的时候，"尽量不会把话说死"（第253页）。他们会打老婆（第245页），会对敌人发起攻击（第112页），也会讨好女人（第137～138页）。女人很坚强，生完孩子当天就可以"抱着她的新生儿从植物学湾走到杰克逊港，走了6英里路，然后自己点起火堆做鱼吃"（第253页）。他们会恨，发现虱子会把他吃了（第89～90页），也有巨大的同情心，会宽恕自己的敌人（第181页），他们会埋葬死者，也害怕灵魂作祟（第173～174页）。

这本书实际上是由坦奇的《植物学湾远征亲历记》和《杰克逊湾殖民全记录》两本书合成的，前者初版于1789年，后者初版于1793年，描述了英国向澳大利亚殖民的"第一舰队"航行及到达澳大利亚后头四年在悉尼殖民的情况。作者把澳洲土著称为"印第安人"。这本书当然只是作者对悉尼一地殖民生活和澳洲土著的实录，但是由于较少偏见，文笔又很朴实，所以这本书被认为是"5本有关澳大利亚开国历史记载的书当中最有价值的一本，是当之无愧的澳大利亚历史奠基之作。（译者序言）"我认为，这本书也是一部写给考古学家的优秀的民族志，值得学习史前考古的学者研读。

2009年7月26日，洛阳

（原载《中国文物报》2009年8月7日）

真他妈的，我多么勤奋哪！

——读《我的老师高本汉——一位学者的肖像》

　　三年前在广州的一次纪念高本汉先生的学术会议上，我见到了本书的作者马悦然先生和译者李之义先生，他们都提到这本正在翻译的书。李先生特别提及翻译这本书的困难：因为他不是语言学家，而这本书虽然是一本传记，因为传主是一位享誉国际的以研究古汉语著名的顶尖汉学家，却有很强的专业性。现在看到这本书（吉林出版集团有限责任公司，2009年），仿佛见到了老朋友一般。我从北京读到锡林郭勒草原，又从锡林郭勒草原读到北京，断断续续读了一个多月。无他，因为我对语言学一无所知，看不懂就耽误功夫。但作为一个考古学者，我实际上更想了解作者对高本汉在考古学特别是青铜器研究方面的评价，可惜这部分的内容十分单薄。这也说明传记是多么难写，因为马悦然先生并非考古方面的专家，对于高本汉中年时代倾注了不少心力的这部分内容，他也只能小心翼翼地绕开。

　　2001～2005年，我因瑞典东方博物馆的邀请，曾数度访问该馆，并有幸坐在高本汉先生黄色的"山形墙高房子"屋顶下的研究室里读书写作。研究室早已经变成了东方博物馆的阅览室，如果不是马思中（Magnus Fiskesjö）馆长告诉我这是高本汉曾经的研究室，我根本想不到这一点。高本汉和他的前任安特生差不多是中国文史学界家喻户晓的人物，可在瑞典，他们也就是两位普普通通的学者，没有多少人知道他们。我记得博物馆三楼的一间陈列室里倒是有一座真人大小的高本汉青铜头像，其他再也没有任何踪迹可循了。高本汉的藏书捐给了东方博物馆，他的藏书正如他的生命，已经和那个黄色格调的山形屋顶的东方博物馆融为一体，不留痕迹。

通常高本汉读完自己作品的最后一次校样以后，便把漂亮的手稿扔进纸篓里，因为他"完全确信，他的作品比他本人更为重要"。的确，高本汉是那样勤奋，我过去只知道他写过大量语言学、音韵学、考古学和文献学方面的论著，却不知道他还写过多部长篇小说，发表过剧本和众多科普作品。这一点他比他考古学家的前任安特生还要突出。就著作的数量来讲，也许只有他的另外一个同胞斯文·赫定才可与之比肩。本书附录有高本汉作品年表，不算文学作品和发表在报纸上的时评之类的文章，就已达12页之多，所以一般学者恐怕只能仰视高本汉而无法望其项背。其实高本汉也很自负，所以才会在给他庆祝65岁生日之时，激动地喊道："真他妈的，我多么勤奋哪！"

本书的作者和译者都是第一流的学问家，都为复原高本汉的一生竭尽心力。李先生的译笔文采斐然，尤其值得称道。我读高本汉的著作不多，实际上对高本汉的学术不能"赞一词"。但是，毕竟还是有一些我熟悉的东西，也许作者或译者都没有注意到，权当吹毛求疵，顺便写在下面，以便将来本书修订再版时加以参考。

一、史实方面的问题

马悦然写自己的老师，参考了大量档案资料，这方面的失误应该不多，但还是有的。比如第240页说道："当安特生1925年返回瑞典时，他带回大量的史前的手工制品。根据与中国当局达成的一项协议。这些物品经过修复以后，大部分要返还中国，也确实这样做了。但是非常遗憾，大部分材料在1930年代的抗日战争中遗失。"这段话是有依据的，但只对了一半。根据中瑞双方1924年12月31日达成的协议，安特生在中国的采集品需在运回瑞典修复研究之后平分为两份，一份留在瑞典，一份送回中国。截止1937年抗战爆发，安特生共寄回中国7批文物。其中1927年一次，1928年一次，1930年二次，1931年一次，1932年一次，1936年最后一次送到当时的首都南京。这部分文物的确下落不明，但这7批文物并非作者说的"大部分"，因为至少原来标明P（即Peking的开头字母，意即准备送回北平）的文物还有不少至今仍旧藏在东方博物馆里。实际的情况是，因为战争和动乱的原因，送还安特生在中国考古采集品的工作在日本侵华战争后中断了（参见马思中、陈星灿《中国之前的中国》，瑞典东方博物馆，斯德哥尔摩，2004年）。

第242页说，"备忘录提到，高本汉是中国最高学术机构中央研究院仅有的三名外籍院士之一（其他两位是斯文·赫定和伯希和）。"这也不准确。中央研究院1948年才选举第一批院士，此前没有院士，更无所谓外籍院士，高本汉只是中央研究院历史语言研究所的外国通讯员（1928～1933年）和通信研究员（1933～1948年）。斯文·赫定没有当过通讯员和通信研究员。另一位著名的奥地利语言学家钢和泰（Baron A. Von Staël-Holstein）倒是做过史语所的特约研究员（1932～1933年）和通信研究员（1933～1937年）。

二、关于某些论著的译名问题

这部分的内容，也有一些。比如第315页的BMFEA，译为《远东博物馆年刊》。关于这个博物馆，我们一般的说法是"远东古物博物馆"（这是根据该馆的英文名字翻译而成），但是书中有时说"东亚博物馆"（这是根据该馆的瑞典文名字翻译而成）（第180页），有时说远东博物馆。其实这个博物馆是有中文名的，就是"东方博物馆"。它的出版物该叫《东方博物馆馆刊》，到2003年该刊已经出版了75期，发表了大量有价值的论文。第317页提及1924年高本汉评介安特生的两本书，都是中英文双语版，第一本叫作《中华远古之文化》，是作为《地质汇报》第5号出版的；第二本叫作《奉天锦西沙锅屯洞穴层》，是作为《中国古生物志》丁种第1号出版的。这两本书在中国考古界都很有名，翻译成其他名字就会造成误会。《中国古生物志》诸系列在国际上也很有名，是当时中国的顶尖刊物，也不应该翻译成其他名字。第321页，提及刊登在《东方博物馆馆刊》第6期上的《宝山文化的日期》，原文是"On the date of the Piaobells"，显然译名是有点问题的。

另外，瑞典是只有国王没有皇帝的，但是在第32页的引文里，同时出现"皇后"和"国王陛下"，不知道原文如何，但是推测这里的"皇后"应该就是"王后"吧。

三、笔误及其他

一本330页的书笔误总是很难免的，但有些显然已经影响到文意，似乎也应该一并指出来。比如，第13页倒数第二行的"1978年"，应为"1878年"，次页的"1984年"，应为"1884年"。187页，"豫北的函谷关"，显然为"豫西的函谷关"之误，因为函谷关位于晋陕豫交界处的三门峡地区，算不上豫北。第236页的《英汉辞典》当为《汉英辞典》（A Chinese-English Dictionary）之误。第246页"第一阶段（商—殷和西周）：公元前13到前1世纪"，"第二阶段（周）：公元前1到前7世纪"，这里的两处前1世纪显然都是"前11世纪"的误写。第313页第二段，说"1970年代末，一个来自中国社科院的十人自然科学代表团访问哥德堡大学"，这个表述也许不应该算作笔误，可能另有误会，因为如果是中国社会科学院派出的，是不应该有"自然科学家"代表团的，不知道问题出在什么地方。第318页把《语文学和古代中国》译成中文出版的，该是历史学家贺昌群而不大可能是"何昌群"。说到高本汉的著作，还有一些已有中文译本而没有被作者注意到的，比如1975年分两册出版的《先秦文献假借词例》（陈舜政译，台湾中华丛书委员会），显然是高本汉1963～1964年两部同名作品的译文。

四、关于汉学家的中文名字

正如译者所言，大部分著名汉学家的名字，如果有中文名的，本书已经按照中文名译出，比如安特生、伯希和、马伯乐、沙畹、韩恒乐等等。但是，也还有一些名字，是按照西文的读音翻译过来的，这虽然算不了什么，但既然他们都有中文名字，恐怕也要使用他们的中文名字才好。比如大名鼎鼎的H.G. Creel的名字是顾立雅，而不是"克里尔"（第260页）；曾跟本书作者通信的Lothar von Falkenhausen，是现在美国加州大学洛杉矶分校任教的罗泰，而不是"冯·法尔根豪森"（第249页）。所谓布·叶林斯维德（Bo Gyllensvärd），就是在高本汉之后曾任东方博物馆馆长的俞博（1916～2004年）（第245页）。曾写作《中国古代史》的Hirth，名为夏德，而不是"赫兹"（第61页）。1977年探望高本汉的"英国学术泰斗"是《中国科学技术史》的作者李约瑟（Jesoph Needham），而不是约瑟夫·尼德汉姆（第311页）。

高本汉的一生是纯粹学者的一生，也是永不停歇、辛勤耕耘的一生。1928年，胡适说"材料可以限死方法，材料也可以帮助方法。三百年的古韵学抵不上一个外国学者运用活方言的实验。"（《治学的方法和材料》）这个外国学者，指的就是高本汉。给这样一个学者写传记，是我们非常欢迎的，把它翻译为中文出版，更是功德无量。我再重申一遍，我本没有资格给本书写书评，也看不懂瑞典文，更深知翻译的艰辛，上面的文字只能算作后学的一点吹毛求疵，借此向马先生、李先生和广大的读者求教。

（原载《东方早报·上海书评》2009年9月6日）

读《我们的根——简说五千年中国文明史》

批评前辈难免被讥为不厚道，批评已经过世的前辈，就更难免此讥。但是，厚道也罢，不厚道也罢，我忍了几天，觉得最好还是先放下这个顾虑，把这本书摊给读者看看，以免还有读者像我这样，看到封面上"史学大师讲述通俗历史故事，靓图美文演绎袖珍中国通史"的响亮文字，就匆忙买回家来，既浪费金钱，也浪费感情。

按照编者说明，这本书是作者——旅美历史学家黎东方先生（1907～1998年），为全世界华人、华裔青少年撰写的中国通史简明读本，也是他毕生最后一部著作，1998年曾在台湾以中英文对照本的形式出版。本次出版，编者对有些人名、地名等资料做了核对、修正，对某些提法稍作修改。但又强调"书中有些叙述仅代表作者个人的观点"。这说明编者的改动有限。编者所做的第三点说明，是"添加了插图和图注，并对原书的简图作了必要的删改"。这点说明为我们辨别到底是谁的错误增加了困难，但我无心再去找来1998年的台湾版，就事论事，就说眼前这个版本（上海人民出版社，2009年）的问题吧。

这本书的问题可真不少。很多说法是靠不住的，比如自序中说："我这书中的中华民族，有多过全人类五分之一的人口，又有其长度足以与其他民族的历史加起来的长度相比的历史。"看自序，这本书写于1992年。读者大概闹不明白怎么中华民族的历史就有"其他民族的历史"相加起来的长度。这"其他民族"是指中华民族以外的所有民族吗？还是另有所指？如果单举这类问题，也许会有读者说我吹毛求疵，不是编者已经说过"书中有些叙述仅代表作者个人的观点"吗？他这么认为，有何不可？

所以，这篇书评，只谈硬伤，只谈考古的部分，而且只举那些最典型的例子，以免浪费读者的时间。

一、插图方面

（一）第9页插图，明明是"北京人"的复原头像，图注却说是"'北京人'化石"，有谁见过这样的化石？

（二）第15页下方插图，明明是甘肃甘谷西坪遗址出土的鲵鱼纹彩陶瓶，图注却说是"半坡出土的'素陶'"。这是典型的张冠李戴。

（三）第16页插图，明明是长江中游湖北天门石家河遗址出土的屈家岭文化陶纺轮，图注却说是"半坡出土的彩绘陶器"。这样的插图，除了误导读者，真不知道还有什么用？

（四）第22页插图，明明是一个彩陶罐，图注却说是"齐家坪玉琮"。这样的错误，令人匪夷所思。

二、文字方面

（一）第14页倒数最后一段是这样说的："磁山的最特

色的陶器，是所谓'物架'，放东西的架子，很像倒立的皮靴。用它来放着的东西，可能是衣服，或兽肉。"很遗憾这里没有插图，要不是作者说它像一个倒立的皮靴，无论如何我们猜不出它究竟是什么。实际上考古学家一般称之为"支脚"，把三个这样的支脚摆成鼎立之势，就能把陶器放在上面，下面再点上柴火，就能把陶器内的食物煮熟，根本不是放着什么"可能是衣服，或兽肉。"

（二）第20页第六段说，"在浙江湖州钱山漾与余姚县河姆渡的新石器晚期遗址，是开始于公元前三千年左右。"河姆渡遗址涵盖了很长的时间，无论如何，它开始的时间一般认为在公元前五千年前后，绝不可能晚到公元前三千年左右。

（三）第21页第一、二段说，"东南地区新石器时代的突出石器，可以举出下列几个例子：（1）北阴阳营的七孔石刀；（2）河姆渡的圆底缸；（3）钱山漾的耘草器；（4）杭州老和山良渚型的石锄；（5）苏州草鞋山的马家浜的豆以及河姆渡的刻纹陶片。"且不管其他问题，前面说的是"突出石器"，后面举的竟然是"圆底缸"、豆和刻纹陶片，不知道读者是否也会相信这些用土烧成的陶器，怎么忽然就变成了石器？

（四）第23页第二段说，"在广大的新疆地区，安特生和继他而往的若干中国考古学家，作了初步的考察，找到了若干东西，足以证明其彩陶花纹与甘肃等地的彩陶花纹有关。"安特生（1874～1960年）确曾在甘青地区考古（1923～1924年），但从未到新疆工作过。他倒是计划填补新疆考古的空白，但最后却未能如愿（马思中、陈星灿：《中国之前的中国》，瑞典东方博物馆，斯德哥尔摩，2004年，第67页）。

（五）第29页第四段说，"最近中国有很多考古学家，认为在河南偃师县二里头（二里头在偃师城西二里）西门外遗址下面三层的遗物，有最下层与上层，或许连同中层，可能代表了夏朝的文化。而商朝则是来到今日偃师城的城里居。"这样的语无伦次，真是不知道从何说起。其实偃师县城西二里的遗址是偃师商城，一般认为可能是商人攻灭夏人都城二里头的一个据点。二里头遗址在今偃师县城西南约6公里左右。

（六）这一段下面提到"这二里头的下面三层遗物之中的三件，有人已经用炭十四同位素测算的方法，考定其时代为公元前2393年至前1885年之间，这正与我所假定的夏朝年代（公元前2202年至前1731年）大致符合。"且不管"碳十四"不叫"炭十四"，光这个年代就不知道作者是从哪里得来的。二里头的年代一般认为在公元前1900～前1500年之间或略晚，偃师商城的年代更晚，怎么就有那"三层遗物之中的三件"，忽然向前推进了数百年？

（七）第31页第四段，说到殷墟妇好墓出土的玉器，说埋藏了"一万七千件之多"。妇好墓确是罕见的没经盗掘的商代王室墓葬，但全部的随葬品，加到一起，也就是1928件，玉器不过755件，怎么一下子就变成了如此惊人的数字呢？

够啦，如果我再举例子，读者一定要厌烦了。除了上举的错误，书中还把一些地名弄错了，或者同一个遗址，竟然有两种不同的叫法。比如第20页的"马家滨""松泽"，正确的写法是"马家浜"和"崧泽"。这是长江下游两个著名的新石器时代遗址，后来也以它们的名字命名了两个著名的新石器时代文化。又如第138页，把新郑裴李岗错写成了"裴李冈"；第167页把湖北黄陂盘龙城错写成了"蟠龙镇"。

考古学上有许多问题没有定论，但严肃的学者一般都对未有定论的说法持比较谨慎的态度，或者根据常识做出自己的判断，这一点很重要。但是这本书经常采用比较不被大家接受或者需要更多证据证明的说法，比如第15页说"磁山添了牛和鸡，裴李岗添了山羊"，磁山的牛和鸡是否家养还需要证据，山羊是根本靠不住的。关于后者，原报告也不过说是出土了陶塑的"羊头一件，长角而粗，造型简单"，另外一件似"羊头"，实际上两者都不能判断为"山羊"的（参见开封地区文物管理委员会等《裴李岗遗址一九七八年发掘简报》，《考古》1979年第3期）。第21页倒数第一段，说钱山漾与河姆渡人吃的东西里面，有"花生"云云，这与新大陆发现之后花生才进入中国的历史相矛盾，虽然出土物看起来像花生，但并不为多数学者所认可（俞为洁：《饭稻衣麻——良渚人的饮食文化》，浙江摄影出版社，2007年，第82～89页）。第138页，说到"灌溉的器具"，"自从一百个世纪之前，……中国的农民便已知道灌溉的重要，不亚于尼罗河流域的古埃及人，甚至比他们知道更多。"磁山、裴李岗文化是有不少陶器，但陶器是否就是用来灌溉的器具？

凡经营农业是否就一定知道灌溉？怎样证明磁山、裴李岗时代的先民比古埃及人更懂灌溉？这样写史，可真有点像写小说啦。

既然写史，又是标明给年轻人写的，就不能出史实方面的错误，否则就是一本不合格的书。在分工如此明确的现代学术界，要一个人既懂文献又懂考古，确是比较困难，但是在考古方面如此错误百出，不能不让我怀疑这本书在文献的利用方面究竟还存在多少错误。作者是前辈学者，著作等身，致谢名单里更有一长串大师级的人物，似乎每一章都扎实可信，不容置疑。不过我想这些被谢的人，是不该为上述错误负责任的，他们的名字放在致谢名单里，跟作者在正文里提到"中国考古学之父"李济"曾经跟他说起"什么云云（第30页），或者他在1977年11月在牛津大学就某个题目"作了演讲"一样（第23页），都是为了增加本书可信度的旁证，但是和致谢名单一样，李济和牛津大学也是不能也不该为作者的种种错误负责任的。

写到这里，我想说的是，我们的某些出版社引进海外的著作，一定要下点功夫看看货色如何，如果确有可取之处，非要出版不可，至少也要把那些明显的硬伤消灭才好，否则就太对不起读者了，也会损伤出版社的清誉。

（原载《东方早报·上海书评》2009年10月18日）

名著有瑕疵

——读牟复礼先生《中国思想的起源》

　　谈到中国思想和中国思想的起源，无论如何都不能回避中国的文化传统，甚至中国的文明起源。美国著名学者牟复礼（Frederick W. Mote, 1922-2005）的名著《中国思想的起源》也不例外。这本刚刚译成中文的书（王立刚译，北京大学出版社，2009年），第一章就是《中国历史的开端》。他根据考古的发现，认为"尽管我们还没有直接找到甲骨文最早阶段的证据，但已经发现了最早创造甲骨文的文明跟同地区的、更早的、尚无文字的新石器时代文化之间存在着文化纽带。传统中国的始基在那段史前时期就已具雏形了。"又说，"但中国的信史，就如同其他文明一样，被认为只有在发明了文字之后才算正式开始。——中国内地过去四十年开展的一些考古工作虽然将重点集中在商文化上，但还没有在甲骨文和其他文献中找到清晰明确的印证。在此之前，或者说在其他证据完备之前，中国文明的开端的精确叙述就依然是一个美妙的谜，让文化史的学者们沉迷于思索和推测中。"（第5页）

　　牟先生虽非考古学家，但他的概括很到位，理解也很正确。不过牟先生的大作，也有很严重的史实错误，比如第4页提到："1986年中国社科院在今中国西北的西安附近发现了一处遗址，出土了甲骨文，时间为公元前3000年到公元前2500年。这不但提前了晚商一般的时间，而且也将整个商朝的时间提前了。这些新发现的商朝甲骨文被确认为更古老、更原始。"这段话错得莫名其妙，看来不像是翻译造成的错误，而可能跟作者的道听途说有关。首先，中国社会科学院从来没有在西安发现过殷商或者殷商以前的甲骨文；其次，如果真有这么回事，恐怕也都跟《光明日报》1986年5月1日和1987年3月19日的两篇报道（新华社记者苏民生、光明日报记者白建钢报道）有关。第一篇报道题为《西安出土一批原始时期甲骨文——比殷墟出土的甲骨文要早一千二百年》，第二篇报道是《西安又出土一批原始时期甲骨文》。前者说这批"甲骨文"属于龙山文化晚期，又说把"中国人最早使用文字的历史提前到四千五百年至五千年前"，后者则直言这批原始"甲骨文"距今4000年以上。我们知道，龙山文化约当公元前3000～前2000年，延续了差不多1000年，如是龙山晚期，就当在距今4500年之后，同一篇报道，前后矛盾，正说明报道的不专业。关于这批"甲骨文"跟殷墟甲骨文的关系，后一篇报道也只是说"与驰名中外的殷代甲骨文字有渊源关系。"两文既未提及"中国社科院"，更没有言及"将整个商朝的时间提前了。"因此我们应该可以断定牟先生根据的也许是由这两篇报道衍生的报道，也许就是根据友人的转述，反正不应该是第一手的资料。问题是，这两篇报道的内容根本就不足凭信，这批所谓的"原始甲骨文"在媒体吵吵嚷嚷一段时间之后也已经正式发表了21年

（郑洪春、穆海亭：《陕西长安县花园村客省庄二期文化遗址发掘》，《考古与文物》1988年5、6号，第229～238页），但是严肃的考古学家和古文字学家都没有把它们当成讨论的对象，因为这批所谓"笔画细若蚊足，刚劲有力，字形清晰，字体结构布局严谨，与殷代甲骨文字体接近"（《光明日报》1986年5月1日文）的"甲骨文"原本就是有机物腐蚀的结果，根本不是文字。我们当然不应该苛求牟先生既懂考古又懂中国古文字，但他受了这些报道的误导是无疑的了。让这些假货夹在这部名著中，不能不说是一个遗憾。本文愿意为牟著在此做一个注脚，请研读此书的非考古专业学者和广大读者留意于此，不要以为真有这么回事，商朝的历史也并没有因此提前。

顺便说说另外一本最近出版的汉学名著、美国学者费正清（John King Fairbank, 1907-1991）的《中国：传统和变迁》（张沛等译，吉林出版集团有限公司，2008年）。谈到中国文明的诞生，无疑也要用到考古材料。比如第14页说，"东亚最有代表性的旧石器是石刀，其他地区是石斧。"这里的所谓"石刀""石斧"，都是有问题的，前者的原文推测可能是flakes，scrapers或者是chopping tools，即指石片、刮削器或切割工具，后者无疑是handaxe，即手斧，这两者跟我们一般人所理解的装柄的、磨光的复合工具石刀（stone knife）和石斧（stone axe）有本质不同。用"石刀"和"石斧"名之，不能不造成误解，因为石斧在中国甚至全世界的新石器时代是很常见的。说到仰韶文化的半坡村遗址，该书说是"距今已有七万年的历史"（第15页），把年代推前了十倍。这些错误推测跟作者没有关系，恐怕是译者的手民之误或者竟是出版社的误排了。

2009年9月22日

（原载《东方早报·上海书评》2009年10月25日）

翻译家，您慢一点吧

导语：要是译者肯下一点功夫，至少不会把丁文江、翁文灏等这些中国近现代史上的著名人物，像变戏法一样，弄成我们大家都不认识的陌生人。

瑞典著名探险家斯文·赫定的*Across the Gobi Desert*一书，最近由王鸣野先生译成中文，在吉林出版集团有限责任公司出版。该书中文名被改为《从紫禁城到楼兰——斯文·赫定最后一次沙漠探险》。书籍装帧精美，印刷漂亮。这几天出差带在手边，闲来翻看，虽然觉得译文晓畅可读，但掩卷之后，却是如鲠在喉，有一些话不得不说。

先说书名。如果熟知斯文·赫定的探险活动，或者对赫定先生的著作有点了解，就知道1927～1928年从北京走到新疆的这次科学考察（他自己实际上只走到了乌鲁木齐而不是楼兰），并非他的最后一次探险活动。从1933年10月21日离开北京，到1935年3月11日回到北京的这次汽车考察之旅，跨越的地理范围更大、更广，虽然"到此为止，1927年开始的考察工作最后终结"（斯文·赫定：《亚洲腹地探险八年（1927-1935）》，徐十周、王安洪、王安江译，新疆人民出版社，1992年，第766页），也就是说至少在赫定本人看来，1933～1935年的汽车旅行，还是他自1927年开始的中亚

《从紫禁城到楼兰——斯文·赫定最后一次沙漠冒险》封面

考察的一个组成部分。但是当他写作Across the Gobi Desert时，他的汽车探险活动还远远没有开始，所以把1927～1928年的这次考察活动，当成他的最后一次探险活动，是不准确的。如果读者看看赫定后来撰写的《亚洲腹地探险八年（1927-1935）》（英文原书名是：*History of the Expedition in Asia 1927-1935*, Stockholm, 1944），就知道赫定在1928年之后，两进两出内蒙古和新疆，其间的曲折和艰辛，并不亚于第一次探险。所以赫定在本书第三卷所描述的1933～1935年的这次田野考察活动——从北京出发，经过内蒙古、甘肃和新疆又回到北京的汽车考察，才是他的最后一次沙漠探险活动。

我想说的，其实远不止书名。手边没有Across the Gobi Desert 这本英文原著，有疑问的地方无法一一核对，实际上我也不愿意去花这个工夫核对它。但是就我有限的知识，我知道书中把不少中国考察队员的名字翻译错了，这错误虽然没有把蒋介石译为"常凯申"之类的错误吓人，但也足够让我们劝劝某些翻译家了：在您翻译之前或者翻译之间、之后，能否查查相关的史料，别犯这类简单的令人无法饶恕的错误？

张冠李戴的译名错误，几乎贯穿这部译本的始终。第1页，"我向V. K. 亭博士、W. H. 翁博士和格拉堡博士辞行。"不用说，这三位分别是丁文江博士（1887～1936年）、翁文灏博士（1889～1971年）和美国著名古生物学家葛利普博士（Amadeus W. Grabau, 1870～1946年）。前两位是我国著名的地质学家和社会活动家，是中国地质事业的创始人，都是中国近现代史上赫赫有名的人物。葛利普1920年应丁文江先生之邀来华，担任地质调查所古生物室主任和北京大学古生物学教授，把他的后半生全部献给了中国的地质和古生物学事业，1946年在北京逝世，是深受中国地质和古生物学界尊敬的大师，他的墓碑至今还矗立在北大校园。

第32页，"徐教授于1888年出生于湖南省靠近湖北省边界的一个村庄里。"这里的"湖南省"显系"河南省"之误。如果熟悉徐炳昶教授（1888～1976年，字旭生，中瑞西北科学考察团中方团长，我国著名历史学家、考古学家），就知道他是河南南阳人。一字之差，不管原著是怎样拼写的，出这样的错误都是不应该的。其实，接下来的第34页也告诉读者，四位中国学者和他们的学生来自五个不同的省份，明明白白地写着河南而不是湖南。

第33页，说到袁复礼教授，"他的朋友们都叫他'四元'"。看到这里，我真是吓了一跳。袁复礼，字希渊（1893～1987年），我国著名地质学家，也是1921年同瑞典学者安特生（J. G. Andersson）发掘仰韶村遗址的中国学者。好在译者还知道"袁复礼"的名字，否则我们真不晓得这个"四元"该是哪个了。

第34页，"最后一个中国人的名字叫单帆顺"，这真把我"雷"倒了。因为在我的印象里，中瑞西北科学考察团里根本没有一个姓单的人。想来该是"詹蕃勋"吧。詹蕃勋，字省耕，是西北科学考察团的中方团员、测量学家。

同页还提到"中国科学研究机构协会"。中国近代并没有这样一个协会，它的准确名称应该是"中国学术团体协会"。在中瑞西北科学考察团离开北京之前，该协会主席周肇祥跟赫定签订了中英文两个文本的"中国学术团体协会与斯文·赫定博士所订合作办法"。虽然时间过去了差不多一个世纪，但找来这个协议的中文文本并不困难，实际上最近正式出版的《徐旭生西游日记》（宁夏人民出版社，2000年），就附录了这个协议（第281～284页）。

第35页，"10位中国人中现在没提到的只有匡元闿，他是一位摄影师。"这也让我大吃一惊。龚元忠，字醒狮，现在他的姓名却变成了"匡元闯"，亏得赫定不大晓得中国人的字，他要是把龚先生的字也写上，不知道这个"醒狮"，最后会变成什么人的名字呢！

同页倒是把四位参加考察团的学生的姓都翻译对了，即刘、崔、李和马。但是，在随后的文字中，却出现了"隋"（比如第90页、第256页等），要不是赫定说"赫姆波尔和那个叫隋的学生如往常一样为我划出基线""我们自额济纳河派出的隋姓学生"云云，说明这还是那个姓崔的学生，我还真以为又冒出一个姓"隋"的学生呢！这个突然冒出来的"隋"，一定就是"崔鹤峰"（字皋九）吧。

第43页，安特生（1874～1960年）被译成了"安德森"。这也就罢了，他本来就是一个瑞典人，虽然他认可的中文名字是"安特生"三字，中国考古学界到现在也都是这么称呼他的（马思中、陈星灿：《中国之前的中国》，瑞典东方博物馆，2004年，第102～103页）。但是下面的"北京联合医学院"和所谓的"布兰克博士"（第43～44页），我却不得不说两者分别是"北京协和医院"和步达生（Davidson Black, 1884–1934）的误译。步达生，加拿大人类学家，周口店北京猿人的研究者，1934年病逝于北京。

第171页，"在收藏家陈的大力支持下，伯格曼在从百灵庙到额济纳河的路上发现了120处新石器时代的遗址。"这个"收藏家陈"，想来不会是别人，一定是中方队员陈宗器先生（1898～1960年，地磁学家，中华人民共和国成立后曾任中国科学院地球物理研究所副所长），他不知道什么时候变成了"收藏家"。

第226页，说袁复礼教授的南队还在"陈藩附近地区发现了3座古城"。这个"陈藩"，就我仅有的知识判断，应该是"镇番"之误。

第236页，前面提到的龚元忠先生，不幸又被改了姓，成了"孔"先生。

第250页，"杨增新的右边坐着他多年的心腹和俄文翻译——来自喀山的塔塔尔·布尔汉。"这个人，其实就是中华人民共和国成立后曾任新疆维吾尔自治区政府主席的大名鼎鼎的包尔汉（1894～1989年）。

第253页，所谓"外务部长樊大人和教育部长刘大人"，樊大人和刘大人的姓倒没有错，但是所谓"部长"云云，一定是"署长"或者"厅长"的误译。根据《徐旭生西游日记》，樊"外务部长"其实就是杨增新手下的"交涉署长"，刘则是他的"教育厅长"（见该书第189～190页）。

我这里只是把明显的人名、机构名的误译挑了些出来，至于读来不通或者读不懂的地方，还有不少，这里仅把随手记下来的几处告诉译者，希望以后修订的时候能够加以注意。比如第94页说，"看到黑德的3张巨幅精妙三角系统图也是一种真正的艺术享受"，一般读者是不明白这"三角系统图"是什么玩意的，译者恐怕要加注说明。第95页，"平台周围是几百块角度弯曲的砖头"，一般读者恐怕也不明白什么是"角度弯曲"的砖头。还有，译文中一会儿用中国人，一会儿用汉人，想来多是所谓Chinese一词的翻译（比如第111～112页）。到底哪些地方该用"中国人"，哪些地方该用"汉人",在中文里应该有清楚的表述,显然,在很多地方,译者的拿捏是不准确的,很容易给读者造成误会。第164页所谓"河流就分成几条小的三角洲支流"云云,读者恐怕也不明就里。

从封内的译者简介看,显然这是一位年轻有为的学者,作品不少,对西域历史看起来也有专攻,如果他能在翻译这本书的过程中,随手查查斯文·赫定已经翻译成中文的若干本著作,比如上引的《亚洲腹地探险八年(1927-1935)》,或者已经正式出版的《徐旭生西游日记》《黄文弼蒙新考察日记》(文物出版社,1990年),又或者袁复礼的《蒙新五年行程记》(《地学集刊》第2卷3、4期合刊,1944年)、《30年代中瑞合作的西北科学考察团》(《中国科技史料》第4卷3期、4期(1983年),第5卷1期、2期、3期(1984年)),别的不说,至少上面张冠李戴的错误均可避免。这些书在一般的图书馆都能查到,斯文·赫定和徐旭生的书现在还能在书店买到。要是译者肯下一点功夫,至少不会把这些中国近现代史上的著名人物,像变戏法一样,弄成我们大家都不认识的陌生人。

最后,我想向这本书的译者和所有从事翻译的学者发出善意的呼吁:翻译家,请您慢一点吧!

(原载《东方早报·上海书评》2010年4月22日)

紧跟世界学术潮流的夏鼐先生

——写在《夏鼐日记》出版之际

　　四百多万字的《夏鼐日记》（十卷本，华东师范大学出版社，2011年），是夏鼐先生留给我们的宝贵财富。它不仅为了解夏鼐先生个人提供了弥足珍贵的第一手材料，对于了解中国现代考古学史、中国现代学术史甚至中国现代史，也有很高的史料价值。始于1927年，终于1985年6月17日，即夏先生去世前两天的这部日记，虽然开头几年（1927～1930年）和"文革"期间（1967～1971年）都有中断，但前后绵延半个多世纪，由中国顶尖学者撰写的这样一部日记，在中国现代史上实在并不多见，用它补中国现代史特别是现代学术史研究史料的不足，其价值是毋庸置疑的。比如，在"文革"开始之后的1965～1966年，他就记录了曾昭燏（1965年1月18日日记）、傅乐焕（1966年6月1日日记）和陈梦家（1966年8月25日、9月3日日记）三位老朋友的自杀，虽然都是寥寥数语，也似乎不带太多的感情色彩，但这样的史料，恐怕是很难从当时的公开出版物上获得的，即便后来这三位学者都已平反昭雪，但后人对他们那人生中最惨痛的一页，多不甚了了，有人甚至连他们的名字也记不得了。

　　夏鼐先生是中国考古学史上里程碑式的人物，早年在中央研究院历史语言研究所任职。中华人民共和国成立后，历任中国科学院考古研究所（1977年改属中国社会科学院）副所长、所长和名誉所长，领导中国考古事业长达35年，可以说是新中国考古事业最主要的奠基者，中国考古学之有今天，跟这位舵手有直接的关系。我生也晚，没有见过夏鼐先生，但他是我最为敬仰的少数几个学者之一。我过去学习考古学史，有一个很武断的感觉，甚至现在也还是这样，那就是觉得中国考古界跟国外的交往在改革开放前是中断的，中国考古学者对外界知之甚少甚至一无所知。我相信不少同龄人或者比我年轻的人也有类似的感觉。但是，看过《夏鼐日记》，我知道我的判断很不正确。至少在1966年之前，中国考古界并没有跟外界隔绝。夏鼐先生不仅通过跟各国学者的直接交流了解国外考古学的新进展、新动态，更通过阅读大量外文文献，获得新的知识。如果说夏鼐先生是一个窗口的话，那么中国考古学至少有一个窗口是洞开的。我这样说也许您不相信，请让我举例说明：

1950年1月2日，"阅毕豪厄斯《迄今的人类》（pp.1-312）"；1月3日，"阅胡顿《从猿到人》"；1月5日，"阅毕《从猿到人》（pp.1-604）"；1月8日，"上午在家阅*Weidenreich, Six lectures on Sinanthropus Pekinensis and related problems*（魏敦瑞：《中国猿人北京种及有关问题的六次讲演》）"；1月9日，"阅毕魏敦瑞：《中国猿人北京种及有关问题的六次讲演》（pp.1-92）"；1月13日，"阅魏敦瑞、金蒂的《猿和人》"；1月14日，"阅博尔斯《普通人类学》"；1月15日，"阅《美洲人类学家》（1939年）"；1月16日，"阅蒙特留斯著、滕固译《先史考古学

方法论》"（第1～91页）；1月19日，"阅《人类》（1947
年）"；1月20日，"阅基思：《人类化石的新发现》及
《美洲人类学论文选集》中关于非洲南方古猿的文章"；1
月22日～23日，"阅毕郭沫若译、米海里司著《美术考古学
发现史》（1～462页），并作札记"；1月25日，"阅魏敦
瑞《中国猿人北京种的齿式》"；1月27日，"阅《人类》
1945年各期"；1月29日，"阅《人类》1944年各期。下午
起写《〈从古猿到现代人〉的商榷》"。

　　上面是夏鼐先生一个月阅读外文书刊或外文译著的
记录。因为跟当时在浙江大学的教学有关，所以读物主要
是人类学甚至是古人类学方面的。这些外文文献，有新有
旧，并不都是新的出版物。但夏先生对新出外文书刊的阅
读之快、之多、之宽泛，实在是出乎我的预料的。我下面
再举一个例子。

　　1949年9月3日，夏先生接受浙大聘书，秋季即开始
在浙大开课。从10月6日进入浙大，到这一年结束，夏先
生阅读的外文期刊，就有数种，而且不少都是这一年的新
刊。比如10月8日，"返家后阅新出 Man《人类》各期"；
10月30日，"上午在家阅《人类》1949年1月号"；10月
31日，"阅 American Journal of Archaeology（《美洲考
古学杂志》）1948年4册"；11月1日，"阅《美洲考古
学杂志》1949年1月号"；11月4日，"下午阅 American
Anthropologist（《美洲人类学家》）二本"；10月11日，
"阅了一册《美洲人类学》（5卷2期，1949）"；12月27
日，"下午抄录 Science Monthly（《科学月刊》）今年5月

份中之介绍1939年人类学与考古学之新发现及新学术
一文。"

夏先生对国外的考古学研究是非常关注的，欧美许多学
者的研究都曾进入他的视野。这里只举一个例子。大家都知
道柴尔德是英国著名考古学家，被认为是马克思主义考古学
的代表人物，对20世纪的考古学发展有很大影响。30年代，
夏先生没能成为柴尔德的学生，但他一生都对柴尔德的研究
情有独钟。日记中记录阅读柴尔德著作的地方，从1949年10
月至1952年底，凡十多处。比如1949年10月28日，"阅V. G.
Childe, *Archaeological Ages and Technical Stages* （柴尔德：
《考古学的时代与技术阶段》）"；1950年2月2日，"下午
阅《人类》1942年各期。将柴尔德关于苏俄考古二文作札
记"；5月19日，"阅柴尔德《欧洲文明的起源》"；6月18
日，"阅柴尔德《历史上发生了什么》"；1951年10月1、2
日，"阅毕柴尔德《不列颠群岛的史前社会》"；1952年4
月26日，"阅柴尔德《历史学》（pp. 1-83）"；5月19日，
"阅柴尔德：《社会演化》"；6月26～28日，"连续三天
阅柴尔德《欧洲文明的开端》"；7月1日，"阅毕（1～336
页）"。从1953年到1957年柴尔德去世期间，夏先生还读过
柴尔德的《从底格里斯河到塞文河的初期车子》《关于远
古东方的新发现》《远古文化史》（即《人类创造自己》
的中译本）、《欧洲的遗产》《历史的复原》《史前考古
学目标和方法的变化》（《史前学会通报》文章）等多部
（篇）。1958年1月8日，夏先生为不幸去世的柴尔德写下一
篇《传略》，表达他对柴氏的敬仰之情。实际上，1959年夏

先生有关考古学文化的讨论，虽然针对的是中国考古学的问题，但研究问题的概念、方法和思路都有柴尔德的影子，这跟他长期阅读柴氏的研究著作是密不可分的。

正因为如此，西方考古学的不少新东西，从理论到方法，都能及时进入夏鼐先生的视野，并最终成为中国考古学研究的重要手段。比如大家熟悉的碳素测年，夏先生1955年5月5日阅读利比的《放射性碳素断代法》和伯尼《旧大陆考古学中的放射性碳素断代》，并准备撰文介绍；又比如花粉分析，1955年8月26日言及，"上午阅 Faegriet, *The Textbook of Pollen Analysis* （费格里等：《花粉分析教科书》）。"这些在西方刚刚出现的新技术，很快就被介绍到中国考古界，并成为中国考古学的重要组成部分，实在跟夏鼐先生的引介和推动有密切的关系。

二战之后西方考古学界出现的新思潮之一，就是对传统考古学的反思，最终导致所谓"新考古学"的出现。夏先生晚年对新考古学的评价不高，但他对这个学术思潮的认识也许比某些西方学者还要早得多。对传统考古学提出明确挑战的泰勒的《考古学研究》一书，夏先生是在1951年2月10日开始阅读的，到2月17日读完，五天的日记里都有阅读此书的记录。虽然他没有留下片言只语的评论，但对西方考古学里这个反传统的东西，他应该是有深刻印象的。此书1948年才刚在美国出版，夏先生阅读此书，只比美国学者晚了两年。

夏先生无书不观。除了中文书，英文最多，法文、日文甚至俄文的文献他也能直接阅读。所以，西方考古学的新发现、新理论、新方法，他恐怕比一般西方学者还要了解，而掌握这些新动向的时间也差不多跟西方学者同时。西方杂志，比如《科学》《美洲人类学家》《人类》《古物》《美洲考古学杂志》等国际著名刊物，一般都能在当年进入夏鼐先生的视野。中国考古界与西方的联系是畅通的，夏鼐先生就是联结中西方考古研究的最重要的一个桥梁。就夏鼐先生的日记所见，这种联系直到1966年"文革"步入高潮，也未曾稍断。如果说夏鼐先生是紧跟世界考古学潮流的话，那么说中华人民共和国成立后的中国考古学没有脱离潮流，中国考古界没有割断跟世界考古潮流的联系，恐怕是恰当的、中肯的。

（原载《中国文物报》2011年8月5日）

读书闲谈

"茹毛饮血"正解

　　最近吕思勉先生（1884～1957年）的著作大量重印再版，给我们学习这位史学大师的思想提供了难得的机会。《吕著中国通史》（华东师范大学出版社，2005年）就是其中重要的一部。这本书的上编初版于1940年，下编初版于1944年。上编是文化史，下编是政治史，现在合为一册，尤其方便读者。不过，我发现吕先生对"茹毛饮血"的解释，仍然沿袭他早年的说法，而这种说法，早在1930年就被当时的中学生夏鼐先生（1910～1985年）批评过。吕先生的新作没有接受夏鼐的意见，也许有两种解释，一是视若无睹，拒绝接受的见解；一是根本没有看到过夏的文章，因此也就无从引用。

　　在《吕著中国通史》第十三章《衣食》中，吕先生是这么说的："我们可以说：古人主要的食料有三种：（一）在较寒冷或多山林的地方，从事于猎，食鸟兽之肉，饮其血，茹其毛，衣其羽皮。（二）在气候炎热、植物茂盛的地方，则食草木之实。衣的原料麻、丝，该也是这种地方发明的。（三）在河湖的近旁则食鱼。"（见该书第215页）这当然是对《礼记·礼运》"饮其血、茹其毛"那段话的解释，对照上下文，吕先生的"茹其毛"一定还是吃"鸟兽之毛"的意思。

夏鼐先生发表在1930年《光华大学附中周刊》第一期上的文字，从（一）鸟兽之毛不可充饥；（二）"毛"当作"草木"解；（三）"茹毛"当作"食草木"解；（四）"食草木之实，鸟兽之肉；饮其血，茹其毛"上两句是对偶句，下两句也应该是对偶句等几个方面，充分证明"饮鸟兽之血，食草木之根叶"，才是"茹毛饮血"的正解。这篇文章在夏鼐先生生前的1982年又在《社会科学战线》以《关于"茹毛"的正解》为题（见该刊第三期；后收入《夏鼐文集》下卷，社会科学文献出版社，2000年，第395～397页）重刊过一遍，大概就是因为不少人还沿用"食鸟兽之毛"的旧说法。

《吕著中国通史》是一本好书，但这个近80年前已被指出有误的解释，不应该继续误导读者，把这段争鸣的历史翻检出来，是为了让读者对这段经典有正确的认识。

（原载《中国社会科学报》2009年8月6日）

祭祀必用家畜

中国考古发现的动物牺牲和祭品多为家畜。比如河南安阳殷墟，祭祀坑中常发现马、牛、羊和猪的遗骸，有时多达数十个。在墓葬和腰坑中，常埋狗，二层台上常有牛、羊和猪的腿骨。随葬的器皿中，鸡的骨骼也时有发现（中国社会科学院考古研究所：《殷墟的发现与研究》，科学出版社，1994年，第438～439页）。更早的仰韶文化和龙山文化遗址，常能发现完整的猪坑和狗坑，这些作为牺牲的动物，数量之大，肯定是家养的。为什么祭祀要用家养动物呢？《左传·隐公五年》曰："鸟兽之肉不登于俎"，就是说祭祀的动物不能用野生的。《礼记·王制》曰："诸侯无故不杀牛，大夫无故不杀羊，士无故不杀犬豕。"强调礼仪、政治和家养动物牺牲的关系。《墨子·明鬼下》云："昔者虞夏商周三代之圣王，……必择六畜之胜腯肥倅毛，以为牺牲，珪璧琮璜，称财为度；必择五谷之芳黄，以为酒醴粢盛，故酒醴粢盛与岁上下也。"不仅要选择家畜，还要仔细挑选。不过，把家养动物和政治及礼仪结合起来，好像并非史前和商周时代中原人民的特例，其他不少民族也有这样的特点。近读方国瑜先生的《滇西边区考察记录》（云南出版集团公司、云南人民出版社，2008年），发现西南不少民族也有类似的风俗。比如谈到班洪地方的风俗，他说：

"大青树之奉为神者，多插竿于旁，且以绳绕。闻土人云：有病，延巫师祷于树，巫师口咒而无经典，其所咒与缅寺和尚之经不同，法器亦异，余未得一睹为恨也。祭树献品，视病轻重与家贫富，轻则用鸡，重则用牛。"（第34页）

说到卡瓦山的居民："野卡住室，与班洪所见者同，造屋原料草竹木三种，无一土石，遭火则惟牛马粪与余烬堆存，未见房基痕迹也。故土人最畏火，余在高多头目家中，燃火柴吸纸烟，火突发，头目作惊异状，余亦愕然，头目乃云：恐火警也。然土人住室，最易引火，而房舍栉比，偶一家不慎，全寨俱焚，故祀火神，年必一祭，大都在十一月，家出谷或鸡，延巫祷祝，共醉一餐而散。"（第58～59页）

又谈到傣族的风俗：傣族送鬼"普通所用物品，有鸡一只，米一斗，酒少许，纸钱若干，物品多少，须看病者家庭而定。祭品均为巫师所有。送鬼仪式，十分简单，稍事念咒作法，送到门外，烧纸而已。"（第252页）

又说傣族"每寨有社神两处，多在粗大之榕树上。树旁立参差不齐之石块，离地约五尺许之树干上，绕以六七个竹圈，圈上插几串竹链。为每年祭社神时，由主祭者送社神之饰物。社神周围数丈，绕以高约五六尺之围墙。牛、马、猪、羊固不准进，甚至小孩、妇女亦不得入，为全寨最庄严之地方。每年祭社两次：插秧前一次，收获后一次，由寨民轮流主办。每年每户轮值一次。祭品有鸡三只，其中两只供社神，一只祭山神。此种祭神鸡，不许青年享受。唯老者有权力。此外猪一头，茶、酒、麦粑等物。祭神时，由寨中一

位年高德劭长老主持。祭礼颇隆重，祭毕，举寨男子团聚社
内，痛饮一顿，余肉每户分若干，不留粒饭块肉。傣族对社
神甚崇敬，认为社神能保护全寨人民，社神枯荣，影响全寨
人口盛衰，故寨民信之至笃。每年栽秧前祭社，祈求社神保
佑禾苗茂盛，收获丰富，到收割完毕，家中谷食丰富，还愿
社神保佑人畜安宁。"（第247页）

景颇族也有类似的风俗："家畜惟鸡、犬、豕。婚、
丧、祀鬼，则向外购牛，杀而祭之，祀毕，连毛、皮，人各
一脔，分而烧食。"（第255页）

为什么要把家养动物作为牺牲或祭品，恐怕主要是因为
它包含了人的劳动在里面，它是驯化的，是熟的，是我的，
而野生动物虽然也经人们狩猎而来，包括人的劳动在内，
却只能是野的、生的、非我的，而生的是不能献给祖先享用
的。这好像也适用于植物，献给祖先的植物类食品，也往往
来自栽培植物，古今中外大概都是如此。

（原载《中国社会科学报》2009年10月15日）

偶得一束

宋代的共生关系

陆游《老学庵笔记》卷一（中华书局，1979年）有这样一个故事："政和中大傩，下桂府进面具，比进到，称'一副'。初讶其少，乃是以八百枚为一副，老少妍陋无一相似者，乃大惊。至今桂府作此者，皆致富，天下及外夷皆不能及。"下桂府依靠进贡面具发展地区经济，百姓依靠制作面具致富。这在人类学上是一种典型的共生关系（commensualism），共生者意指某种相互支持和相互依赖的共同生活过程。值得注意的是，八百副面具无论"老少妍陋无一相似者"，这似乎不完全是招揽生意的考虑，实际上我们在上古时代发现的面具，也少见完全一样的，即便是一个遗址出土的也是各个不同，比如最近河北易县北福地出土的几副新石器时代的陶面具就是如此。

宋代的民谣

民谣是中国古代一个很古老的传统，汉代以来的史书里屡见不鲜。陆游《老学庵笔记》卷一（中华书局，1979年）就有不少。比如宣和年间有谚曰"金腰带，银腰带，赵家世界朱家坏"。讽刺朱勔家奴个个腰系从皇亲国戚那里买来皇帝赏赐的金腰带，既骂朱家贪婪，也骂赵家不成器。

盂兰盆节

今天即便是人类学家对所谓的盂兰盆节也不甚了了。宋代的盂兰盆节是这样的："故都残暑，不过七月中旬。俗以望日具素馔享先，织竹作盆盎状，贮纸钱，承以一竹焚之。视盆倒所向，以占气候；谓向北则冬寒，向南则冬暖，向东西则寒暖得中，谓之盂兰盆，盖俚俗老媪辈之言也。又每云：'盂兰盆倒则寒来矣。'晏云献诗云：'红白薇英落，朱黄槿艳残。家人愁溽暑，即日望盂兰。'盖亦戏述俗语耳。"（陆游：《老学庵笔记》卷七，中华书局，1979年）看来北宋首都开封农历七月十五这天所谓的盂兰盆节，虽然祭祀祖先，但更像是纪念季节转换的一个日子，它的宗教色彩是非常单薄的。

家族病

家族病并不从今日起。陆游《老学庵笔记》卷七（中华书局，1979年）记载，"曾子宣丞相家，男女手指皆少指端一节，外甥亦或然。或云襄阳魏道辅家世指少一节。道辅之姊嫁子宣，故子孙肖其外氏。"指头少一节也许不能算病，但这个特征显系遗传得来，陆游说得很明白。

意意似似

今天的语言学家恐怕没有几个知道什么叫"意意似似",词典里也很难找到它,但古代是很常用的。明代小说《金瓶梅词话》第二十五回《雪娥透露蝶蜂情,来旺醉谤西门庆》,孟玉楼知道西门庆勾搭上了来旺的媳妇,骂道:"嗔道贼臭肉,在那里坐着,见了俺每意意似似的,待起不起的。谁知原来背地有这本账!"这是骂奴才来旺媳妇的。什么叫"意意似似"呢?其实就是犹犹豫豫的。在现代小说里已经很难看到它的踪影,但在河南农村,还经常听到这样的话,有时也省略为"意似"。我一直琢磨这几个字怎么写的,却原来如此。

中国古代的肥皂

中国古代用什么做肥皂,我没有研究过,恐怕一般的史书也没有仔细记述过。最近读到1804年出版的一本书,原是1792~1794年随谒见乾隆皇帝的英国使团来中国访问的约翰·巴罗爵士(Sir John Barrow,1764–1848)写的,书名很长,也许可以译为《中国旅行记》。最近李国庆、欧阳少春把它翻译成中文出版,意译为《我看乾隆盛世》,倒也切中要害(约翰·巴罗:《我看乾隆盛世》,李国庆、欧阳少春译,北京图书馆出版社,2007年)。书中第58~59页说:"他们不知道用肥皂。在北京,我们找到一种草木灰,加以杏油，制造了足够的洗涤剂来洗内衣。不过这只能由我们自己的仆人来办。”在没有肥皂的情况下，是否都是用草木灰加杏油做成洗涤剂，恐怕未必，但用草木灰做洗涤剂，在中国却有很长的传统。我的孩提时代的河南农村，草木灰用来洗头，也还有这样的用处。

清代国人的个人卫生

18世纪以来外国人到中国旅行的游记最近出了不少，有西洋的（比如北京图书馆出版社的《亲历中国丛书》七种；南京出版社的《"西方人看中国"文化游记丛书》四种），也有东洋的（比如最近中华书局出版的《近代日本人中国游记》十二种），他们记录了很多中国正史和野史不太关心的事情，其中之一就是中国居住环境的脏乱和个人卫生的糟糕。我只选取18世纪末期英国人约翰·巴罗爵士看到的情况，看看"乾隆盛世"中国人的个人卫生是怎样的。"女子缠脚布的内层据说是不换的，往往要用到不能用为止。这种习惯给中国人不太干净的印象。这确实符合他们的性格，所以斯威夫特才说他们是肮脏的。干净内衣的舒适，或者说内衣要常换的概念，无论是君王还是农民，都是闻所未闻的。在上层人士中，一层薄薄的粗丝绸取代了贴身的棉布，普通百姓穿的则是一种粗布开襟衬衣。这种衣服往往是在要换新而非要洗涤时才脱下来。可想而知，这种忽略或节俭的后果，使喜爱污垢的寄生虫子孙满堂。就连朝廷最大的官员也会毫不迟疑地呼唤仆人，当众在自己的脖子上捕捉这些讨厌的小虫。一经捕获，他们就面不改色地将其放入牙齿之间。他们不带手绢，通常把鼻涕擤在一小块仆人准备好了的纸片上。有些还没这么干净，随地吐痰，或者像法国人似的射到墙上；用袍袖擦他们的脏手；晚上穿着白天穿的衣服睡觉。跟衣服一样，他们也很少洗自己的身子。他们从来不洗澡，不管是热水的还是凉水的。虽然有众多的江河联系着这个国家的每一个部分，我却不记得看到过任何洗澡的孩子。在最炎热的夏天，男人才利用热水洗脸洗手。"（约翰·巴罗：《我看乾隆盛世》，李国庆、欧阳少春译，第58页）这里也许有夸张的部分，比如说中国人从来不洗澡，但大部分应该是事实。年过四十有农村经验的人，知道以前一年能洗几次澡；即便是城里人，所谓睡衣，也都是这些年才有的新概念。这种状况，是清代特有的，还是历代皆然，造成这种情况的原因是什么，却值得我们去好好研究。

禁杀女婴

中国新石器时代和青铜时代的不少墓地，发现有男女性别失调问题，多数情况下是男多女少，有时候男性的比例高得出奇，有学者解释这是由于杀女婴造成的，这到底是一个真问题还是一个伪问题，学术界似乎还有争论。但是中国历史时期的杀女婴现象确是大量存在的，即便今天也没有完全消失。近代以来西洋人来到中国，很多人都注意到这个可怕的现象。19世纪40年代来华的法国人古伯察（Evariste Régis Huc, 1813-1860），就在他的《中华帝国纪行》（上下册，张子清等译，南京出版社，2006年）一书中，不仅注意到这种野蛮的风俗，还完整记录了1848年广东张贴的一份禁止杀女婴的政府法令（下册，第182页）。兹录如下：

　　　　　　　　禁杀婴令

　　广东省刑事法官严令禁止抛弃女婴，所有人等应停止此恶行，履行家庭义务。吾得知在广东及邻区，或因家境贫寒，无力抚养，或因父母欲求一男，恐生女之后，其母分心照看，耽误二胎，以至抛弃女婴之恶习肆意泛滥。虽已有许多收养女婴之孤儿院，此恶习仍未止息——此行违背天良与文明，破坏天道之和谐。

　　因此，吾严令禁止杀婴，以下事实，众人理应思之。

　　虫鱼鸟兽，无不爱护其幼类。汝等怎能残杀亲生血肉？彼也如汝等之发肤。

　　勿忧贫困，汝等能凭双手过活。汝等欲嫁女儿，虽有其难，然而此万万不可成为抛弃彼等之理由。男婴女婴皆为上天之意志，汝等如生一女，必抚养之，虽则她不及一男。汝等若杀之，何以得子？汝等宁不惧此举之恶果乎？汝等宁不惧老天之报应乎？汝等灭绝父爱，到时悔之晚矣。

　　吾乃一富同情、心善仁慈之法官。汝等若有一女，必尽心将其抚养成人。汝等如太穷，养不起，便送彼等至孤儿院，或能抚养她们之朋友处。汝等若遗弃女婴，一经发现，将受法律惩罚，因汝等枉为父母。汝等之谋杀行径，罪不可赎。停止杀婴，停止灭绝人道之行为，勿给自己找来责难与祸害。

人人当谨守此令。

此法令情真意切，至今读来令人动容。清代杀女婴现象之流行，于此可见一斑。

男女老少都吃烟

烟叶是明清时代的舶来品，并很快成为中国人的宠物。19世纪中叶中国的烟草种植是怎么样的？什么人抽烟？烟草怎样种植和加工？19世纪40年代游历中国的法国人古伯察有仔细的观察和记录。

据说中国原先不懂得种植烟草，直到最近才懂得的。烟草是进口到中华帝国的舶来品，中国人首次看到侵略者用长烟杆吸冒着火的烟草时感到很惊讶，他们称之为"吃烟"。他们费了很大的劲模仿抽烟，如今他们已迷上了抽烟。奇怪的、巧合的是，他们把印第安人称的"Tambakou"翻译为"烟"，这两个字都含有"烟"的意思。他们称种植在田里的植物为"烟叶"，称吸烟的工具为"烟斗"。

在中华帝国，男女老少都几乎不停地抽烟。他

们日常生活里抽烟，种田、骑马、写作都常常把烟斗
叼在嘴上。如果在用餐之间有一点时间的话，他们便
用来抽烟。如果他们夜里醒来，他们肯定抽烟自娱。
因此也许很容易算得出来，在有三亿烟民的国家，包
括满人和西藏人算在内（他们在汉人的市场上占有一
定的份额），种植烟草变得很重要。种植烟草完全自
由，每一个人可以自由地在他的园子或大田里种植，
数量不限，收获后可以随意批发或零售，政府丝毫不
加干涉。最著名的烟草产自辽东和四川省。当地制
烟，要经过各种各样的制作程序，然后才成为可以到
市场出售的烟。南方人把烟叶切成很细很细的烟丝；
而北方人则满足于把烟草晒干，粗粗地把烟叶搓一
搓，然后把搓碎的烟叶立刻放进烟斗里。（古伯察：
《中华帝国纪行》上册，张子清等译，第108页）

原来一个半世纪以前，抽烟是如此普及，真是现在想都
想不到的事情。

中　药

中草药具有某种疗效没有问题，关键是中药有那么多
匪夷所思的东西，它们写在李时珍的《本草纲目》中我们还
不觉得刺眼，写在外国人的笔下，看起来就格外不舒服：原
来我们的"国粹"中有那么多邪乎的东西。看看美国人约
翰·斯塔德（John L. Stoddard）1897年在广州看到了什么：

"一天，当我走过一个寺庙的大门时，一个光着上半身的中国人来向我兜售一盒蚱蜢，中国人把它碾成粉末后，一般用来治疗轻微的精神失调。实际上，除了人参和其他少数一些熟知的草本植物外，中医的用药几乎是不可思议。例如，喝蝎子汤就是一种特别受欢迎的治疗感冒的方法；在舌头上针灸可以治疗痢疾；老鼠肉被认为可以生发；把干蜥蜴看作是治疗所谓肾虚疲惫的补药；铁屑居然被当成止血剂。中医还说，治愈某些疾病的用药，必须要用到病人子女的胳膊或是大腿上的肉作为主要的成分。提供自己身体上的部分肌体被看成是一个人孝心的最崇高的证明。这绝不是言过其实，在1870年7月5号的北京的官方报纸上，有篇社论，说的就是一个姑娘剪掉两截手指放入她母亲的药中的事情，这都引起了皇上的注意，她的母亲最终痊愈了，当地的官员建议，要立一个碑以表彰孩子的孝心。"（约翰·斯塔德：《1897年的中国》，李涛译，山东画报出版社，2004年，第64～65页）女性"割股"疗亲的故事，唐宋以来不绝于书（方燕：《巫文化视域下的宋代女性》，中华书局，2008年，第149～157页），没想到直到晚清这一愚不可及的行为，还会受到朝廷的表扬。

长指甲

风俗的改变虽然很难，但一经改变，好像就不着痕迹，比如说，现在很少人知道不久以前我国的女人甚至男人是留长指甲的，而且以此为美。外国人到中国来，往往注意及此，并留下很具体的记录。1897年美国人约翰·斯塔德（John L. Stoddard）来中国旅行，在他的旅行记中有这么一段话："在我看来，中国妇女一般说来是极端的朴素，但即便是维纳斯再生，她们的某些特征也令我毛骨悚然。我要说的是她们的指甲，留的长长的简直像是裁纸刀或匕首。手套根本无法套住她们的指尖，于是就发明了金属的指套来保护这些指甲。为了说明一下指甲在生长时的情景，下面的数据是从一名中国美女的左手上测到的：大拇指甲，2英寸；小手指甲，4英寸；无名指甲，5又1/4英寸。以这种的情形，我们就不会感到惊讶，为什么在中国没有握手的习俗。否则的话，痛苦的意外可能会经常发生。相应地，中国人致意的方式是各人双手抱拳，彼此间相互晃动。"（约翰·斯塔德：《1897年的中国》，李涛译，第67页）他的观察很细致，对握手的解释却不见得靠谱。为什么要留长指甲？乾隆年间来华的英国人约翰·巴罗爵士的解释也许是可以说通的，不过这次他说的是男人："出人头地的欲望有时候真的让男人走向荒谬绝伦。出于这种心理，士大夫让小手指上的指甲任意生长，有长到3英寸的，目的只是让人看了就知道，他们是不做任何体力劳动的。"（约翰·巴罗：《我看乾隆盛世》，李国庆、欧阳少春译，第57～58页）原来如此。

晚清中国的城市面貌

　　城市面貌是最容易为外来者注意到的事情，洋人的游记在这方面也着墨最多。1897年美国人约翰·斯塔德（John L. Stoddard）来中国旅行，他的游记里不乏这方面的议论。他说："有一个作者曾说道，在上海中国人居住的城区转一圈之后，他简直想吊在晾衣绳上被大风吹一个星期；天津肮脏的程度和难闻的气味还要糟糕；即使是北京，据大家所说，大街小巷也污秽不堪，令人厌恶，卫生条件之差超出想象。如果连首都都处于这样一种恶劣的状况，那么，外国人罕至的内地城市又会是什么样子呢？"（约翰·斯塔德：《1897年的中国》，李涛译，第78页）这好像并非他的亲眼所见，但实际情况可能不会相差很远，因为很多游记都有类似的描述，要说外国人人人都有偏见，却也并不见得。其实写下这些东西的人也想弄明白是什么原因造成这种状况。在这段描述的后面，约翰·斯塔德这样说："中国是世界上最古老的国家之一。她大多数的观念、习俗，还有民众的个人习惯是多年传承下来的古老的传统，而且老百姓非常守旧，不愿意做出任何改变。"（同页）他显然把这些不好的东西都看成是古代传统的延续。我们古代的城市也这么脏吗？可惜考古上好像并没有人做这些方面的专门研究。

狗 肉

狗是人类最好的朋友，同时在大多数时间也是人类餐桌上的美味。从史前时代一直到现代，狗肉作为人类的食物，在考古和文献上都能找到不少证据。最近看洪迈的《夷坚志》，读到一则这样的故事："饶州东湖旁居民梅三者，绍兴二十八年除夕，缚一牝犬欲杀，已刺血煮食，恍惚间不见。夜梦犬言曰：‘我犬也，被杀不辞，但欠君家犬子数未足，幸少宽我。’梅许诺。明日，自外归，恬然无所伤，仍复育之。"（梅三犬）狗是应该被杀的动物，连狗自己都这么认为。可见狗肉可食是宋人的集体无意识。

金钗辟鬼

洪迈《夷坚志》有一则《金钗辟鬼》的故事："温州瑞安县莴笃村民张七妻，久病，一夕正服药，忽不见。急呼临里，烛火巡山寻之。至一洞，甚深，众疑其在，噪而入。至极深处，见妇人面浮水上，取以归。云：数人邀我去，初在洞口，见火炬来，急牵我入。我衣领间有镀金钗，恐失之，常举手攒索，鬼辄有畏色，以故而得不沉。"黄金自商周以来，成为人们随葬的寻常之物，钗也是尤其是女人随身携带的最有力武器，看起来随葬金钗并不都是为了显示富有，很可能跟辟鬼的信仰也有关系。

抓周或扶床之戏

古今中外，不少地方有小孩子周岁的所谓"抓周"游戏，从孩子抓什么看他或她的将来在哪个方面有出息。偶读《酉阳杂俎》，发现这个把戏的历史还真悠久。该书卷一《忠志》有这样一则："高宗初扶床，将戏笔墨，左右试置纸于前，乃乱画满纸。角边画处，成草书敕字。太宗遽令焚之，不许外传。"这是唐朝初年的故事，真伪不可知；即便高宗的确乱写写出一个"敕"字，也不过是个乱画而已，跟"天命"无关，但是这个游戏应该是历史的真实。

这种把戏，一直到今天还在农村流行，桌子上一般放置笔、书或者玩具之类的物事，不过很少有人当真的。

闹 房

闹房是指新婚之夜，新郎家的亲友闹洞房的事情。这个风俗也有非常悠久的历史。古往今来，闹房闹出事情的不在少数。《酉阳杂俎·礼异》就记录有这样一件奇事："律有甲娶，乙丙共戏甲。旁有柜，比之为狱，举置柜中，复之。甲因气绝，论当鬼薪。"把新郎关在柜子里，导致新郎死亡，实在是一场悲剧，而乙丙因此被处以重刑，恐怕也非初衷。

虎子是夜壶

考古上所见的"虎子"，身体常作虎形，圆口朝前，背上有一把手，显然是生活用器。近年来对其功用常有争论。一说是尿壶或唾壶，一说是水器。汉唐时代的陶瓷虎子出过不少，多是在墓中出土；20世纪50年代发掘的山东沂南画像石墓的画像石上也曾见此物。虎子因形状类虎而得名，但是究竟做何使用，并不确知。近读《明清笑话集》（周作人点校，止庵整理，中华书局，2009年），发现一则笑话，颇可为考古学家释疑。笑话出在《笑府选》中，名为《捶碎夜壶》（第178页），录如下：

> 有病其妻之吃醋而相诉于友，谓凡买一婢即不能容，必至别卖而后已。一友曰，贱荆更甚，岂但婢不能容，并不许置一美仆，必至逐去而后已。旁又一友曰，两位老兄，劝你罢，像你老嫂还算贤惠，只看我房下不但不容婢仆，且不许擅买夜壶，必至捶碎而后已。

夜壶不必是虎子，但看起来这个夜壶必是男人的专用，否则不至于被这个妒妻捶碎。如此看来，墓葬中常见的虎子，也许不必是水器，而更应该是能够让男人把握行溺的夜壶。放在墓中的随葬品，往往是死者生前常用之物，作为夜壶而不是一般水器的虎子应该是最有资格成为随葬品的。

（部分发表于《中国社会科学报》2009年9月3日）

书前书后

张光直先生《古代中国考古学》中文版跋

如果说有哪一部关于中国考古学的书在世界范围内产生了持续而深远影响的话，也许知情的学者都会举这部《古代中国考古学》。这部著作，原是张光直先生在哈佛大学人类学系完成的博士学位论文。1963年正式由耶鲁大学出版社出版，此后在1968年、1977年分别修订出版了第二和第三版。后者并很快由日本考古学家量博满先生译为日文出版（东京：雄山阁，1980年）。1986年，本书的第四版又由耶鲁大学出版社推出，但正像作者在本书卷首所说，这是一本全新的中国古代考古学著作，虽沿用旧名，但内容和解释都截然和前三版的内容迥异，是真正的所谓"旧瓶装新酒"。

此书自1963年出版以来，不仅好评如潮，而且几乎成了所有非中文世界学习和研究中国古代考古学、上古史的教科书和参考书。它的引用率之高，恐怕罕有其匹。但是由于语言的和中国大陆与外部世界的隔离等原因，它在国内的影响——尤其是本书的前三版——反而非常之小。本书第四版面世后，很快在国内有所反应。1988年我读到此书，并很快写了书评；长期从事商周考古的杨锡璋先生也著文予以介绍（两文均见《考古》1990年11期）。在此之前，张光直先生曾经自己翻译其中的第五章，名为《中国相互作用圈与文明的形成》在国内发表（见《庆祝苏秉琦考古五十五年论文集》，文物出版社，1989年）。但90年代之前，国内一般读者只能从这些零星介绍和单独抽出的篇章中，体会原著的内容，难以窥见全豹。

1994年，本书译者印群先生选择该书第三版的商周部分翻译出版，经张先生同意，名为《中国古代文明之起源与发展——当代美国著名学者谈中华文明史》。全书仅15万字，由山东大学教授刘敦愿先生作序，在辽宁大学出版社印行。稍后，印群又选取本书第四版，翻译了新石器时代及其以后的部分，仍以同名经由辽宁大学出版社出版（增订本，1997年）。增订版为了吸引读者，改换了章节的名字和次序，把本书最精彩的第五章放在前面，又把新石器时代早期发展的部分，作为附录放在全书的最后。南开大学教授王玉哲先生为本书作序。本书原著第四版除对中国考古学发展的背景特别是它同历史学的关系有一个独到的概述外，还比较详细地介绍了中国的自然地理背景以及农业发生之前的漫长的旧石器时代文化。这是中国文化产生的舞台和背景，也是新版中张光直先生着力最多的部分之一。但是由于中文版书名的限制，这些部分全部省略了。因此，1997年出版的增订本，虽然篇幅扩大至30万字，但仍是一个不完全的节本。另外，两种中文版的印数很少，即在考古界也没有多少影响。这次请印群先生重新翻译原著第四版，据我所知，这是中文的第一个全译本，也是迄今为止了解中国古代考古学最为精彩的一本书。

　　本书自1963年出版以来，几乎每隔6年就要修订再版一次，这一方面说明它拥有广大的读者，另一方面也显示中国考古学的发展日新月异。自90年代初期开始，张光直先生就收集资料准备本书第五版的修订工作。他把每一项重要的发现和与此相关的重要论文，都复印出来，分门别类，以备修订之用。但是，由于健康方面的原因，第五版迄无完成。这对在病中的先生说来，肯定是一件不小的遗憾。但是就我所知，自本书第四版发行以来，虽然时间过去了14年，中国考古学在80年代中期以来又有许多新的重大发现，但是本书的框架结构和它对中国古代文化所做的解释，依然没有过时。作者在卷首所作本书在未来10年内其框架不会失效的预言，不仅体现了作者的自信和学术洞察力，大概也是先生没有急于动笔的一个原因。

　　80年代中期以来的中国古代考古学（夏商及其以前），其重大发现主要体现在长江流域及其以南地区、长城地带及其以北地区，这些重要的发现改变了传统上对中国历史一元的看法，尤其值得关注。关于这些新的发现，读者可以参看1999年出版的《新中国考古五十年》（文物出版社），此不赘述。关于先生对这些发现以及这些发现所带来的对中国古代文化和历史的反思，同时也是对先生本人一生学术研究的反思，体现在近年来他的一系列文章和采访录中。这些文章不少已经收在他的文集《中国考古学论文集》、《考古人类学随笔》（生活·读书·新知三联书店，1999年）中。文集没来得及收集的两篇重要文章，一是《历史时代前夜的中国》（China on the eve of the historical period），收在新出的《剑桥中国上古史》（1999年）里，是全书的第一章。它基本上可看做《古代中国考古学》第四版的缩影，但补上了80年代中期以来的重要考古发现。另外一篇，名为《二十世纪后半的中国考古学》（《古今论衡》创刊号，1998年），通过对《古代中国考古学》（张先生自谓此书为《中国古代考古》）一书前后几版的分析，解剖考古学新发现对中国传统史学的冲击和中国古代文明多元认识的形成。

最近十多年来，张光直先生一直在同病魔做斗争。在此期间，除承担繁重的教学和行政工作之外，又撰写了大量的论著。其用力之勤，用心之专，意志之坚强，都使我们后学感动。1994年9月至1995年10月在台北工作期间，有案可查的讲演记录就有六次（《田野考古》第六卷，1999年），内容涉及中国考古学的许多方面。1994～1997年他又数度坐轮椅来到北京，并曾奔赴他念念不忘的商丘考古工地。据说他在台北做脑细胞移植的手术期间，还完成了早年生活学习的自传《番薯人的故事》。要知道所有这一切的取得都是在常人所不能想象的痛苦和折磨中完成的。先生的身躯虽小，然骨头是最硬的。在他的身上，我真正体会了人之所以为人的伟大。

当我在北京的电脑上敲击这篇文字的时候，正是美国剑桥的午夜。睡梦中的张光直先生大概能够听到这悦耳的乒乓作响的击键声吧！我愿这悦耳的声音是一种祝福，祝福先生早期恢复健康，飞到北京来，我们再去考古所附近的胡同里吃饭、聊天。

2000年9月9日中午于郎家园

张光直：《古代中国考古学》，印群译，辽宁教育出版社，2002年；生活·读书·新知三联书店，2013年。

《美术、神话与祭祀》2001年版校译者的话

　　这本书是张光直先生最为珍爱的个人著作。他不止一次跟我说过，他喜欢这本书，原因之一是因为它是写给一般读者，而不是写给考古学家的。所以写起来轻松，读起来也轻松。这样的话，张先生也对别人说过。但是，这并不意味着它是一本普通的科普读物。实际上，从严谨性和科学性来说，它是道道地地的阳春白雪，不过喜欢它的人也确实很多。这是站在学科顶峰的人，才能写就的大手笔，也是张光直先生一生研究中国上古史的综合性论述。

　　本书以*Art, Myth, and Ritual: The Path to Political Authority in Ancient China*为名，首先于1983年由美国哈佛大学出版社出版。两年后，台北的弘文馆出版社将该书翻印出版。1988年辽宁教育出版社出版了郭净、陈星的中文译本（王海晨校），题为《美术、神话与祭祀》。张光直先生为本书写了《中译本作者前记》。1993年，本书在台北由稻乡出版社出版了繁体字本。至此本书开始在海峡两岸风行。1994年，日本东京的东方书店出版了由伊藤清司、森雅子和市濑智纪的日译本，书名改为《古代中国社会——美术、神话、祭祀》。日译本小32开，加了封套，新增不少注释并重新安排了插图，装帧和图片的质量都比原著有很大提高。当然价格也不菲。张先生为日译本写了序

言，向日本读者介绍自本书出版后十年中国考古学的新发现，并以此检验他的综合性的研究成果。

尽管这本书以中、英、日三种文字在世界各地流行，但张先生还是最在乎它在中国的反应。他对既有的中文本不很满意，一直都想亲自翻译此书。但是由于他忙于公务，而且身体一直在走下坡路，所以始终没有来得及动手。同辽宁教育出版社签订出版合同前后，先生曾一度想让我重译这本书，后又告诉我台北的南天出版社已经请人翻译了新译本，也许辽教可以同时出版这个新译本。但是由于版权等方面的原因，张先生随后又同意辽教可以出版自己的新译本。这时已是1997年岁末。为节省时间，辽教委托我重新审校郭净先生等的译本，这样既无版权问题，又能借此机会尽快将校本送请张先生把关。张先生同意这样的安排。1998年2月5日，张先生从台北发来电传，说"有关《美术、神话与祭祀》，请兄将您现在重新校审的定稿寄下，我好与我们这边的比较，我在收到稿件两天之后，保证有个决定。也许可以分成辽教版与南天版，但我想看了辽教版再作决定。"我用了三个星期的时间对着原文重新校对了一遍，同时也参照了日译本。随后，我把这个校本，寄到先生在台北的寓所，请先生审定。先生仍然不很满意这个校正本，但是他实在已经力不从心，只改正了几处错误，就把它寄回到了辽教。他同意辽教出这个新校本，从此再也没有跟我说起过南天版，实际上一直到现在我也没有看到南天版的新译本。

经张光直先生审定的新校本，改正了不少翻译和印刷错误，读者比较新旧版本的不同，区别当可了然。

我借以校对的原书，是1994年2月14日张先生在哈佛送我的台北翻印本。1999年，为保证中文新版图片的质量，我请在哈佛任教的李润权先生寄来哈佛大学出版的原著，但是发现原著与台北的翻印本没有什么不同，纸张粗糙，图片的质量也不高。我参照的日文版，是1994年同在哈佛进修的日本庆应大学学者桐本东太先生赠给我的。桐本是伊藤清司先生的学生，学习中国古代史和中国民俗学，曾在北京师范大学留学。在此我谨向李润权、桐本东太先生表示衷心的感谢。

此书并张光直先生的其他辽教版著作，原以为可以在2001年4月张光直先生70岁生日之前出版，借以为先生贺七十大寿。但是，就在跨入新世纪的第三天，先生却驾鹤西去，再也无法回到他热爱的故土。愿这本新版的《美术、神话与祭祀》能够带给先生我们无限的悼念之情。

2001年1月24日上午于郎家园

（以《张光直最为珍爱的个人著作——〈美术、神话与祭祀〉新版前絮语》为题刊于《中国文物报》2001年2月14日）

张光直：《美术、神话与祭祀》，郭净译，辽宁教育出版社 2002年；生活·读书·新知三联书店，2013年。

不因新材料的发现而过时

——《商文明》译后记

本书的完成时间是1978年。1980年由耶鲁大学出版社出版，距今已经整整20年。这20年间，商代考古有许多重要的收获，不仅在黄河流域有多处商城（特别是河南偃师尸乡沟商代早期城址）和商代墓葬被发掘（参看《新中国考古五十年》，文物出版社，1999年），在长江流域更有四川广汉三星堆（四川省文物考古研究所：《三星堆祭祀坑》，文物出版社，1999年）和江西新干大洋洲（江西省文物考古研究所等：《新干商代大墓》，文物出版社，1997年）商代祭祀坑或墓葬的惊人发现，这些发现在很大程度上改变了我们对商代历史的看法，具有重要的学术意义。所以张光直先生在很多场合说过本书已经赶不上时代了，如果有精力和时间要重写这部著作。

不过，就我们阅读和翻译本书的经验说来，本书的价值并没有因新材料的发现而过时。相反却仍然具有多方面的参考价值。它的多学科整合的研究方法；用人类学眼光对某些关键问题比如商王世系、王位继承制度和资源流通的研究；对于传统文献所采取的审慎态度；把商文明放在世界文明史上观照并试图寻找人类社会一般法则的积极态度；把商文明的发展和自然及经济资源相联系的做法；通过聚落考古研究商文明的发生、发展的思路；把夏商周视为并行发展的文明的见解等等，虽然有的观点已经在他的许多其他著作中有所涉及，但在这部整合的著作里，仍然具有特别的意义。国内自20世纪70年代末期以来有北京大学历史系考古教研室商周组编著的《商周考古》（文物出版社，1979年）风行于世，此后还有规模稍小的同类的教科书出版，但本书仍有不可取代的价值。1989年，本书由尹乃铉先生翻译成韩文（汉城：民音社）出版，就是一个证明。1999年，由鲁惟一（Michael Loewe）和夏含夷（Edward L. Shaughnessy）先生主编，14位欧美学者执笔的《剑桥中国上古史》（*The Cambridge History of Ancient China*）问世，商代考古部分由美国普林斯顿大学的贝格利（Robert Bagley）先生执笔，商代历史部分由美国伯克利加州大学的吉德炜（David N. Keightley）先生完成，可以反映最近20年来商文明研究的新进展。其中所引发的关于中西学者在学术视野和研究方法等方面的差异的讨论，正可以通过与这部《商文明》的参照，而得以体会。

在本书翻译稿交给出版社之后，我们看到了毛小雨先生的译本出版（北京工艺美术出版社，1999年）。随后张光直先生给我和辽宁教育出版社写信，说自己已经忘记曾经把本书的翻译授权给毛小雨先生，希望不要给辽宁教育出版社带来不必要的麻烦和损失，并表示歉意。确实，在此之前先生从没有跟我提到有此授权一事，我对毛小雨先生也一无所知。其实这种情况常常出现，国内已经翻译的张先生的论文，见诸许多刊物，有的可能得到了他的许可，有的则无，这些翻译的事他常常忘在脑后，他自己认可的《张光直先生学术著作目录》就常常把这些译作漏掉。不过辽宁教育出版社并不以此为怪，仍然坚持出版这部著作。过去，我曾经翻译过本书的结语，并以《古代世界的商文明》在国内发表（《中原文物》1994年第4期）。现在本书有两个译本问世，读者正可以相互参看，以避免翻译带来的错误。必须提到的是，由于健康的原因，两本译作都没有经过张先生审查，错误是在所难免的。

本书绪论和第一部分第一章的翻译由丁晓雷承担，第二、三、四章由岳洪彬承担，第二部分第五、六、七章和结语、后记、附录并参考文献由张良仁承担，前言、致谢、参考文献说明由陈星灿承担，最后由陈星灿通校。需要说明的是，虽然我们进入大学就开始读张先生的著作，但是由于外语和专业水平有限，在许多地方难以领会原著的细微之妙，错误是免不了的。在此我们请张光直先生和读者原谅。另一方面，我们都是考古专业的学生，长期以来在考古研究所耳濡目染考古学发现和研究的方方面面，张良仁和岳洪彬专攻商周考古，并曾较长期地工作于殷墟、偃师商城等商代遗址，所以本书所涉及的商周历史和文献等方面的基本常识的翻译，应该是有把握的。这些部分的翻译，得到商代考古学家刘一曼教授的指教，还得到李济先生公子李光谟教授的帮助，我们是不能忘怀的。

另外省略了原著最后的"引得"部分。我们力图把所有能够还原为中文的参考文献及其作者，都还原为中文。外国学者有中文名字的，我们一般采取这个名字；由于参考文献非常清楚，我们在大部分情况下，没有在正文中再附引文作者的原名，读者可以从参考文献中获得。

本书原是张光直先生题献给他的老师李济先生的，在此我们把这个不成熟的译本敬献给张先生本人，以表达我们对先生的良好祝愿和深切的爱戴之情。借此机会我也向我素所尊敬的沈昌文先生和辽宁教育出版社俞晓群社长并各位责任编辑表示我的感谢和敬仰。我想说，选择、翻译《张光直学术作品集》不仅是一个难得的学习机会，也是与辽宁教育出版社一次愉快的合作。

2000年9月14日一校时于

北京 中国社会科学院考古研究所

张光直：《商文明》，辽宁教育出版社，2002年；生活·读书·新知三联书店， 2013年。

《传薪有斯人》前言

　　李济，凌纯声、高去寻、夏鼐、张光直这五位先生，是中国考古人类学界的代表人物，在世界学术界享有盛名。

　　李济是中国考古学之父。中国人所从事的科学田野考古学，自1926年他在山西夏县西阴村的发掘开始。1928年以后，他把全部精力放在新成立的中央研究院历史语言研究所对安阳殷墟的发掘、资料整理和研究上，终其一生未曾改变。历史语言研究所迁台之后，他又在台湾大学开办考古人类学系，凌纯声、高去寻都是该系的教授，而张光直则是该系成立之后入学的第一批本科生。

　　凌纯声1929年毕业于法国巴黎大学。旋即受聘为中央研究院社会科学研究所民族学组研究员（1933年转入历史语言研究所）。1930年前往东北调查松花江下游的赫哲族，是中国学者从事民族学科学田野调查的开始。1934年因出版《松花江下游的赫哲族》（中央研究院历史语言研究所单刊甲种之十四，上下册，六九四页，插图三百三十二幅）而一举成名。历史语言研究所迁台后，他差不多以一己之力，于1955年创立民族学研究所，并主持中国古代文化与环太平洋各地土著文化的比较研究，发表大量论著，产生了广泛的国际影响。

　　高去寻1934年自北京大学历史系毕业，旋即入李济领导的历史语言研究所考古组，发掘安阳侯家庄殷王陵。史语所迁台后，他几乎摒弃了个人的研究，而把全部的时间和精力，用在辑补梁思永先生侯家庄王陵发掘不足20万字的报告初稿上，到他1991年病逝，已经出版的侯家庄报告达七本之多，而且全部都是用辑补的字样印行，高去寻的人品风范于此可见一斑。他以安阳殷墟的发掘和研究终其一生，也以安阳殷墟的考古享誉国际考古学界。

夏鼐1935年留学英国伦敦大学，战火纷飞的1941年回到祖国，此后参加西北科学考察团，从事西北和西南地区的考古工作。1949 年他没有随历史语言研究所迁台，而是选择留在大陆，并主持新成立的中国科学院考古研究所的田野工作。新中国考古工作的开展和进步，与夏鼐的努力密不可分，他是海峡此岸考古工作的主要组织者和领导者。他个人的研究除史前考古外，在汉唐、中西交通和科技考古方面都有卓越的贡献，其所达到的国际影响也后来居上。

张光直1954年毕业于台湾大学，1955 年秋入哈佛大学深造，1960年毕业后即留在美国发展，在中国史前考古和商周考古学的综合研究，考古学理论和方法的探讨等方面都有重要贡献。他搭建起中西方考古学界交流的桥梁，把中国考古学的研究纳入到西方考古学的语境和体系中去，为此奋斗一生。他一生任教美国两所最知名的高等学府（哈佛大学和耶鲁大学），培育英才无数，著作被翻译成多种文字出版，在海峡两岸和世界各地都有广泛而深入的影响。

我生也晚，没有机会一睹前四位先生的风采。但是，与张光直先生却有差不多十年的交往，通过他我也多多少少得闻前四位先生的逸闻趣事。如今得读五位先生的通信集，如同站在客厅的一角，默默地听他们对话，那情景是非常有趣的：

李济对张光直是慈父一般，对他寄托了无限的希望，就像我们熟悉的那幅张光直站在李济后面的照片一样。他虽然很慈祥，但也很严厉，张光直真的是把李济看成父亲一样，他尊敬他、崇拜他，但也有点怕他。

凌纯声虽然不是考古学家，但他对张光直的影响不亚于李济。他较张年长三十一岁，但是他没有李济的威严，对张从来都是称兄道弟，他的意见和建议也总是含蓄、委婉；他有长者的风范，更有手足一样的亲情，如果勉强比喻，也许可以把凌看成张的叔叔，叔侄的关系，有父子的亲情，却没有父子的礼数。

高去寻是张光直自称和他最亲近的一位老师。用张的话说，是良师，也是无话不说的益友。按年龄，高长张二十二岁，但是高平易近人，不惟对张一人如此。对他人也是这样。高仗义疏财，急公好义，总是设身处地为朋友着想。所以张虽然对高非常尊敬，但高和张的关系，毋宁说更像兄弟。

夏鼐长张光直二十一岁，张在1975年回大陆之前，没有见过夏鼐面，但是对夏仰慕已久，所以自1973年第一封通信始，对夏始终以师礼待之，他们的通信开始于"文化大革命"的特殊岁月，所以那个时候的夏鼐脸孔绷得紧紧的，甚至一脸苦相，就像我们所熟悉的当年的自己一样，但是随着交往的增多，夏对张的称呼变了，关系密切了。虽然夏不曾做过张的老师，但是他们的关系介乎师友之间，夏最后致张的信，竟然是澄清自己生平的某些细节，请张为自己身后写生平之用。此情此景，令人伤感。

中国考古人类学是近代以来中国人文社会科学中最受国际学术界关注的一门科学，但是比较而言，也是口述历史最少和学科史研究最为薄弱的一种，这几位大师级的人物，代表着中国考古人类学的发生、发展和壮大，因此这本通信集的内容，虽然只是八十年来中国考古人类学发展的某一个阶段甚至某一个片段的写照——前三位先生的来信，多写在张光直的留美求学时代和工作初期，跟夏的通信已在张成名之后——却因为写信人不同凡响的学术地位，反映了中国第一二代考古人类学家的思想、情感、研究取向和生存状态，张光直的成长之路也可在同这些先生们的通信中显现出来，因而具有不可取代的史料价值，出版这部书信集，是读者之福，更是中国考古人类学界的幸事。

李济、凌纯声、高去寻和夏鼐的来信，完好地保存在张光直的家中或办公室里。张光直写给夏鼐的信，也因为复印机的恩赐而得以保存复印件。张光直去世后，他的夫人李卉清理张光直的遗物，把这些信件一一翻检出来，准备捐献给波士顿大学的东亚考古文化和历史国际研究中心。李卉是1953年台湾大学历史系的毕业生，同是李济、凌纯声和高去寻的学生，对先生们的大师风范也都有着不可磨灭的美好记忆。如今由她把这些珍贵的通信整理出来，奉献给中国考古人类学界的学子和广大的读者，是我们尤其需要感谢的。

出版在即，拉杂书此，以为读者向导。

2003年11月2日夜于河南偃师灰嘴考古工地

李卉、陈星灿编：《传薪有斯人：李济、凌纯声、高去寻、夏鼐与张光直通信集》，生活·读书·新知三联书店，2005年。

《考古发掘与历史复原》编后记

20世纪50年代以来，考古学的归属问题时有纷争。有人把它纳入历史学，有人则把它归入人类学，有人说它是科学的一部分，还有人则说考古学就是考古学。但是无论如何，如果说考古学的主要目的之一是描述、解释和复原历史，争论的各派大概不会有多少疑义。

考古学主要是利用实物重建过去的一门科学。它有自己的语言，有自己的理论和方法。考古学与古器物学的根本不同，在于考古学不是研究单个的器物，它主要关心物质遗存的情景（context）；没有情景，就没有考古学。所谓情景其实就是事物之间的联系，联系越多，资料越丰富，解释的可信度就越大，对历史的描述、解释和复原就越可能接近历史的真实，反之则否。

事物之间的联系是多种多样的，在物质遗存（比如器物跟器物、器物跟所从出土的单位、器物跟整个遗址、器物跟出土同类器物的整个地区、器物跟不同时代同类器物及其出土情景的关系等等）之间的联系之外（建立这样的联系需要考古学和自然科学的许多手段），还有主体和客体之间的联系，也就是作为历史描述、解释和复原者的考古学家和物质遗存之间的联系，所以面对同样的历史真实，考古学家的知识背景和个人能力也影响甚至决定着历史的描述、解释和复原。

古代文化的特殊性和考古学家自身所在社会、文化、科学技术水平的特殊性，决定了历史的描述、解释和复原是永不停歇的一个过程，换言之，一个人有一个人的描述、解释和复原，一个国家有一个国家的描述、解释和复原，一个时代有一个时代的描述、解释和复原。虽然如此，描述、解释和复原却有好坏之分，不能等量齐观。发掘什么、描述什么、解释什么、复原什么、用什么手段发掘甚至谁来发掘和解释，看似简单，其实却不单纯是考古学家自己的事情，而同考古学家所处的时代及其社会思潮，他的文化背景、知识背景和个人能力息息相关。

历史是可以描述、解释和复原的（这是考古学存在的前提），但是历史的描述、解释和复原又是受限制的。根据考古资料描述、解释和复原历史，首先面对的是资料的破碎。不是所有历史都能留下痕迹，留下痕迹的物质遗存经过漫长岁月的冲刷，又变得七零八碎、模糊不清；更要命的是，考古学家的工作（包括调查和发掘）从根本上说又几乎都是抽样性的，这就决定了历史的描述、解释和复原是不完整的，是有残缺的，任何把个人的描述、解释和复原绝对化的倾向都没有充分意识到考古资料的局限性，当然更没有意识到解释者个人所处时代和能力的局限性。

《法国汉学》第十一辑——《考古发掘与历史复原》收录的二十多篇考古学文章，虽然题目众多，涉及时空广大，却也可以看作是对古代历史的一种描述、解释和复原（当然各人的解释是各人的）。文集大致分两部分，第一部分是中法学者（也有个别的美国学者）对中国考古的研究；第二部分是法国学者对欧亚非多个地区不同时代考古的探索。前一部分涉及近年来开展的多个中法合作考古项目，从人类起源到先秦时代中原和新疆塔克拉玛干沙漠的文化和社会生活史，内容非常丰富。

对于中国古代历史的了解，通过中外考古学家近百年来的不懈努力，应该说有了长足进步。比较一下中国社会科学院考古研究所最近编著的多卷本《中国考古学·夏商卷》《中国考古学·两周卷》和即将出版的《中国考古学·新石器时代卷》，就知道我们今天对古代的认识比司马迁《史记》的《五帝本纪》《夏本纪》《殷本纪》和《周本纪》不晓得丰富和扩充了多少倍，也不知道比中国考古学诞生初期的20世纪二三十年代丰富和扩充了多少倍。但是正如杜德兰（Alain Thote）先生所批评的那样，对于古代中国（他批评的当然主要是历史时期）的了解，到目前为止还主要是死人的世界，而对古代活人的生活情况所知甚少。我们所了解的仅仅是上层社会的物质文化，而普通人的日常生活，包括其中最重要的方面都还不为我们所知。城市和乡村居民的生活，到目前为止还没有得到应有的注意。这个倾向最近已经开始得到纠正（这也证明考古挖什么不挖什么并不单纯是一个学术问题），收入本集的青铜时代河南南阳龚营聚落遗址和汉代河南内黄三杨庄聚落遗址的发掘成果，为我们了解两个地区不同时代村落生活的内容提供了难得的实物证据，尤其是汉代房舍、院落以及附属的石臼、石磨、井、水池、厕所、用碎瓦铺设的便道，以及院外的树木、农田等等，非常

直观地展示了中原地区汉代农村生活的面貌。虽然这些实物
不能开口说话，对历史的描述、解释和复原，还需要考古学
家和历史学家的艰苦努力，还需要在出土实物之间建立起更
多、更广泛的联系，但是考古学家毕竟打通了通向遥远过去
的时空隧道，我们可以直接站在两千年前先人生活过的土地
上，看他们的房子和瓦顶，看他们的厕所和水井，抚摸他们
曾经倾注力量的石臼和石磨，走过他们曾经洒下汗水的农
田。这是考古学和考古学家的幸运，可惜这样的幸运却来自
黄河对三杨庄汉代村落的颠覆。保存如此完好的聚落遗址在
中国考古学史上并不多见，值得我们加倍珍惜。杜德兰和杨
宝成先生对青铜时代晚期龚营普通聚落生活的观察和解释，
比如根据动物遗存分析得出聚落居民吃食马肉和狗肉，根据
陶豆（带柄和座的陶容器）的身高推测其为古人席地而坐时
使用的器皿，根据对陶器的分析证明青铜时代晚期中原地区
农村的制陶仍以手制为主等等结论，均是理解古代社会生活
的锁钥，但过去却很少为人注意。中法联合考古队对新疆克
里雅河谷的联合考古项目，综合各种科学手段，对发现的大
量古代有机物（包括动植物和人骨）进行多学科分析，不仅
认识到某些人的牙齿磨损可能跟软化皮革有关，甚至再现了
其中三人被处死刑的过程。其他各文或者从青铜器，或者从
盐业、城市、瓷器和文字对中国古代历史的某些侧面进行描
述、解释和讨论，新意迭出，均甚有可观。

　　法国学者对中国之外地区的考古，涉及地中海周围和
越南、柬埔寨、印度尼西亚等诸多地区，研究者的视野和所
在地区特殊的历史情景决定了他们研究课题的独特性。举例

来说，法国海外学院委拉士开支研究所在西班牙东南部的工作，目的是研究铁器时代发生在定居伊比里亚半岛沿岸的希腊和腓尼基商人同他们在当地的主人或顾客之间的相互作用，并且重新勾勒出被这些交往网络所触及的当地社会的转变过程，特别是通过居住形式、生活器皿和土地形式的演变，试图发现互动和变化的线索。在有限的发掘面积内，通过建筑形式和生活陶器的消长，比较远道而来的腓尼基人和当地土著居民的互动，也是在众多物质遗存之间建立广泛联系的结果。比如首先要确定哪些建筑形式和陶器是腓尼基人的，哪些建筑形式和陶器是当地土著的，腓尼基人的建筑和陶器是否在其他地区具有类似的特点等等，如果没有这些联系，就不能谈及腓尼基人和当地土著居民的消长和互动。法国雅典学院对希腊塔索斯岛的考察，综合考古学家、地理学家和环境学家的力量，对全岛300余处遗址进行深入考察，对公元前5世纪以来塔索斯岛的土地利用情况有了深入了解，并且分析出各领土单位之间的合作、互动、牵制和对立，结合文献，几乎重建了该岛的历史。法国学者对埃及金字塔、对经由埃及东部沙漠和红海而建立起来的罗马帝国和东方诸国的商贸联系的考察、对发生在公元前52年的被认为是法国历史奠基事件的阿莱西亚之战的文献记载的澄清和解释、关于越南南部所谓扶南国的考古研究、关于柬埔寨旧都吴哥城的考古研究，特别是重修吴哥巴方寺的计划等等，均是根据最近发掘成果对古代历史所做的描述、解释和复原（包括对古迹本身的复原），给人耳目一新的感觉。

感谢法国同行把他们在欧亚非各地考古的最新成果展

示给我们。上面说到，考古学的现在和过去、主观和客观始终处于一个不断对话的过程当中。面积只有新疆三分之一的法国，却可以在欧亚非许多地区古代历史的描述、解释和复原上拥有发言权，而占世界人口四分之一的中国，中国考古学家的工作却几乎完全局限在中国的疆土范围内。从建立事物之间的广泛联系而言，这对中国古代历史的解释和复原并非好事，对世界古代历史的解释和复原更谈不上多少贡献。因此，编完这书之后的感觉之一是沉重。法国考古学家的工作其实是我们的一面镜子，愿从今以后的中国考古学家能够走出中国，愿后来者能够到埃及、日本、东南亚、伊朗、伊拉克、墨西哥、秘鲁等地去考古。如果十年、二十年后能够有幸和法国学者再编一本《法国汉学》的考古编，我希望在《欧亚非考古和文明》的栏目里，有中国人的名字出现。

（以《考古发掘与历史复原》为题刊于《南方文物》2006年第3期）

陈星灿、米盖拉主编：《法国汉学》第十一辑《考古发掘与历史复原》，中华书局，2007年。

《考古学专题六讲》新版赘言

这本书是根据1984年初秋张光直先生在北京大学考古系的九次讲演记录整理而成的，一年半之后文物出版社以《考古学专题六讲》为名将其结集出版，随之风靡全国，成为国内当时最为流行的考古学读物。

1984年，中国的改革开放刚刚开始，中国考古学的大门也随之缓缓打开，但是中国多数考古学家还没有机会到外面走走看看，国外的考古学家也很难像今天这样自由出入，所以国外特别是北美考古学的概念、理论和方法差不多是通过张光直先生一人传递给我们的。在此之前，他的《中国青铜时代》（1983年）已经在三联出版，这本书连同《考古学专题六讲》一时洛阳纸贵，在中国考古学界特别是年轻学者中间引起巨大震动。80年代中期，正是中国考古学的转型期。一方面，"建立年代学和追溯文化及文化成分的起源和发展的所谓'文化史'的工作"还在继续，另外一方面，许多学者不满意这样的工作，希望开展古代社会甚至意识形态的复原工作，提出重建中国上古史。《考古学专题六讲》就是在这种大背景下出版的，它虽然只是一本薄薄的小书，却也对新时期中国考古学的建设发挥了重要的促进作用——而且今天也没有过时。

张光直先生谦虚地把这"六讲"称为"一篮子大杂

拌",今天我们把他去世前后发表的三篇文章收到这"一篮子大杂拌"里,集中表现他晚年对中国文明起源问题的认识和反思。这三篇文章的风格,一如"六讲"的内容,明白晓畅,是很容易为普通读者所了解的。《考古学专题六讲》的名字已经被考古学界所熟知,所以新版保留这个书名。本书出版蒙李卉师母慨允,我的同事张蕾女士和付永旭先生为本书重新制作插图,谨一并致谢。

2009年8月30日于王府井大街27号

张光直:《考古学专题六讲》,生活·读书·新知三联书店,2009年。

《20世纪中国考古学史研究论丛》前言

　　这二十多篇文章，是我过去十年学习中国考古学史的一点心得。

　　2001年9月18日，"911"过后的第七天，我应时任瑞典东方博物馆馆长马思中（Magnus Fiskesjö）博士的邀请，从美国波士顿飞越大西洋，到东方博物馆作短期学术访问。马思中博士邀请我的目的有两个：一是协助他举办一个名为"中国之前的中国"的大型展览，二是合作写一本与展览配套的馆藏中国史前文物的大型图录。基于这两个目的，到2004年9月4日"中国之前的中国"展览开幕之前，我又三次访问该馆，翻拍和阅读了馆藏安特生（J. G. Andersson）和高本汉（B. Karlgren）先生的通讯档案，观摩了安特生带回瑞典的中国史前文物，对东方博物馆和安特生等瑞典学者与20世纪前半中国考古学的关系有了更加深入的了解。由于种种原因，展览比我们原来计划的规模要小；中英文对照的大型图录没有写成，最后只请东方博物馆的Eva Myrdal博士写成了瑞典文的同名图录（*Kina före Kina*, Museum of Far Eastern Antiquities, Stockholm, 2004）。展览完全依据安特生在中国考古的采集品展开。为了让读者了解这批采集品的来龙去脉，我和马思中博士赶在展览开幕之前，出版了《中国之前的中国：安特生、丁文江与中国史前史的发现》

一书（中英文双语版，斯德哥尔摩，2004年），算是为观众
了解这个展览尽了一点心力。尽管我过去写过一本《中国史
前考古学史研究（1895－1949）》（生活·读书·新知三联
书店，1997年；社会科学文献出版社，2007年），自觉对中
国史前考古学史略有所知，但是为了写好图录并办好这次展
览，还是很认真地阅读了东方博物馆的大量馆藏档案，特别
是安特生和丁文江、翁文灏等中国前辈学者的通信，得到许
多书本上看不到的知识。本书收录的许多文章，比如有关
蒙德留斯（Oscar Montelius）、安特生、李济、胡适、丁文
江、杨钟健、裴文中、高本汉、陈梦家等等的论述便是以东
方博物馆馆藏档案为依据撰写的，它们也为撰写《中国之前
的中国》做了准备和铺垫。必须说明，这些文章多是与马思
中博士合写的，感谢他允许我把这些文章收入本书。这本书
是我们多年合作的美好见证，但我更愿意把它看成是中瑞考
古学界在21世纪继续合作的象征。

　　本书其他文章，有的是对中国史前考古学早期研究的讨
论，有的是对中国史前文化研究心路历程的分析，还有的是
对中国远古文化某些关键问题的述评，多少都反映了我对20
世纪中国考古学发展历史的认识。剩余的那些篇章，也多是
根据档案（包括田野考察笔记、日记、通信等）撰写的。关
于李济晚年在台大教书的故事、夏鼐和张光直交往的故事，
均是根据张光直先生的夫人李卉师母惠示先生的手稿和通信
写成；而有关夏鼐、尹达和安志敏的故事，则是根据安志敏
先生保存下来的一封通信写成。和前述根据东方博物馆档案
写成的文章一样，这些文章水平不高，收录在这里是为了保

存史料，这也正是我写作这些文章的目的。

　　本书所收文章发表在海峡两岸的多种杂志和论文集中，查找不便。付永旭同学花费了很多心力搜集、校对它们，黄超同学帮助我核对了文献，是我首先要感谢的。感谢文物出版社，没有其大力支持，本书是无法跟读者见面的。

　　谨以此书纪念我的导师安志敏先生（1924～2005年）的八十五岁冥诞。

陈星灿：《20世纪中国考古学史研究论丛》，文物出版社，2009年。

《考古随笔二》自序

自2002年文物出版社出版了我的《考古随笔》之后，我这几年又写了一些随笔性质的文字，这些文字连同以前发表过但没有收入《考古随笔》的一些旧篇什，就结成了眼前的这个集子。

随着年龄的增长，我对考古学的理解与以前有明显不同。考古学的基本任务是重建历史。重建没有文字记载的史前史，不必说差不多是完全依赖考古学；即便是重建出现了甲骨文、金文的商周史，如果没有考古学的帮助，也完全不能想象会是怎样的一种情景。但是，考古材料是不会自己说话的，对考古材料的解释完全是由我们当代学者完成的。因此，如何在古代和当代之间铺设一架可靠的桥梁，使我们通过材料的连接把对古代历史的复原和解释建立在可信的基础上，就成为考古学需要努力的一个方向。我个人认为，许多当代的经验和材料，均可以成为我们重建和解释历史的依据。西方自20世纪六七十年代开始的民族考古学，就是基于这样的一种想法。其实，如果我们把视野放开，民族考古学研究的范围当远不止所谓"异文化"的领域，我们身边的许多事情，均可以成为考古学者观察和研究的对象。比如谷物的收割方式、加工方式、储藏方式，垃圾的处理方式，动物的屠宰方式、利用方式，夯土的夯筑方式，甚至施肥、耕种、泡菜、烹调等等，如果给予系统的观察和研究，都会为我们理解古代人类的行为方式提供可资参考的材料。

我的童年和少年是在河南农村度过的，虽然没有机会参加生产队的劳动，但对农村的生活是熟悉的。农民积肥、犁地、播种、收割、扬场、舂米、窖藏、屠宰、酿醋、腌菜、盖房、丧葬等等的生活情景，有时候像过电影一样出现在我的脑海里。以至于我在考古的发掘和研究中，会不自觉地把考古和自己经历过的农村生活联系起来。一方面觉得乐趣无穷，另一方面更加感受到农村生活是我从事考古研究的一个灵感源泉，可惜儿时的农村生活情景很快就要消失在全球化的快速脚步声中。

本书所涉及的其他一些问题，不全是根据个人的经验，还有不少是根据与异文化的比较得到的，但之所以关注这些问题，也跟个人的经验有关。比如，关于中国人是否讲究卫生的问题，关于唐代的中国人是否普遍刷牙的问题，关于因吃食猪肉而引起瘟疫的问题等等，也差不多都能在儿时的经验里找到发现这些问题的影子。还有一些短文，是翻译或者介绍国外考古新发现或新鲜事的，多属于随感性质；翻译和写作这些文章跟我的爱好有关，也跟旅途的寂寞有关，好在这些东西今天读起来也还算有趣。

我的这些小文章，虽然试图提出某些问题或者解决某些问题，但终究是登不了大雅之堂的，跟我向往的大历史无关；如果侥幸能够给读者一点点启发或者乐趣，那写这些小文的目的也就达到了。《记一件罕见的仰韶文化莲蓬头状流陶壶》是与刘莉、李永强先生合写的；《记在河南偃师双泉村采集的一块汉画像砖》是与李永强先生合写的；《中国早期国家的形成》是与刘莉先生合写的；《有关国家起源的两个理论问题》是与李润权先生合写的；《古代华北有象犀》原是翻译瑞典著名汉学家高本汉先生的短文，因为觉得有趣，也收录在内。在此特别向我的合作者和向我提供高本汉先生论文的马思中（Magnus Fiskesjö）先生表示感谢。我也愿意借此机会向发表过这些短文的《中国文物报》《读书》《寻根》《万象》《北京青年报》《考古》《农业考古》《学人》《中国社会科学院院报》等报刊的编辑表示真诚的感谢。罗丰先生促成此书的出版，马萧林、秦小丽，以及我的同事谢礼晔、李永强、王法成、杨军锋、付永旭、孙丹、涂栋栋，诸位以不同的方式，帮助我编成此书，使我深感荣幸，在此一并致谢。由于体例的要求，我对某些长文的参考文献做了调整，把原来的尾注一并纳入正文中，特此说明。

2008年7月16日于北京王府井大街27号

陈星灿：《考古随笔二》，文物出版社，2010年。

《庙底沟与三里桥》双语版张光直先生序

陈星灿 译

摆在大家面前的这部被译成英文出版的考古报告——《庙底沟与三里桥》，是中国新石器时代考古学的一个重要的里程碑。简单回顾原报告产生的历史背景，对读者或许不无裨益。

直到中华人民共和国成立之前的20世纪40年代后期，中国新石器时代考古学其实可以用两个概念加以总结：仰韶和龙山。仰韶是河南西部渑池县的一个村庄，1921年安特生在这里发现了中国第一个新石器时代遗址。作为"新石器时代晚期"文化的代表，它的年代被推定为公元前三千纪，以彩陶和截面呈椭圆形的磨光石斧为特征。仰韶文化主要分布在华北西部的黄土地带，集中于河南西部、山西、陕西和甘肃。龙山是山东中部的一个小镇，地处华北东部，1928年在这里发现了一个新石器时代遗址，因此就用它命名中国的第二个"新石器时代晚期"文化，它以发亮的蛋壳黑陶和方形的磨光石锛著称。

考古学上所谓的仰韶文化和龙山文化，通过一系列遗址的发现和很少几个遗址的发掘，确实在40年代后期得以确立，但是它们各自的年代和地理分布范围，它们之间的关系，却远非清楚。对仰韶文化遗址调查最为深入的安特生，相信该文化也许是公元前三千纪中叶从西亚进入华北西部地区的。龙山城子崖遗址考古发掘队的领导人李济和梁思永，却认为龙山文化的居民是土著的中国人，分布在东部沿海地区。这两个文化，一个由西向东发展，一个由东向西发展，似乎在河南相遇。河南的考古遗址，出土遗物兼有上述两种文化的特征，既出彩陶也有黑陶片。这些所谓"混合遗址"很自然地被视为两种文化相接触的产物。

如果庙底沟的发现是在40年代，那它很可能也会贴上"混合遗址"的标签。但是，50年代的考古发生了很大变化，新发现带来了新认识，导致重新估价中国新石器时代考古学。庙底沟和三里桥这两个遗址就对新认识的提出做出了自己的贡献。

随着中华人民共和国的成立，有两件事情对考古学的发展产生了深远影响。第一件是众多大型基本建设项目的实施，使从史前到历史时代的数不尽的考古遗址意外发现。第二件是文物保护法规在全国范围内得以实施。今天，考古学家必须与基建工程的工作人员协同作战，意外的发现也必须妥善处理。

50年代最重要的基建项目，是基于电力和灌溉需要而进行的华北地区多处黄河水库的建设。其中就包括河南西北部三门峡附近的三门峡水库。中国科学院考古研究所（1977年以后隶属中国社会科学院）因此组成了三门峡水库考古队，在1955～1959年间做了大量工作。庙底沟和三里桥就是在此期间因为水库建设而发现和发掘的两个遗址。

庙底沟和三里桥遗址出土各类文化遗物的特征，以及它们出土的文化层，本报告均予描述。简要概括如下：三里桥是河南西北部陕县境内的一个小村庄，在这里发现了仰韶文化和典型的龙山文化（即习见的河南类型）遗存。在同属陕县的另外一个村庄，三里桥村南仅1400米的庙底沟村，也发现有叠压关系的两种文化遗存。早期的庙底沟一期文化属于仰韶，晚期的庙底沟二期文化，兼有仰韶和龙山两种文化的特征，与40年代晚期所谓的混合文化遗址相类似。两个遗址三种文化的年代关系略如下述：

仰韶文化（庙底沟一期和三里桥一期）

"混合文化"（庙底沟二期）

龙山文化（三里桥二期）

这说明所谓"混合文化"遗址实在只是"过渡期"文化的遗存，也就是说它代表了连续发展的新石器时代文化的一个新的阶段，始于仰韶，终于龙山。这个看似微不足道的结论，却动摇了华北中国的新石器时代考古学。黄河流域的河南，因此不再被不认为是一个起源于东、一个起源于西的两个同时代史前文化的相遇之地，相反，它担当起史前文明发源地的角色，这个史前文明显然是经历了自身内在发展和变化的历史时期中国文明的前身。无怪乎就在《庙底沟和三里桥》这部专刊出版的1959年，有几篇文章差不多同时提出中国史前文化的连续发展说，这其中就包括安志敏的《试论黄河流域新石器时代文化》（《考古》1959年10期，第555～565页），石兴邦的《黄河流域原始社会考古研究上的若干问题》（《考古》1959年10期，第565～570页），许顺湛的《关于中原新石器时代文化的几个问题》（《文物》1960年5期，第36～39页），和我本人的《中国新石器时代文化断代》（《"中央研究院"历史语言研究所集刊》（1959）30，第259～309页）。

庙底沟和三里桥并不是建立仰韶—庙底沟二期和龙山文化连续发展序列的孤例，50年代后期调查的河南西部的其他一些遗址，特别是洛阳的王湾，也具有同样的性质。但是，本专刊报告的两个遗址，是经过最全面发掘的，它们依然是仰韶文化（庙底沟类型）和庙底沟二期文化的典型遗址，其上述发展序列直到今天在豫西地区依然有效。

但是，在1959年以后的二十多年间，我们从中国考古学的研究中获益良多，我们有关中国新石器时代考古学的某些观点，与本专刊出版时候的看法大相径庭。指出下面这些新进展对读者也许不无补益，因为它们仍跟庙底沟和三里桥的发现有关。

1. 中国科学家从60年代开始测定考古标本的碳素年代，并在1972年发表了第一批数据，因此对我们有关史前中国年代学的认识带来革命。在他最近发表的综合性研究论文《碳–14测定年代和中国史前考古学》（《考古》1977年第4期，第217～232页）中，中国社会科学院考古研究所的夏鼐所长，把仰韶文化放在公元前5000～前3000年，龙山文化放在公元前2800～前2300年。后者在夏鼐的概念里包括龙山早期（庙底沟二期）和晚期（河南龙山文化）。庙底沟和附近一个遗址的年代与这个年代框架恰相符合。

① 庙底沟一期（仰韶）

ZK110　5030±100BP（半衰期5568）或3910±125BC（树轮校正）

ZK112　4905±170BP（半衰期 5568）或3545±190BC（树轮校正）

② 庙底沟二期（庙底沟二期）

ZK111　4140±95BP（半衰期 5568）或2780±145BC（树轮校正）

③ 王湾二期（河南龙山文化）

ZK126　3838±95BP（半衰期 5568）或2390±145BC（树轮校正）

最后一个年代数据来自洛阳王湾遗址的龙山文化层，王湾位于陕县之东，其龙山文化同三里桥刚好平行。（以上数据均取自夏鼐1977年的论文，只有ZK112采自《考古》1978年第4期）随着华北特别是豫西地区年代数据的增长，庙底沟和三里桥遗址的新石器时代年代学将会更加完善和准确，但是上述数据仍能给我们一个清晰的概念。

2. 如果说庙底沟和三里桥在史前中国文化连续发展序列的建设初期发挥了至关重要的作用，那么这本专刊发表之后华北地区的考古工作则进一步强化了对文化连续性的认识。尽管庙底沟一期仅仅代表仰韶文化一个地方类型的晚期阶段，但是仰韶文化作为一个整体，在河南北部和陕西至少可以上溯到公元前5000年却早为人知。现在，从70年代后期开始，一系列早期遗址在河北南部、河南中部、陕西和甘肃最东部的渭水流域被发现，这些遗址，以河北南部的磁山和河南中部的裴李岗遗址为代表，经碳–14年代测定在公元前六千纪，其文化遗存在许多方面早于仰韶文化。我们目前在考古上非常接近黄河流域中国农业生活方式的起始阶段了。

3. 现在很清楚正是由于庙底沟和三里桥的发掘开始解决河南龙山文化的起源问题。但是，山东和沿海地区龙山文化又当如何呢？在1959年讨论仰韶—龙山文化连续发展的文章中，安志敏和石兴邦都十分慎重地申明，庙底沟的证据只适用于河南龙山文化，山东龙山文化的起源仍然不明。

为了试图解释山东龙山文化的起源，及庙底沟二期文化和同时期几个文化的相似性，我在1959年提出了"龙山形成期"的概念。所谓"龙山形成期"是指一个跨地区的文化层，即很大范围内的中国史前文化均具有类似的文化形貌，这主要包括河南的庙底沟二期文化、江苏的青莲岗文化、湖北的屈家岭文化、浙江的早期良渚文化等。因为当时河南之外的任何一个地区都没有发现早于这些文化的史前文化，我推测整个龙山形成期文化都是从河南向周围地区的迅速扩张中造成的，这个扩张既包括文化扩张也包括人的移动，起因则是华北核心地区农业革命带来的内部动力。

关于龙山形成期文化起源的假说现在看来是不太可能的。首先，碳素测年不支持庙底沟二期文化是龙山形成期最早期的文化。更重要的是，比龙山形成期更早的很可能是其沿海地区先导文化的史前文化，也相继发现。

另一方面，上述以及一些其他新发现的大致同时的许多龙山形成期文化形貌上的相似性这一重要事实，仍需要加以解释。这个文化层似乎表示一个很大范围的交互作用圈的存在，这是我从已故的约瑟夫·考德威尔借用的概念，交互作用圈由发源于中国不同地区的几个更早的先导文化所构成。这篇新作最近发表在《美洲科学家》（第69卷2期，1981年3-4月号，第148～160页）上。

4. 以三里桥二期文化为代表的河南龙山文化的走向，是中国考古学界讨论的一个重要话题。实际上河南龙山文化遗址众多，至少可以细分为三种地方类型，即豫中和豫西类型、豫北类型和豫东类型。豫西和豫中地区的河南龙山文化，又被称为王湾类型，一般认为是二里头文化的源头，二里头文化的碳素测年集中在公元前2000年前后的几个世纪，二里头文化被许多学者视为是首先从庙底沟和三里桥建立起来的文化发展程序中的夏文明，因此河南龙山文化现在也被纳入中国文明的连续发展的历史长河之中。

这些新进展充分说明华北地区的新石器时代考古学已经迈入一个复杂而多彩的时代，这是1959年本专刊出版时我们无法预见的。但是，本专刊对这些新进展的发生发挥了至关重要的作用，其中的考古发现依然有效和重要。本书的英文版无疑将有助于把它置于世界考古经典之列。

（原载《中国文物报》2011年11月25日）

中国社会科学院考古研究所编著：《庙底沟与三里桥》，文物出版社，2011年。

《庙底沟与三里桥》双语版后记

　　《庙底沟与三里桥》是中华人民共和国成立以来中国科学院考古研究所（1977年改属中国社会科学院）最初的几本考古报告之一，1959年出版之后，即引起国际学术界的关注。原因在于庙底沟二期文化的发现，使中原地区史前文化的连续性得以证实，20世纪三四十年代构建的所谓仰韶文化在西、龙山文化在东的二元对立学说，受到了极大挑战。

　　这本报告出版之后不久，即发生了"文化大革命"，中国的考古研究举步维艰，且差不多处于与外界隔绝的状态。《庙底沟与三里桥》很可能主要是通过张光直先生的《古代中国考古学》（耶鲁大学出版社，1963年、1968年和1977年）受到西方读者注意的。从保存下来的通信看，开始这项翻译工程的时间，至少可以上推到1980年。1980年7月2日，美国宾夕法尼亚大学人类学系教授波西尔给夏鼐先生写信，说他本人和纽约美国自然博物馆的瓦特·费尔赛维思博士合作翻译了《庙底沟和三里桥》一书，他已经同北卡罗来纳州的卡罗来纳科学出版社联系出版事宜，对方表示有意出版此书。同年9月13日，夏鼐在回复波西尔的信中这样说："来信收到了，我们高兴地获悉Fariservis博士已将《庙底沟与三里桥》一书译成英文，这对介绍新中国的考古成果以及增进中美两国考古学者的相互了解，是有极大好处的。因此我和该书的作者，愉快地接受在美国出版的建议。"又说："为了出版的方便，我们可以提供该书的图版照片。不过这些照片我们只此一份，希望制版以后，请将原照片还给我们。如果你们同意上述办法，请与安志敏教授直接联系，以便寄去。"1981年1月21日，波西尔写信向安志敏索要照片，并把此信附给夏鼐，以便让他知道事情的进展，同时还把他的新著《印度河的古代城市》一书寄赠考古所图书室。同年2月19日，安志敏给波西尔回信说："您给夏鼐所长和我的来信都收到了，并承蒙寄来大作《印度河的古代城市》一书，谨此致谢。《庙底沟与三里桥》一书的全部图版照片（图版壹—玖贰），已由海邮寄上，请查收。由于这份图版照片是考古所保存的完整资料，用完后请尽早退还给我。关于译文的定稿，我想不必看了，因为我相信您会译得很好，并对您的好意表示感谢。"在波西尔的上述来信中，我们知道他正在准备《庙底沟与三里桥》的最终译稿，并表示如果安志敏愿意看译稿的话，他可以把稿子寄过来。

为什么翻译这部报告？为什么费了许多时间和人力最后没有在美国出版？现存的档案都没有给予足够的说明。1980年12月22日，波西尔致信斯坦福大学的丁爱博教授（Albert E. Dien），对出版这部报告的原因稍微做了说明。他说，他正在编辑一套有关古代考古遗址的"早期文明丛书"（暂定名），目的是把世界上最伟大、最重要的考古发现介绍给英文世界的读者，每本书的字数大约不超过40000～50000字。他透露他已经介入《庙底沟和三里桥》这部专刊的翻译工作达数年之久。这本书是在瓦特·费尔赛维思教授的指导下由西雅图华盛顿大学的几个中国人完成的。目前译稿就在他的手里，稍经加工即可出版。他还提及此事已得到夏鼐和安志敏先生的支持，他们愿意提供原版照片以便在美国出版。信中还提到张光直教授是他的朋友，张答应在不久的将来愿意提供一本关于安阳的性质相同的书籍。波西尔写信的原因，不是寻求经费方面的帮助，而是因为他刚刚知道（据同年10月15日丁爱博教授拟出版《中国考古文摘》寻求译文帮助的公开信）丁爱博计划出版1972～1981年间《考古》和《文物》杂志所发表重要论著的长篇摘要，他希望这个计划不要与《庙底沟与三里桥》的翻译撞车。

波西尔教授是南亚考古专家，对哈拉帕文明深有研究，但他对中国考古并不熟悉。主持翻译此书的瓦特·费尔赛维思教授曾经参加过第二次世界大战，战后从日本返回美国才成为职业考古学家。他的田野工作主要在巴基斯坦，也是哈拉帕文明考古的专家。不过他的兴趣广泛，写过介绍早期人类的洞穴壁画、古代埃及甚至蒙古高原的不少通俗性作品。他为什么对《庙底沟与三里桥》发生兴趣，我们并不清楚，也许是因为波西尔教授编辑"早期文明丛书"的邀请；而波西尔知道这部报告，推测应该是通过张光直先生。

1981年1月22日，波西尔致函张光直，不仅把寄给安志敏的信附给他，让他了解考古研究所允诺可以在美国出版该书并愿意提供原版照片的情况，还请求张光直为英文版写一篇序言，以便读者了解更多的背景资料。1月27日，张先生回信，答应为英文版写序，但同时希望再了解一下翻译此书的原委、过程和译者。三天之后，波西尔教授回信，说此书的初稿是在费尔赛维思教授指导下由西雅图的一群中国学生翻译的。初稿很"生硬"，因此他将与Cheng Mei Chang合作在当年夏天把译稿加工完善。6月2日，波西尔教授催问序言，同时告诉张光直他正在和一个叫June Li的女士加工译稿，希望可以在本年秋季定稿云云。

张先生的序言，拖了很久，一直到1981年7月13日才寄给波西尔教授。这篇序言，把张先生对庙底沟和三里桥遗址的理解以及报告发表20多年来他由新材料的发现而得到的新认识，做了简要的阐发，这是中国考古学学术史上的一篇重要文献，于今发表，距离当初张先生撰写此文，又过了30年。本书最后的打印稿，是1987年完成的。负责抄写的人告诉波西尔教授加利福尼亚科学出版社应付96小时的打印费，于此可知书稿也曾交付加利福尼亚科学出版社。后来因何原因没有付印，我们无从知悉。

2009年河南省文物考古研究所的马萧林博士在美国考古年会上巧遇波西尔，波西尔说到这本尚未出版的英文译稿。随后波西尔把初稿、修改稿和最后的定稿、原书照片以及他同夏、安、张、丁等几位先生的通信等一并寄给马萧林。马萧林又把邮包原封不动地转交给我，于是我们便启动了这个双语版的计划。

《庙底沟和三里桥》是第二部被美国考古学家翻译的中国考古报告。第一部是《城子崖》，曾于1956年在美国出版。《城子崖》是中国的第一本田野考古报告，也是迄今为止唯一被翻译成英文在国外出版的考古发掘报告，不过，由于流传不广，国内很少有人知道。

　　《庙底沟与三里桥》至今还经常被人引用，其在中国考古学史上的价值毋庸在此赘述。不过，中文版早已售罄，如果能够把中文与英文对照出版，使国内外读者一册在手，都能使用，又使更多的青年学子知道如何用另外一种语言表述某种考古现象或考古遗物，则幸何如也！

　　本书张光直先生序言由陈星灿翻译成中文。全书文字由孙丹、付永旭录入，陈起通读全书并加以校补。最后全书经陈星灿通校。由于编校者的水平有限，错谬之处，在所难免，敬请读者指正。此书出版，首先感谢波西尔教授惠赐英文译稿，感谢为翻译此书做出贡献的费尔赛维思教授及其他知名、不知名的译者和编校者，也感谢马萧林先生费心把译稿及原书照片送还给我们。2010年正值考古研究所建所60周年，今年又逢仰韶文化发现90周年，本书既是对考古研究所建所60周年的纪念，也是对夏鼐、安志敏等已故前辈学者的缅怀。本书出版，得到河南省渑池县人民政府的部分经费资助，谷艳雪同志为此书出版花费许多心血，在此一并致谢。

2011年6月19日于考古研究所

　　中国社会科学院考古研究所编著：《庙底沟与三里桥》，文物出版社，2011年。

《中国北方边疆地区的史前社会》序

  《中国北方边疆地区的史前社会：公元前一千年间身份标识的形成与经济转变的考古学观察》是以色列考古学家吉迪（Gideon Shelach）的第二部专著。该书运用地理信息系统、统计学、视觉与空间分析等方法，借鉴西方社会学、人类学的理论和概念，对公元前第2千纪后期至第1千纪前期包括东北地区在内的中国北方边疆地区的考古材料，进行了深入的分析，进而描绘了北方地带的社会、政治和经济发展轨迹，为我们重新审视和理解北方地带的社会发展进程提供了一个新的视角，值得引起我们的高度重视。作者曾参加中美赤峰地区区域系统考察，对中国北方地区的考古材料比较熟悉，又曾长期在美国和以色列从事考古研究和教学工作，对西方考古学、人类学的理论和方法也相当了解，他的某些说法虽然跟我们熟悉的不很吻合，比如提出北方地带向游牧经济的转变是一个渐变而非突变的过程；虽然该时期政治、经济的变化非常重要，但最初阶段意识形态方面的动力，尤其是在和欧亚草原乃至西方的跨地区交流的背景下出现的地区认同则是最有意思的变化等，都是通过对考古材料的综合分析得到的，因而具有启发意义。

  这本书虽然刚刚问世，却已经受到西方学界的注意，相信译成中文出版，一定会得到我国学者更加广泛的关注。

译者长期在吉林大学受教，又曾在以色列进修和从事研究工作，对我国北方地区考古和作者本人的研究都是熟悉的，译文流畅，对概念的把握准确到位，相当完整地把作者的原意译成中文，这在青年研究者中是不多见的。有鉴于以上两个方面的原因，我非常乐意推荐此书出版中文版，借此推动我国北方地区的考古学研究。

2010年8月13日

　　[以色列] 吉迪：《中国北方边疆地区的史前社会：公元前一千年间身份标识的形成与经济转变的考古学观察》，余静译，中国社会科学出版社，2012年。

《中国科学考古学的兴起
——1928-1949年历史语言研究所考古史》序

　　近代意义上的科学研究工作，在中国开始很晚。地质学算是起步最早的一个学科，也不过百年；考古学是在地质学的影响下产生的，又晚了十来年。近代科学的一个特点，就是做"有规模的系统研究"，也就是培根所讲的"集团研究"。近代以来中国在科学研究上取得辉煌成就的两个学科——地质学和考古学，就是因为分别有了中国地质调查所（1916年）和中央研究院历史语言研究所（1928年）（以下简称"历史语言研究所"或"史语所"）这两个专门的国家研究机构，才脱颖而出，在很短的时间内，分别成为中国自然科学和人文社会科学领域耀眼的明珠。

　　地质调查所的创始人丁文江先生说："登山必到顶峰，调查不要代步"。历史语言研究所的创始人傅斯年先生也有一句名言："上穷碧落下黄泉，动手动脚找东西。"他们都是强调自己动手，自己走路，去寻找真凭实据，而不要靠书本吃饭。历史语言研究所，就是秉承这样一种精神，在短短的21年（1928～1949年）间，不仅15次发掘殷墟，向世界展示了商代晚期青铜文化的非凡成就，还发现了城子崖、两城镇等龙山文化遗址，揭示了中国东部平原存在着一个灿烂的、跟商文化关系更密切的新石器时代晚期文化。战争期间，历史语言研究所的同仁们，又对中国西南和西北地区进行了艰苦卓绝的田野工作，修正了西方学者有关甘青地区史前文化年代和关系的某些结论，引起国际学术界的关注。历史语言研究所秉承的科学精神及其所取得的优异成绩，使它成为科学考古学在中国兴起的一个重要标志。

历史语言研究所虽然在1949年初南渡台湾，但它的研究人员却做了不同选择。少数的几个考古学家，一部分随史语所迁到台湾，另外一部分则留在了大陆。曾经代傅斯年主持所务（1947年6月26日～1948年8月20日傅先生赴美治病期间）的夏鼐先生，后来成为中国科学院考古研究所（1977年改属中国社会科学院）的所长，主持大陆考古凡35年。他开创的考古研究所的学术传统，实际上更可以看作是历史语言研究所传统的延续，虽然在很多地方又有不同。

正因为如此，要了解中国今日之考古学，是可以从历史语言研究所在大陆期间短短21年的历史里发现线索的。比如中国考古学研究的历史学情结，中国考古学家重资料、轻理论的倾向，中国考古学界对追寻中国文明起源问题持续不断的偏爱；又比如迟至20世纪90年代中期才慢慢开始的中外合作，在重要的考古遗址建立工作站的做法，国家考古机构和地方政府及地方学术团体的矛盾等等，都可以在历史语言研究所田野考古的实践中找到渊源。

历史语言研究所是中国近代科学考古学兴起的一个标志，研究历史语言研究所的考古活动，不仅是为新生的中国考古学画像，也是为近代以来蹒跚学步的中国科学画像。陈洪波先生通过阅读大量文献，把历史语言研究所最初二十余年艰苦卓绝的考古工作，进行了全面细致的描述和分析。他不仅阅读已经出版的各种有关著作，还到台北南港的史语所查阅了大量档案，观摩了当年殷墟等遗址出土的各种遗物，在细心体会诸考古前辈筚路蓝缕所经历的成功和失败、光荣和挫折的同时，又把他们放在那个特定的时代背景里，对他们作"了解之同情"，因此不仅有自己独特的见解，而且持论公平，虽然他的观点并不一定都会被我们所接受。

这部以大陆时期历史语言研究所考古工作为研究对象的著作，是在作者博士论文的基础上加工而成的。把考古学史作为博士论文题目，在我读书的20世纪80年代末期，算是非常稀罕的，现在却已是寻常之事，虽然这方面的博士论文全部加起来也还凑不足两位数。而以有代表性的某一个考古研究群体的某一个时期作为博士论文的研究对象，陈洪波先生的论文更是头一份，也可能还是唯一的一份。不过他现在看到的材料，比我当年看到的要多得多，学如积薪，后来居上，洪波的勤奋、聪明，加上这"形势比人强"的材料的累积，使这本著作形神兼备，异彩纷呈。相信读者会跟我一样，拿在手上，就会不忍释卷，一口气把它读完。

我跟洪波算是文字之交，现在他的大作出版在即，我有幸先睹为快，很高兴写几句话以志同声之欣悦。我相信，这本著作的出版，一定会对中国考古学的理论建设起到积极的作用。

陈洪波：《中国科学考古学的兴起——1928-1949年历史语言研究所考古史》，广西师大出版社，2011年。

《跨湖桥文化研究》序言

　　《跨湖桥文化研究》是乐平花费很多心血写的一部书。他写完之后将稿子寄给我，要我提意见，写序言。我除了在乐平发掘的跨湖桥、上山和荷花山以及浙江其他同事发掘的小黄山、河姆渡、田螺山、马家浜、良渚、方家洲等遗址参观学习之外，并没有做过实际的田野工作，因此只能提些不关痛痒的意见。但我很高兴把老同学写的这部书稿仔细读完。在这百花斗艳的春日，它不仅把我带到了令人神往的跨湖桥文化，也把我带到了钱塘江两岸的新石器时代文化研究中去。

　　浙江的新石器时代文化遗址，虽然发现不晚，但直到中华人民共和国成立之初，也还只有吴兴钱山漾、杭县良渚和杭州老和山（当时称为古荡）寥寥几处遗址。发现不久，因其与中原龙山文化面貌相似，梁思永先生即把这些发现纳入龙山文化系统中，称之为"杭州湾区的龙山文化"。尽管大家知道这种文化有它自己的特点，比如陶鬶发现不多，也不是标准龙山文化的形式；三角形的石刀只在该地区发现，而不见于其他地区；有段的石锛、石凿，表示它和东南沿海如福建和台湾等地的特殊关系，但一般认为它是中原龙山文化向南发展的结果，年代自然比龙山文化要晚。夏鼐先生在《长江流域考古问题》一文中，虽然明确这种遗存为良渚文化，但又指出，"太湖沿岸和杭州湾的良渚文化，是受了龙山文化影响的一种晚期文化。"（《考古》1960年第2期第1页）在1965年发表的《解放后中国原始社会史的研究》一文里，夏鼐先生又说："太湖地区的良渚文化，陶器有点像山东龙山文化，可能是受它的影响，年代大约也稍迟，可能相当于中原的殷商时代。它已进入父系氏族公社阶段。"（《人民日报》1965年4月7日第3版）直到河姆渡文化发现之后，因得益于碳-14年代测定数据的陆续公布，我们对长江下游地区新石器时代的认识才发生了质的变化。1977年，夏鼐先生在《碳-14测定年代和中国史前考古学》中，肯定河姆渡四层和西安半坡五层碳测数据的可靠性，认为"这两处应该是现在能确定的我国最早的新石器时代文化了"。他还说：它们"经济生活的发展程度是相同的，都是以比较原始的农业为主，也兼从事于渔猎和采集工作，还饲养家畜。但是文化类型不同，表明它们有不同的来源和发展过程，是与当地的地理环境适应而产生和发展的一种或一些文化。当然这并不排除与黄河流域的新石器文化可能有相互联系，交光互影。这种看法似乎比将一切都归之于黄河流域新石器时代文化的影响的片面性的传播论，更切合于当时的真实情况，更能说明问题。这十几年的考古新发现和碳-14测定年代的结果，似乎是支持我的这种看法。"（《考古》1977年第4期第221页）在同一篇文章中，夏鼐先生不仅肯定了"河姆渡文化"的命名，指出这种下层文化是"前所未见"的，与黄河中游的仰韶文化"完全不同", 还强调, 它的农作物主要是水稻、农具是骨耜, 家畜是猪、狗, 可能还有水牛。有使用榫卯的木构建筑。陶器是夹炭末的黑陶, 造型简单, 主要是釜、钵、盆、盘等五种, 有类似鼎足的活动支座, 但是没有鼎、豆等。到这时, 长江下游地区新石器时代文化的土著性, 才开始得到学术界的公认。河姆渡文化被认为是长江下游地区与"仰韶文化早期(半坡)同时或开始稍早的" 一种新石器时代早期文化(夏鼐:《三十年来的中国考古学》,《考古》1979年第5期第387页)。长江流域与黄河流域一样同是中国文化摇篮的认识, 于此得到了考古学的支持。

不过, 在河姆渡文化发现之后, 虽然在很长的一段时间内, 它被冠于长江下游地区新石器时代文化之首, 列在马家浜、崧泽和良渚文化之前, 但它更被视作宁绍平原地区的一支土著文化, 与杭嘉湖地区的马家浜文化南北并峙, 河姆渡文化的来源、内涵、发展和去向都是学术界长期讨论并悬而未决的问题。20世纪八九十年代, 在宁绍平原发现良渚文化层, 浙江的同事们先后发掘了绍兴马鞍、宁波江北慈湖、奉化名山后和象山塔山遗址, 普遍发现鱼鳍形和"T"字形鼎足、泥质黑皮陶竹节把豆、泥质黑皮陶双鼻壶、泥质黑皮陶带流阔把杯等良渚文化因素, 虽然大家对这种遗存的性质和命名认识不一, 但都承认它跟杭嘉湖地区良渚文化的关系密切, 有的甚至径直命名为"良渚文化名山后类型"(刘军、王海明:《宁绍平原良渚文化初探》,《东南文化》1993年第1期), 或认为属于良渚文化的范畴(黄宣佩:《良渚文化分布范围的探讨》,《文物》1998年第2期), 证明钱塘江两侧的史前文化重新走到了一起。与此同时，在宁绍平原还发现了马家浜文化的遗物，主持塔山遗址发掘的乐平曾敏锐地提出，这或许是马家浜文化居民南迁的结果，这种人群的迁徙和文化的影响，最终导致河姆渡文化第三期发生质变。在他看来，这个第三期实在是"河姆渡文化在自身发展过程中接受北部马家浜文化影响的产物。"（浙江省文物考古研究所等：《象山县塔山遗址第一、二期发掘》，《浙江省文物考古研究所学刊》，长征出版社，1997年，第65页）。这个意见虽然没有得到很多关注，但多少打破了浙江史前文化划钱塘江而治的刻板印象。钱塘江南北两岸史前文化的多元性和复杂性，在最近陆续公布的考古材料中，得到了进一步的体现。

跨湖桥文化的发现，翻开了浙江新石器时代考古新的一页。虽然发现之初，对其年代和文化性质不乏质疑之声，但我们现在知道，距今约8300年至7000年前的跨湖桥文化，分布于钱塘江中下游地区，虽然采集和渔猎还是其重要的生活来源，但农业初步成熟，以家畜饲养为特征的定居农业生活也已经开始。制陶、独木舟和漆器制造、榫卯建筑技术的使用是该阶段重要的文化成就。与新世纪发现的上山文化相比，跨湖桥文化居民的生活区域明显从山区向河口平原转移。用乐平的话说，跨湖桥居民是沿海平原型文化的开拓者。

跟跨湖桥文化和上山文化的发现和研究密切相关，乐平拟构出浙江新石器时代文化的新体系（参见本书第八章及蒋乐平：《钱塘江史前文明史纲要》，《南方文物》2012年第2期）。简单说来，就是他试图超越钱塘江的地理阻隔，将"钱塘江"和"太湖"地区的史前文化理解为区域文化连续体的四个阶段，动态把握浙江地区新石器时代文化的发展脉络。第一阶段，是"钱塘江期"。该阶段以上山文化与跨湖桥文化为代表，是本土文化势力统治时期。第二阶段，可名之为"杭州湾期"。相当于河姆渡遗址、罗家角遗址的早期，约距今7000年至6200年。第三阶段，可名之为"太湖期"，相当于马家浜文化晚期至良渚文化时期，约距今6200年至4400年，钱塘江南北基本进入相对统一的文化发展阶段。第四阶段，被称为"回归期"，即钱山漾文化阶段，也可以将马桥文化包括在内。在第二个阶段，河姆渡文化是本土文化——跨湖桥文化的主要继承者。与此同时，更多具有北方元素的马家浜文化在太湖流域形成，在与河姆渡文化的对峙过程中，逐渐取得优势。在乐平看来，河姆渡文化和马家浜文化，都是以跨湖桥文化为基础，在北方史前文化的冲击和影响下，诞生出来的孪生型的两种考古学文化。不同的是，钱塘江以南的河姆渡文化，本地传统保持得更多些。绳纹陶釜作为一种文化符号顽强保存下来，其所蕴含的文化基因更丰富也更复杂，并对后来东南沿海史前文化的发展方向具有指向性意义。到了马家浜和崧泽文化时期，太湖地区文化发展，社会复杂化程度加剧，人口陡增，其分布区域也向钱塘江以南地区扩张，河姆渡遗址第一、二层文化也被纳入其版图，但该地区依然保持某种程度的地域文化特色。这种解释，显然突破了浙江史前文化以钱塘江为分界的二元对立发展的思考模式。

　　这些新思考，多少是跟跨湖桥文化的发现和研究相关联的。总之，跨湖桥文化的新发现，为我们讨论浙江乃至长江下游地区新石器时代文化的起源、发展和谱系，揭开该地区新石器时代早期人类生活的神秘面纱，提供了前所未知的新鲜材料，至今犹在冲击着我们的认知能力。它源自何处？和新世纪发现的更古老的上山文化是什么关系？跟河姆渡、马家浜文化有什么样的关系？跟更遥远的同时期新石器时代文化又有什么样的关系？它的居民是怎样生活的？生活在什么样的环境中？使用什么样的陶器、骨器和木器？他们的文化发展到了怎样的高度？又是如何走向衰落的？他们的农业是什么样的？狩猎采集又是什么样的？他们的精神生活如何？凡此等等，乐平在书中都有精彩的描述和分析。上面有关浙江新石器时代文化发展脉络的简述，其实就是其中的一部分。跨湖桥文化的深入研究，虽然得益于跨湖桥遗址地下埋藏环境的优越，使许多有机物得以保存，但更有赖乐平和他的研究团队对该文化的长期深入研究。跨湖桥遗址的发掘报告已经出版，现在乐平的跨湖桥文化综合研究著作也要面世，我有幸先睹为快，写几句话，以志祝贺，并把这部书推荐给各位读者。

2014年4月14日

蒋乐平：《跨湖桥文化研究》，科学出版社，2014年。

梁思永先生与中国考古学

——《梁思永考古论文集》编者按语

梁思永先生，祖籍广东新会，是梁启超先生的二儿子。他1904年出生于上海。1923年毕业于北京清华学校留美预备班。次年赴美留学，后就学于哈佛大学研究院，专攻考古学和人类学，曾参加美洲印第安人古代遗址的发掘，也曾专门研究过东亚考古学的问题[1]。1927年7月返国，原定10月4日赴山西进行田野考古，但因奉晋战事爆发而告吹，遂留在北京整理李济先生1926年在山西夏县西阴村发掘的考古资料[2]，并在清华国学研究院担任助教。1928年8月返回美国继续深造，到1930年毕业回国之前，先后完成了论文《远东考古学上的若干问题》（英文），和专刊《山西西阴村史前遗址的新石器时代的陶器》（英文），通过对当时有限的考古材料的分析，深入讨论了中国各地史前文化及其与欧亚史前文化的关系，发表了非常重要的看法。1930年回国不久，

---

[1] 夏鼐：《梁思永先生传略》，《考古学报》第七册，1954年，第1～3页。另见中国科学院考古研究所编《梁思永考古论文集》，科学出版社，1959年，第v～vi页。

[2] 丁文江、赵丰田编：《梁启超年谱长编》，上海人民出版社，2009年，第745页。

梁思永先生加入刚刚成立的中央研究院历史语言研究所考古组，开始执行该所发起的"东北考古计划"。9月19日，由北平赴黑龙江发掘昂昂溪遗址，这是黑龙江地区的第一次科学考古发掘。发掘结束，10月21日从通辽入热河做考古调查，10月27日返回北平。他和同事在极端艰苦的条件下，行程过千里，历时38天，完成了中国人第一次系统的东北考古调查。1931年，先后参加了安阳小屯、后冈和山东历城城子崖遗址的发掘；1932年春，因患烈性肋膜炎，卧病两年，直到1934年春天才逐渐康复。该年夏，在完成热河调查报告后，即赴安阳后冈主持西北冈殷王陵的发掘。次年春秋两季，又连续主持殷王陵的大规模考古发掘，发现多座殷代大墓，为了解殷代社会及其发展水平提供了极其重要的材料。殷王陵的发掘，规模宏大、工作精细、收获丰富，是中国考古学史上前所未有的工作[1]。发掘结束，梁思永先生即着手西北冈考古资料的整理和研究工作，但因为抗日战争爆发，打乱了原来的工作计划。梁先生随史语所先退到汉口，又退到长沙，后经桂林转到昆明，最后在四川南溪李庄度过了漫长的战争岁月。1941年初夏，因肺结核剧烈发作，不得不停止研究工作。此后虽长期偃卧病榻，不能起床，但仍关心战时西北、西南的田野考古和室内研究工作，也念念不忘自己的西北冈殷王陵发掘报告的整理，相信这是他"此生唯一的事业"[2]。战前梁思永先生曾调查过北平制造玉器的技术，

[1] 见夏鼐《梁思永先生传略》。
[2] 《夏鼐日记》卷3，华东师范大学出版社，2011年，第151页。

并搜集工具标本。在昆明期间，还曾调查制造陶器的技术，对埏泥、成形、烧窑等方面，都做过研究[1]。因为健康的原因，梁先生的田野工作，在此之后就结束了。

　　1946年2月，梁思永先生在重庆中央医院施行了两次大手术。出院后返回古都北平，继续休养，身体逐渐恢复，但仍很虚弱。1948年，因其在中国考古学上的杰出贡献，当选为首届中央研究院院士。1949年，北平和平解放，梁先生没有跟随史语所和西北冈发掘的实物和发掘资料，移居台湾，而是选择留在北平，为即将成立的中国科学院考古研究所网罗人才，谋求中国考古事业的发展。1950年夏，梁先生受命为中国科学院考古研究所副所长，虽不能出门，却"计划和指导田野调查发掘和室内研究工作"，"培养年轻干部"，鞠躬尽瘁，为中华人民共和国成立后中国考古事业的发展，做出了很大贡献[2]。

　　梁思永先生的生命是短暂的，但在这短暂的一生中，却为中国考古学做了很多开创性的工作，有不少是示范性的，这也奠定了他在中国现代考古学史上的重要地位。梁思永先生是中国现代考古学的奠基人之一。

　　考古学的基础是田野工作。考古发掘又是田野工作的基础。在梁思永先生发掘昂昂溪和殷墟之前，中国的田野考古工作已经开始了。如果从1921年瑞典学者安特生发掘仰韶村

---

[1]　见夏鼐《梁思永先生传略》。

[2]　见夏鼐《梁思永先生传略》及尹达《悼念梁思永先生》，《文物参考资料》1954年第4期，第8～11页。另见中国科学院考古研究所编《梁思永考古论文集》，科学出版社，1959年，第i～iii页。

算起，科学的田野考古发掘已经进行了差不多10年。中国人自己的考古工作，从1926年李济发掘山西夏县西阴村开始，也已经进行了差不多5年。安阳殷墟，也已经发掘了三次。但是，田野发掘的方法仍很落后。比如吴金鼎就曾批评殷墟发掘的方法，说"小屯所掘得之物，记载编号不统一，以统帅之主任时常变动，有时以X.Y. Z，有时仅记深度，有时仅记一号数。取回来整理后，又未采取card-index system，将来颇多麻烦……关于照相之编号和索引，亦无办法。又说小屯发掘时之记载，仅有日期、发掘人、地点、出土物。自梁思永先生返国后，始大加改革，侯家庄之记载表格胜前远甚。至于北平研究院之发掘团，记载制度亦极坏，故无法做报告。中央研究院之小屯发掘报告，迟迟不出，亦以记载方式之不佳。"[1]这当然只是当时考古工作的一个侧影，但从中可以看出问题的确很多。梁思永在城子崖和安阳的发掘，尤其是安阳高楼庄后冈的发掘，开辟了依土质、土色和包含物变化划分地层的发掘方法，结束了以往依人为的水平层为单位的发掘方法，记录方法也大为改进，为后来的殷墟和其他遗址的发掘树立了典范[2]。地层学是考古学研究的基本方法之一，它在中国的发展和成熟，跟梁思永先生有莫大的关系[3]。

---

[1] 《夏鼐文集》卷2，社会科学文献出版社，2000年，第10页。

[2] 陈星灿：《中国史前考古学史研究（1895-1949）》，生活·读书·新知三联书店，1997年，第229～239页。

[3] 这在考古界几乎是众所皆知的。比如曾经参加殷墟发掘的夏鼐（参见《梁思永先生传略》）和尹达（参见《悼念梁思永先生》）都曾提及。

　　因为发掘方法的改进，及田野工作经验的积累，梁思永不仅组织了空前规模的西北冈殷王陵的发掘，还在后冈发现了著名的仰韶、龙山和殷墟文化的三叠层。因为这仰韶文化在下、龙山文化在中、殷商文化在上的地层叠压关系的发现，自仰韶文化发现以来就莫衷一是的仰韶文化的时代及其与以殷周文化为代表的中国古代文化的关系，仰韶文化与刚刚发现的龙山文化的关系，龙山文化与小屯殷商文化的关系等问题，就在很大程度上得到了澄清。至少在豫北地区，仰韶文化与龙山文化及小屯殷商文化的相对年代关系解决了。对此，他有两种假设，他认为这样一种假设是可以成立的："仰韶彩陶文化自黄河上游向下游发展达到河南北部的安阳县高楼庄后冈和渑池县仰韶村之后，自黄河下游向上游发展的龙山文化才侵入河南北部。它先到后冈，占领了彩陶文化早期就废弃的遗址，后到仰韶村，遇着发达已过了最高点的彩陶文化。"[1]不能不说梁思永先生的结论是审慎的。虽然由于当时的条件所限，梁思永先生在考古学上构建了仰韶文化由西向东、龙山文化由东向西发展的东西二元对立学说，而没有发现中原地区从仰韶文化发展为龙山文化的承继关系——这是20世纪50年代后期在河南陕县庙底沟、洛阳王湾等地慢慢发现的——因而他的结论难免错误，但后冈三叠层的发现，的确找到了解决

---

[1]　梁思永：《小屯、龙山与仰韶》，见本书第157页。

中国史前史上一个关键问题的钥匙[1]。

　　龙山文化的辨识，特别是后冈三叠层的发现，确立了龙山文化是中国文明的前身。根据龙山文化的考古发现，梁思永先生第一次系统总结了这个文化的特征，并做了分区的尝试，把龙山文化分为山东沿海区、豫北区和杭州湾区，并讨论了各分区文化的地层和年代。他认为豫北的后冈二层不但是较早的，"确可定为早于殷代文化的遗存"，后冈二层还是"豫北殷文化的直接前驱"[2]。囿于当时的考古发现，梁思永先生认为山东历城城子崖一层和日照两城镇一层的年代更早一些——这是他推测龙山文化由东向西发展的一个前提，我们现在知道这也是不正确的，但当时他对龙山文化各区域文化因素的分析、龙山文化与殷墟商文化在文化面貌上异同的比较，甚至先此对仰韶文化与龙山文化的比较，西阴村、仰韶村的仰韶文化与后冈下层仰韶文化的比较，都显示出他敏锐的分析能力，应该说他对仰韶、龙山与殷墟商文化的辨识是相当准确的，只是因为要调和这龙山文化向西发展、仰韶文化向东发展的假说，才做了种种有关绝对年代和相对关系的推测。不过，龙山文化是中国文明前身的解释，确在相当程度上动摇了当时已流行了十多年的"中国文化西

---

[1]　陈星灿：《中国史前考古学史研究（1895-1949）》，第210～227页。即便1959年夏鼐编辑《梁思永考古论文集》时，也还没有跳出仰韶文化与龙山文化二元相向发展的窠臼。参见该书第40页，"编者案"（本书第63页"原编者按"）、第97页"编者后记"（本书第163页"原编者后记"）。

[2]　梁思永：《龙山文化——中国文明的史前期之一》，见本书第252页。

来说"，这也是梁思永先生的一大贡献。

如果说三叠层为解决中国史前文化的问题找到了一把钥匙的话，那梁思永先生的另外一个重要贡献，就是发掘昂昂溪和调查热河。如前所述，昂昂溪是有史以来在黑龙江地区的第一次科学发掘，发掘面积虽小，却为了解该地区史前人类的生活方式提供了珍贵的考古材料。热河地区的考古调查，虽然是在日本人鸟居龙藏和法国人桑志华之后，又多是地面调查材料，因而它的价值不免打了折扣，但这也是中国学者第一次在东北地区的考古调查。要不是日本军国主义分子发动"九一八"事变，"东北考古计划"搁浅，梁先生在东北地区的考古工作一定会有更多更重要的发现。不过，两篇详细考古报告的发表，对于我们了解北方地区史前人类的生活具有重要意义。尤其是以昂昂溪遗址所代表的史前渔猎生活的考古材料，至今还有重要的参考价值[1]。

除了安阳后冈和小屯，梁思永先生倾注心血最多的还是西北冈殷王陵的三次大规模发掘和报告整理。发掘共揭露墓葬1267座，其中仅殷商墓葬就有1232座，而殷商墓中的大墓有10座之多[2]。这是中国考古学上划时代的发现，规模也是空前的。梁思永先生本来是想在第三次发掘之后，暂停一段时间，审查一下这些惊人的不寻常的出土物，"以便深思熟虑地制定下一步发掘计划"，结果却由于1937年日本的

[1]　中国社会科学院考古研究所等编：《昂昂溪考古文集》，科学出版社，2013年。
[2]　高去寻：《安阳殷代王陵》，《台湾大学考古人类学刊》第十三、十四合刊（1959年11月），第1～9页（英文）。

突然侵略终止了。在艰难的战争期间，梁思永先生一有机会就整理这批发掘材料，终于在1941年病倒之前，写出了241页的报告初稿。这份分为16章的手稿，一半只有标题，另外的一半也很简略，但却非常珍贵，因为它"不仅提供了基本资料，而且为中文的科学报告树立了样板"[1]。实际上，这本尚未完成的考古报告，也和梁先生参与执笔和主持编辑的《城子崖》报告一样，是中国考古学史上最重要的研究成果之一，具有里程碑式的示范的意义。殷商文明的高度，也因西北冈王陵的发掘，而被国际学术界所熟知。

梁思永：《小屯、龙山与仰韶》，商务印书馆，2015年。

---

[1] 李济：《安阳》，商务印书馆，2011年，第130页。

《区域互动框架下的史前中国南方海洋文化》序

中国的北面是大漠，西面是高山，东、南两面则是海洋，所以中国的史前文化，可以粗略地分为面向内陆和面向海洋的两个部分。面向海洋的一面，虽然近代以来的考古发现并不很晚，但却很晚才受到重视。20世纪70年代末期之前，中国史前文化的"中原中心说"风行一时，包括东南沿海在内的广大地区的古代文化，大都被认为是中原文化扩张、辐射和影响的结果。

随着沿海地区特别是河姆渡文化的发现，中国东南沿海史前文化的土著性、独特性和连续发展性才得到重视。1981年，苏秉琦先生根据当时的考古发现，把中国的史前文化分为六个区块，面向海洋和面向内陆的区块平分秋色。面向海洋的即1. 山东及邻省一部分地区；2. 长江下游地区；3. 以鄱阳湖—珠江三角洲为中轴的南方地区。在这篇文章中，苏秉琦先生还明确指出："面向内陆的部分，多出彩陶和细石器；面向海洋的部分则主要是黑陶、几何印纹陶、有段和有肩石器的分布区域，民俗方面还有拔牙的习俗。当然，要强调指出的是，在这广大的地域内，古代劳动人民从很早的时候起就有着交往互动，越往后这种交往活动就越密切。"

与此大略同时，张光直先生也根据中国考古发现的实际，划分了大同小异的区块，并提出"中国相互作用圈"的

理论模式，用以解释中国史前文化的形成和发展。他说，
"到了公元前4000年前左右，华北和华南这些各有特色的文化开始显露出一种相互连锁的程序，并在其后的1000年内及1500年内在华北及华南地区继续深化。各个区域文化向外伸展而相互接触，在文化上相互交流，表现出持久而重要的交流关系的具体的、逐渐增长的证据。这个交互作用的程序无疑在数千年前便已开始，但是到了公元前4000年前，它在考古记录中的表现才显得清楚而且强烈。这些表现可以从两部分来叙述，即华北诸文化之间的交互作用的表现和华北、华南文化之间的表现。"虽然张光直先生的目的是谈"中国相互作用圈"的形成，但前提是认同各地区史前文化的土著性和特殊性，只不过强调"自公元前4000年左右开始，有土著起源和自己特色的几个区域性的文化相互连锁成为一个更大的文化相互作用圈"罢了。

自那以后，中国东南沿海地区的考古工作，又得到长足发展。从旧石器时代到青铜时代的重要发现层出不穷，海洋史前文化的土著性和特殊性得到了更加充分的体现。如果仅仅以这些地区的考古发现撰写一部中国东南沿海文化的史前史，就已经是相当可观的工作。如果把东南沿海放在整个太平洋文化圈的大背景下，把它作为太平洋史前文化的一部分加以归纳总结，又假如把包括语言学、地理学、生态学、民族学和体质人类学的研究成果纳入视野，则更是一种艰苦而有意义的工作。乔晓勤先生的这部论著，就是充分利用考古学及相关学科的研究成果，重点探索华南地区史前海洋文化的形成和发展，进而讨论包括华南地区在内的中国东南沿

海、东南亚和太平洋岛屿史前文化的交流和互动。

　　面向海洋的诸史前考古学文化，有着鲜明的海洋文化特色。以台湾海峡的西侧为例，从公元前4500年开始的壳丘头文化，经过昙石山文化（约公元前3000～前2300年），发展到黄瓜山文化（约公元前2300～前1500年），虽然其间农业从无到有，海洋渔猎经济却一直占据主导地位。壳丘头文化没有发现农业的迹象，出土的海洋贝类不下数十种，鲨鱼和海龟也是人们狩猎的对象。昙石山文化虽然发现稻米遗存，当时的人们也可能已经饲养家畜，但农业生产处于非常低下的水平，人们仍然主要依赖渔猎。最近的一项同位素分析报告显示，海洋生物是昙石山文化的主要食物来源。黄瓜山文化虽然发现了稻米，它的晚期甚至还出土了大麦和小麦的遗存，家猪饲养也已存在，说明该文化的主人，可能已经经营农业，但他们仍然大量依赖海洋资源，海洋贝类、鱼类和野生动物在经济中的重要性仍然远超家畜饲养业。人们采集的海洋贝类不下15种。

　　海洋的独特性，造就了中国东南沿海史前文化的独特性，也造就了它跟东南亚、大洋洲史前文化的若干共性。海洋是该地区史前人类赖以生存的家园，它博大的胸怀，在漫长的史前时期，接纳着一拨又一拨来自大陆的居民。但不管来自哪里，他们最后又都被海洋文化所同化。

　　中国的史前史历来是以面向大陆的诸考古学文化为中心写成的，即便近年来沿海地区的考古研究取得了很大进展，我们对海洋史前文明的认识仍然是肤浅的，对有关社会、生业、聚落形态、人口迁徙、贸易和文化互动等等方面的了解，也还是非常有限的。中国东南地区的史前文化如何和为什么向沿海甚至更遥远的太平洋地区扩散，如何跟更遥远的大洋洲史前文化产生互动，南岛语系的人们如何从东南沿海和台湾通过菲律宾进入大洋洲等等，虽然已经有不少讨论，也还需要更加扎实的研究工作，才能得到明确的答案。摆在您眼前的这部著作，从考古学、语言学、民族学、体质人类学等方面梳理了中国东南沿海、东南亚岛屿区和大洋洲地区累积的各种材料，试图描绘史前中国的海洋文化并讨论相关问题，探究史前中国海洋文化的起源、形成和发展，因此这本书称得上是一部"面向海洋的中国史前史"，仅此而言，它对我们全面了解中国的史前文化就是非常有裨益的。

　　乔晓勤先生曾多年从事中国东南沿海地区的田野考古工作，既有丰富的考古经验，也受过严格的人类学、民族学训练，他用多年心力，撰成这部著作。我有幸先读为快，写下一点感想，诚恳地把它推荐给各位读者。

2014年2月27日

　　乔晓勤：《区域互动框架下的史前中国南方海洋文化》，　广西师范大学出版社，2016年。

《一个考古人的日记》序

　　日记是记录历史的特殊题材。小到家庭琐事、日常工作，大到国家大事、国际新闻，都不妨在日记里留下痕迹。摆在您面前的是一本"考古老兵"的日记。作为一名考古工作者，天天跟田野和文物打交道，谈的多是考古的事。说小了这是个人的考古工作记录，说大了，也不妨说是从个人角度记录的一个时代中国考古学发展的缩影。我这样说，也许不如摘录几条日记给大家看看：

1958年3月2日

　　黄老、张寅和我一同至工地。张先生与民族同志掏挖前几天出土陶缸内壁之填土，黄老鉴定为唐代之物，黄老亲挖灰层，出土石器不少，我用皮尺量出土物坐标，并按件打包入纸箱，以备运回住处。

1959年2月1日～3月30日

　　由于天寒地冻，不适于野外田野调查作业，再加上西藏宗教反动势力搞武装叛乱，青海形势非常紧张。根据上级要求我们都守在室内，没事不能外出，组织大家学习时事、政策、法令和业务。趁此机会我又重读了夏鼐的《考古学通论》《考古学基础》，我找出大量和青海有关的文物考古资料，以备后续的研究工作。我们组成巡逻小分队，每天值班查夜，站岗执勤。有时高原的雪说来就来，当狂风肆虐过后，漫天的大雪将高原披上银装。雪后，我又加入到为城市铲雪的队伍中。

1982年10月12日

我的手表装在口袋内，弯腰挖土时不慎坠地，忽然钻入地下不见了。赶忙用小铲挖土，原来是一个蚂蚁洞，蚁群乱跑，表卡在洞中空壁上，把表拿出忽然发现一角锥直插洞底，表未损，又获一宝大喜，当即编号T208（2）：1。

这是讲日常田野工作的。

1965年1月15～30日

学习毛主席《矛盾论》，学习徐寅生《论女乒运动精神》，要求干部政治、业务双过硬。

1975年8月22日

刘亚克传达胡绳讲话：（1）毛主席关于"水浒"的批示；（2）毛主席关于电影《创业》的批示。

1983年4月16日

语言所丁声树被评为优秀共产党员，号召院所同志向他学习。

这是讲日常政治学习的。

1981年2月27日

　　考古所技术室副主任王抒主讲"云南少数民族傣族、布朗族、哈尼族制陶、造纸、服饰的调查情况",我聆听并作记录以增长知识。

1983年2月3日

　　田野工作总结汇报（1982年工作收获）,夏鼐、苏秉琦作重要讲话。

1989年9月5日

　　所组织苏联考古学家刘克甫报告会。

这是讲日常业务学习的。

1971年～1972年夏天

　　1971年夏,中国科学院院长郭沫若呈报国务院,提出《考古》《考古学报》复刊,此事经周恩来总理亲自过问,并批准复刊。因此,考古所从"五七"干校抽调安志敏、刘观民、金学山、曹延尊、赵信等人回所。刘观民与梁星彭同志参加故宫的"文化大革命期间出土文物展"工作,其他人由安志敏带领到编辑室负责承担两刊的编辑和出版。我主要负责后者。1972年夏天，原编辑室人员周永珍、徐保善、徐元邦从"五七干校"抽调回北京，返回考古编辑室，增强了编辑力量。

1989年1月30日

夏鼐铜像今日伫立在考古所图书室门前，研究人员肃立，举行揭幕典礼。

1993年12月28日

院部人事局单天伦来考古所宣读院文件：任命王立邦为所党委书记，张国宝为副书记，除所长任式楠已提前宣布之外，任命乌恩、张国宝、刘庆柱为副所长。王忍之莅临会议。

这是讲院所行政工作的。

1958年1月20日

所人事科派我到工人体育馆参加朝鲜金日成首相来我国访问盛大欢迎会。会后观看了中国人民解放军歌舞团精彩表演。

1983年8月11日

全所会议，王廷芳副所长传达中央文件"坚决打击刑事犯罪分子"。

这是讲国家大事的。

日记的主人赵信先生，是中国社会科学院考古研究所的一名考古学家。1956年夏天他中学毕业通过考试进入考古研究所工作，到1997年7月退休，在田野里摸爬滚打了整整40年，从中学生成长为一名考古学家。退休之后，他到考古所人事处协助做老干部管理工作，又工作了差不多10年。这本日记，就是他在考古所工作的个人记录。赵先生有记日记的习惯，但眼前的这本日记，显然不是他日记的全部，有的的确是"日记"——按日记录，有的却是根据日记浓缩的"纪事本末体"或者"纪事体"的"周记""月记"甚至"年记"。所以有的地方很详细，有的地方却相当简略。比如1966～1974年，就只有短短的几页；1976年，只有不足一页；1977～1978年，也只有不足一页，这对意欲了解当时情况的读者不免是一个很大的遗憾。不过，这也从另一个方面折射出那是一个特殊的年代，是可以理解的。

古人言："美常在久。"大凡天地间一种美好事物的出现，常常是由于它的时间久长、由于坚持取得的。赵信先生的考古日记，也是他坚持不懈的结果。我前面说过，这固然是他个人成长轨迹的记录，也可以说是一个时代一名普通中国考古工作者的记录，某种意义上还可以说是一个时代的记录，因而是很有价值的。我生也晚，除了阅读考古报告，无缘看到20世纪50年代至80年代初期中国考古学的样貌，更无从了解中国考古学家这个特殊群体的工作和生活状况，这本考古日记，虽然是个人不完全的记录，却提供给我们观察中国考古学及其从业者一个特殊的角度,可以从这个角度窥探那个时代;即便是我参加工作以后的岁月,我也能从中找到我不知道或者已经遗忘的某些历史片段。我有幸先睹为快,写下上述感想,很高兴把它推荐给各位读者。

2014年11月10日

(原载《中国文物报》2018年4月3日)

赵信:《一个考古人的日记》,学苑出版社,2018年。

《哈民玉器研究》序

　　玉器是中国传统文化的重要元素，用玉、崇玉是中国古代历史的优秀传统。玉器的起源，至少可以追溯到距今8000年前的兴隆洼文化。兴隆洼文化位于我国东北地区，是中国古代玉器传统最重要的源头之一。过去的三四十年间，距今五六千年前的红山文化，出土过大量玉器。这些玉器，可以分为装饰、仿工具、动物（包括人物）、特殊类题材四大类，尤其是后两者具有典型意义。到了红山文化晚期，已经形成了比较明确的用玉制度，玉器跟随葬玉器的人的身份、等级相匹配，大型墓葬随葬玉器的种类、数量明显多于中小型墓葬，具有象征意义的勾云形玉器和箍形器共存于某些大型墓葬中，却绝不见于中小型墓葬内。这一时期玉器通常出土在墓葬中，显然是红山文化晚期社会分化、等级制度形成的重要物证。

　　2010年夏天，在红山文化最初发现地赤峰东北约四百公里的科尔沁草原腹地，我们的考古学家发现了哈民遗址。截至2014年，经过前后五次科学发掘，揭露出一个面积达10万平方米的环壕聚落。聚落分南北两区，在北区约6万平方米的遗址上，共发掘8200平方米，清理出78座房屋、14座墓葬、57座灰坑和两段并行的内外壕沟。要紧的是，在其中的17座房屋中，出土了八十多件玉器。与以往不同的是，哈民遗址的所有玉器均出土于房址里，所有出土玉器的房址均存在被火烧过的人类遗骸。墓葬多埋在室外，以单人土坑竖穴墓为主，也有多人合葬墓。多数墓葬没有随葬品，更没有发现玉器随葬。玉器全部发现在出土人骨遗骸的房址中，比如最多的F57出土18件玉器，F37、F45、F46、F47、F56出土的玉器也均不低于6件。这些房屋，分布在著名的F40房址周围，F40就是发现98具人骨的房屋。在这个面积约19平方米的房屋里，却只发现过一件小玉珠。不管是F40，还是出土玉器的其他房址，虽然埋了大量人骨，显然均非一般意义上的墓葬，而很可能是某种无法抵抗的灾难现场或灾难处理现场。因此，这些出土在房址内的玉器，原本就是佩戴在人身体上的，它跟一般发现在墓葬内的玉器在性质上是有所不同的，它们更应该被视为人们日常生活的现实写照。这些发现对于我们了解哈民文化、红山文化以及东北地区其他史前文化随葬玉器的功能和意义，无疑提供了新的观察视角和研究材料。

这些在哈民房址内发现的玉器，包括璧、异形璧、双联璧、勾云形器、瓦沟形器、匕、璜、坠饰、珠、斧、钺等11种15个类型，与牛河梁红山文化遗址相比，它有红山文化常见的器物，比如勾云形器和双联璧，但却缺乏动物类和特殊类造型的玉器，考古学家们分类为C型的长方形玉璧、略近方形的异型璧等等，均带有明显的自身特点。与红山文化以牛河梁遗址为代表的红山文化玉器相比，两者在器物组合、工艺特征、加工技术等方面，都有不同，所以考古学家们认为两者实代表不同的"玉器工艺集团"。

本书以哈民玉器的研究为中心，把哈民遗址及其玉器放在东北亚的广阔背景中，不仅深刻揭示出玉器的出土背景、玉器的特征，还深入探讨了哈民与东北亚玉器的交流、哈民玉器的工艺特点、哈民玉器与红山文化玉器的关系、勾云形玉器和西伯利亚萨满教人与动物雕像倒挂的使用方式等，使我们对哈民玉器有了更深入准确的认识。特别是从东北亚的视角对玉器工艺技术所作宏观与微观相结合的多方面探索，尤其具有重要意义。总而言之，哈民遗址及其出土玉石器，为我们认识5000年前内蒙古东部地区的多元史前社会，无疑提供了最新的研究视角和极端重要的考古证据。

内蒙古文物考古研究所在科学田野考古发掘的基础上，与香港中文大学中国考古艺术研究中心一道，经过两三年的多学科合作研究，推出这样一本集出土玉器图录和多篇论文为一体的研究著作，全面深入地探讨了哈民遗址的玉器及其他相关问题，值得肯定与赞赏。

2018年7月11日于中国社会科学院考古研究所

吉平、邓聪主编：《哈民玉器研究》，中华书局，2018年。

《发现殷墟》丛书总序

到今年的10月13日，殷墟发掘已经满90周年了。

殷墟的田野考古工作，从1928年秋天开始，到1937年日本发动全面侵华战争结束，前中央研究院历史语言研究所在以小屯为中心的洹河两岸共11处遗址做了15次发掘工作。虽然前后只有短短的9年时间（1930年因故停工一年），但是在小屯发现殷商王朝的宫殿区，在侯家庄西北冈发现规模巨大的殷商王陵，把中国的信史推到3000多年以前，把商文明在文化、科学和艺术上所能达到的高度也展示到世人面前。后冈的发掘，不仅发现了殷商文化在上，龙山文化居中，仰韶文化在下的地层叠压关系，即所谓的后冈"三叠层"，还肯定了龙山文化是"豫北殷文化的直接前驱"，初步廓清了商文化与中国新石器时代文化的渊源关系，殷墟成为追寻中国文明起源的一个起点。

殷墟还是中国考古学的发源地。中国第一代田野考古学家，多半都是在殷墟成长起来的。选择殷墟作为中国国家考古研究机构的第一个发掘地，建立工作站并且持之以恒地长期工作，不仅形成了中国考古学的历史学传统，也在理论、方法和技术上塑造了中国考古学。不夸张地说，中国考古学至今仍带有浓重的殷墟考古的色彩。殷墟考古还为初生的中国考古学赢得了广泛的国际声誉。

　　1950年，中华人民共和国成立伊始，百废待兴，殷墟的发掘工作便恢复了。如果把这68年的工作算作殷墟考古的第二个阶段，除了"文化大革命"期间有短暂的中断之外，近70年来，以中国社会科学院考古研究所（1977年前属中国科学院）为主导的殷墟考古，又发展到一个新的更高的阶段，取得喜人的成绩。殷墟考古的时空范围空前扩大，在小屯周围方圆36平方公里的范围内，都有不少重要的发现。建立在陶器类型学基础上的殷墟文化分期日臻完备，殷墟考古的时空框架得以建立。在小屯西北地发现没有经过盗掘的武丁配偶——妇好之墓，这是殷墟考古史上唯一一座可以确定墓主和墓葬年代的商代王室墓。1973年，在小屯南地发现5041片刻字甲骨，这是继1936年在小屯北地发现YH127坑，获得17096片刻字甲骨之后有关甲骨的最重要的一次科学考古发现，极大地丰富了甲骨卜辞的研究内容。在多个不同地点发现了一系列铸铜作坊和制骨、制玉遗址。世纪之交，于洹河流域系统调查的基础上，在洹河北岸发现了传统意义上的殷墟之前的洹北商城遗址，把商王定都殷墟的历史前推到中商时期。以器物为中心的考古调查和发掘，最终转向以探讨殷墟范围和布局为中心的社会考古学研究。不仅发现了大量的居址和数以万计的墓葬，还发现了道路网和水利系统，肯定了商人聚族而居、聚族而葬的聚落模式。多学科合作传统得以延续，人骨研究、动物考古、植物考古、冶金考古、陶器分析、DNA和同位素分析等等，为我们了解商代的人类和社会，特别是农业、手工业、商业和贸易以及与周围诸多方国文化的关系，提供了全新的材料和观察视角。1961年，殷墟成为国务院公布的第一批全国重点文物保护单位。进入新世纪以来，殷墟又相继被列入联合国教科文组织公布的世界文化遗产名录和首批国家考古遗址公园名单。

在某种程度上，我们也许可以说，90年来的殷墟考古就是中国近代考古学发展的一个缩影。

经过几代人持续不断的艰苦努力，考古工作者几乎调查和发掘到殷墟的每一个角落，我们对这座商代中晚期都城和商文明的了解，应该说达到了前所未有的高度。但是，我们也得承认，还有很多秘密，或者仍深埋在地下，或者因为自然和人为的破坏，已经永远地消失了。值此殷墟发掘90周年纪念之际，我所安阳工作队的同志们，回顾殷墟发掘的历史，又精选出1950年以来特别是最近二三十年来科学发掘出土的青铜器、玉器、陶器、骨角牙蚌器等等，出版相关图录，从现代考古学的视角，向学术界提供准确可靠的实物资料。殷墟出土的青铜器、玉器，过去已经由中国社会科学院考古研究所编辑出版过《殷墟青铜器》（1985年）、《殷墟新出土青铜器》（2008年）和《殷墟玉器》（1981年）、《安阳殷墟出土玉器》（2005年）等图录，但是以全形拓的形式大量展示殷墟科学发掘的青铜器，这还是第一次；陶器方面，除了李济先生早年出版过一本包括许多线图和照片的《殷墟陶器图录》（1947年）外，迄今尚未出版过一本严格意义上的殷墟陶器图录；骨角牙蚌器虽出土不少，但也从来没有以图录的形式展示过。公布考古调查和发掘资料，一般采取考古简报和考古报告的形式，殷墟考古已经出版了数十部（篇）调查发掘报告和简报，做出了很好的表率，但是还有很多考古简报、报告等待编写或出版。以图录的形式发表殷墟的青铜器、玉器、陶器和骨角牙蚌器等科学发掘标本，不仅可以弥补考古发掘报告的不足，满足学术界同仁从细部观察殷墟出土遗物的需要，也可能促使发掘者尽早公布更加完整的考古发掘资料，进而促进学术研究的进步。

在殷墟发掘90周年来临之际，《发现殷墟》丛书陆续编辑出版，这是殷墟近百年考古发掘和文物保护的历史记忆和见证，也是几代考古学家前赴后继砥砺前行的纪念和记录，是一件特别值得高兴的事情。《发现殷墟》丛书出版在即，抚今追昔，说一点心里的话，以表达喜悦和祝贺之意。

2018年7月19日

陈星灿、唐际根主编：《发现殷墟》丛书，社会科学文献出版社，2018年。

考古新知

古代的谷物加工方式

　　近年来，植物考古学家通过浮选（flotation）等手段，对了解和复原古代人类的食物结构和生活方式做出很大贡献，不仅如此，他们还试图通过对谷物不同加工阶段遗存的判定，研究古代社会组织或家庭结构的变化。比如最近傅稻廉先生通过对颍河中上游谷地植物遗存的考察，就认为从"仰韶到龙山文化时期的变化，反映出与作物加工各个步骤有关的日常活动在不断增加，这说明在龙山文化时期从谷物收获到进入储存阶段所投入的单位劳力较少（也可能是劳动组织规模较小），因此在后来的日常生活中谷物加工的各个步骤才会一再重复，继而反映在植物遗存的特定组合中。这种变化出现在一部分龙山文化的样品中，可能是因为在部分而不是所有的龙山文化的遗址上，发生了从大家庭的社会结构向更小规模的核心家庭的社会结构的转变。这在社会地位和财富分化的背景下，可能与对小规模的核心家庭单元更加关注有关。对财富和生产力的需求可能会导致对超越家庭规模的更大劳力组织单元依赖性的减少。至少在发生了变化的龙山文化遗址上（比如，西范店、吴湾、下册、游方头、谷水河）情况是如此，而另外一部分遗址包括冀寨、石羊关则继承了仰韶文化模式的传统，其样品中仅主要包括有脱壳阶段的遗存。"（傅稻镰：《颍河中上游谷地植物考古调查的初步报告》，河南省文物考古研究所等编著《登封王城岗考古发现与研究（2002-2005）》，大象出版社，2007年，第931页）有关从仰韶文化到龙山文化发生了从大家庭向核心家庭转变的推测，实在是一个很大胆的推测，其实作者自己并非不知道这个结论是需要进一步证实的，因为样品的数量很少，同一遗址不同部位采集的样品更少。我们从他的样品鉴定表可知，这个结论来自13个遗址的22个样品，也就是说每个遗址的样品还不足2个，而且几乎都是从灰坑而来，而灰坑在各个遗址的位置，灰坑的性质等等，在这样的区域调查中，是不容易了解到的。即便确如作者所言，仰韶文化的样品是以脱壳阶段的废弃物为主，而龙山文化的样品是"收获后没有经过太多加工就集中储存"的谷物，换言之是脱粒阶段的遗存，哪又能说明什么呢？谷物从脱粒到脱壳是一个很复杂的过程，它跟谷物本身的特性和谷物加工者所在社会的生活方式等等都有密切的关系，它可能在一个地点完成，也可能在不同地点完成；它可能同时完成，也可能在不同时间完成，因此谷物加工不同阶段的遗存可能出现在同一个遗迹里，也可能出现在不同的遗迹中，只能通过全面细致的浮选和样品比对，才能知晓仰韶文化和龙山文化在谷物加工方式进而在社会组织或者家庭结构方面是否具有不同的模式。

不过，从目前的材料看，前工业社会的谷物加工方式具有很大的共同性，抛开脱粒这个工序不说，单谷物脱壳就是一个缓慢的、渐进的、费时费力的过程，换言之，"即食即舂"式的脱壳方式是许多前工业社会的谷物加工特征。《礼记·曲礼》曰："临有丧，舂不相；里有殡，不巷歌。"

"相"据诸家注，皆以为春时相和之歌。说明脱壳在中国的先秦时代，是一个家庭行为，而且是需要天天为之的。这样的春米方式，一直到近现代也还在沿用，对此我们并不陌生。

不说中原，且看下面西南边陲20世纪前半的两个例子。云南班洪地方的少数民族："春米无碾房，亦未见置碓。石臼木杵，则家家有之。储谷随春随食，操作者多为妇女，一人或两人，行经一寨，必数见春米焉。余寓三老爷宅，主妇每晨起春米，以足一日之用为度；而班洪寨中，天明则家家春米之声相应也。"（方国瑜：《滇西边区考察记录》，云南人民出版社，2008年，第22页。）

再看云南的摆夷："寨民家家置石臼木杵或碓，清晨春谷，辟朋之声，传达四境。惟在金幸、乃旺诸寨安置水碓，则不必家中春米也。"（方国瑜：《滇西边区考察记录》，第132页。）

这些记载都没有提到谷物的收割和储藏方式，假如也是跟广西、海南和台湾少数民族的例子一样，谷物是连杆带穗一起收割，一起储藏，然后即春即食的话（陈星灿：《考古随笔》，文物出版社，2002年，第89～95页；葛人：《史前的粟是如何储存的》，《中国文物报》2007年6月15日第7版），那么脱粒和脱壳两个阶段的遗存就可能共存在一个遗迹里。我们在河南偃师灰嘴、巩义马屯等遗址发现的仰韶、龙山和二里头时代的谷物储藏坑，倒是没有发现带穗储藏的证据，但是几乎所有已经发现的埋在地下的谷物储藏坑，都是储藏带壳的小米，也就是谷子，三个时代的储藏谷物在形态上并无本质不同。如果考古调查碰巧发现的都是这些灰坑，那我们看到的谷物遗存恐怕都是脱粒阶段的产物。这也说明，普通灰坑浮选所见的谷物，或者脱粒阶段的遗存多些，或者脱壳阶段的遗存多些，或者两者并存，恐怕跟谷物的加工方式和加工地点远近有更多关系，发现本身带有很大的偶然性。实际上，但凡一个农业社会的遗址，脱粒和脱壳阶段的遗存是都应该存在的，要通过谷物加工不同阶段遗存的比例高低判断社会组织的变化或者家庭结构的变化，不失为一个可以考虑的方法，但通过这样一种非系统的、抽样式的样品采集方式推出这样一种有关社会组织变化的结论，是需要慎之又慎的。

（原载 《中国文物报》2009年10月16日）

中国家鸡的起源是从公元前141年开始吗?

　　著名动物考古学家袁靖先生近年来在一系列文章中谈到中国家鸡的起源,都是把公元前141年作为起点。比如他在最近的一篇文章中是这样说的:"家鸡出现于何时,这是一个迄今为止尚不能很好地回答的问题。原因是尽管我们测量了大量考古遗址出土的鸡骨标本,但是我们不能在数据上对其进行明确地区分。依据现有的资料,我们只能说到了公元前141年家鸡已经出现了。我们的依据是陕西咸阳阳陵遗址,在这座汉景帝的陵墓周围有大量的陪葬坑,其中有的陪葬坑里埋葬大量的陶制的家畜,种类有陶猪、陶黄牛、陶绵羊、陶山羊、陶狗、陶公鸡、陶母鸡等。汉景帝死于公元前141年,由此我们可以说至少到公元前141年,家养的鸡已经存在于陕西地区了。"(袁靖:《动物考古学解密古代人类和动物的相互关系》,文化遗产研究与保护技术教育部重点实验室等编《西部考古》第二辑,三秦出版社,2007年,第87页)这段话换一种说法,应该是这样的:根据目前的材料,家鸡的起源只能上推到公元前141年;也许还能向前推,但是目前却找不到证据。这个说法,已经被海外的一些媒体采用,比如最近出版的美国《科学》周刊第5954期有关中国古代发明的年表,就是依据这个说法(Andrew Lawler, Beyond the

Yellow River: How China became China, *Science* Vol.325, 21 August, 2009, p. 930）。中国家鸡起源的历史有多久，确实还需要仔细研究，但已有的证据表明，它决非从公元前141年开始。因此，《科学》杂志采用这个说法是很遗憾的一件事，我觉得有必要把这个问题做点澄清。

研究家养动物的起源，通常需要几种不同的证据。第一种当然是动物考古学的，即通过观察和测量动物骨骼的动物考古学研究；第二种是分子生物学的，即有关动物基因方面的研究；第三种是文献学的，即对古代相关文献的分析和梳理；第四种是图像学的，即对出土相关遗物的图像学的分析；最后一项是考古学的，即对考古背景资料的综合分析。袁靖先生说明通过动物考古学的测量很难辨别家鸡和野鸡，所以他的证据实际上是来自图像学和考古学的综合分析：阳陵出土的陶鸡和其他陶塑的家养动物共存，所以它们是家鸡无疑。

我对这个判断没有疑问，只是觉得如果依照文献学和图像学这两条线向上追溯，中国家鸡的起源不会"至少到公元前141年"。

迄今为止，考古学工作者已经从数十处新石器时代早期到秦代的遗址和墓葬里发现鸡骨，早的如河北武安磁山、河南新郑裴李岗、山东藤县北辛遗址，年代均在公元前5000年前后；其后的仰韶文化、大汶口文化、马家窑文化、屈家岭文化、石家河文化、龙山文化等新石器时代文化遗址，河南安阳大司空村、河北藁城台西村、陕西长安普渡村、江苏连云港华盖山等商周时代遗址，也都发现有鸡骨（参见陈文华编著《中国农业考古图录》，江西科学技术出版社，1994年，第536～552页）。即便这些鸡骨没有全部经过严格的科学鉴定，或者在测量数据上与野鸡不容易分开来，因此无法肯定这些鸡骨都是家鸡的遗骸，那么图像学和文献学的研究也绝对不会把家鸡的起源后推到公元前141年。

新石器时代出土过不少陶鸡或者鸡形陶器，著名的比如湖北天门石家河遗址群，就曾出土过多个陶鸡（参见湖北省荆州博物馆等《肖家屋脊》（上），文物出版社，1999年，第215～217页）。如果这些陶鸡的定性因为史前人类的雕塑手法稚拙还有疑问的话，那么四川广汉三星堆出土的铜公鸡（参见四川省文物考古研究所《三星堆祭祀坑》，文物出版社，1999 年，第332～333页），至少在形态上是非常逼真的了。另外一件可能表现鸡的青铜器是早年流落海外的鸟形卣（太保卣）（参见刘敦愿《鸡卣与貘尊》，见氏著《美术考古与古代文明》，人民美术出版社，2007年，第188～192页）。河南罗山天湖晚商墓地还出土过玉鸡（信阳地区文管会等：《罗山莽张后李商周墓地第二次发掘简报》，《中原文物》，1981年第4期）。不过，也许严谨的学者会说，这些陶鸡、铜鸡和玉鸡都不能告诉我们它们是否家养。那么我们就来看看文献学方面的证据。

甲骨文是有"鸡"字的，有的写作雄鸡高冠之形（宋镇豪：《夏商社会生活史》（上），中国社会科学出版社，1994年，第371页）。

先秦文献有不少提到鸡，我们在这里只举几个比较可靠的早期文献。《诗经》多处提到鸡。比如《王风·君子于役》："君子于役，不知其期。曷至哉？鸡栖于埘，日之夕矣，羊牛下来。君子于役，如之何勿思？君子于役，不日不月。曷其有佸？鸡栖于桀，日之夕矣，羊牛下括。君子于役，苟无饥渴。"这是妻子思念夫婿远役无定的诗，黄昏时分鸡回巢了，牛羊也归圈了，这一切都让她触景生情，倍加思念远方的亲人。毫无疑问，这里的鸡是家养的，牛羊也是家养的。《郑风·女曰鸡鸣》："女曰：'鸡鸣'。士曰：'昧旦'。'子兴视夜，明星有烂。''将翱将翔，弋凫与雁。'"以对话的形式，表现了青年男女共同生活的快乐。如果把它翻译成现代诗，是这样的："姑娘说：'鸡儿唱。'哥儿说：'天快亮。''你起来看看啥时光，启明星正放光芒。''野鸭要飞了，大雁将翱翔，你快拿起箭来把弓张。'"（译文见金启华译注《诗经全译》，江苏古籍出版社，1984年，第183页）另一首《郑风·风雨》，描写一个"风雨如晦，鸡鸣不已"的早晨，妻子与丈夫久别重逢的喜悦心情，无疑这里的鸡也是家养的。远在山东半岛的临淄一带，家鸡也有清晨报时的功能。比如《齐风·鸡鸣》是这样说的："'鸡既鸣矣，朝既盈矣。''匪鸡则鸣，苍蝇之声。'"（"'鸡儿已经叫了，朝里人都满啦。''这哪是鸡儿叫，是那苍蝇嗡嗡闹。'"）（参见上引金启华译注《诗经全译》，第206页）上述这些诗都是东周初期的作品，远在公元前七八世纪，这说明在相当广大的地区，至少到春秋初年，家鸡已经相当普遍，并在人们的生活中发挥着重要作用。

再看《左传》。《左传》中除"鸡父""鸡泽"两个地名外，提到鸡的还有两个地方。《隐公十一年》："郑伯使卒出豭、行出犬、鸡，以诅射颍考叔者。"就是叫人杀猪、狗和鸡诅咒射杀颍考叔的人。"鸟兽之肉不登于俎"（隐公五年），也就是说野兽是不能用作祭祀的，这里的猪、犬和鸡无疑都是家养动物。隐公十一年正当公元前712年，这说明家鸡是这个时代重要的祭祀用品。《宣公十二年》说到"鸡鸣而驾"，肯定也是指的家鸡，这跟上述《诗经》里提到的"鸡鸣不已"是可以相互照应的。这一年是公元前597年。

先秦时期的鸡除了用作报时，用作祭祀的肉食，也还有专门培养的斗鸡。比如汉代成书的先秦古籍《列子·黄帝篇》就曾提到斗鸡。《尔雅》（公元前3世纪）曰："鸡大者蜀，蜀子雓"。郭璞注还提到"鸡大者蜀，今蜀鸡也。鸡有蜀、鲁、荆、越诸种，越鸡小、蜀鸡大，鲁鸡又大者。"说明至少在汉晋甚至远在先秦时代，鸡已有地区品种之别，这意味着家鸡的培育应有相当漫长的历史。

我们不用再征引其他古代文献，从上面随手检到的文献就已经知道，中国家鸡的历史，远早于汉景帝去世的公元前141年。即便现在动物考古学家未能把家鸡和野鸡的测量数据区分开来，我们也不应该把家鸡的历史后推到西汉初年。如果商周时期的鸡骨和鸡的各种雕塑、甲骨文的"鸡"不能确认为家鸡的话，至少先秦文献可以把家鸡的历史确切无疑地推到春秋早期，而这肯定也不是最早出现家鸡的时代。中国家鸡的培育历史到底有多久，还有待考古学家、动物考古学家和分子生物学家的继续探索。

（原载《中国文物报》2009年11月27日第7版）

独木舟是如何加工的

　　几年前，浙江萧山跨湖桥遗址出土了我国目前所知最早的独木舟。最近，浙江余杭临平茅山遗址又发现了良渚文化的独木舟。后者不仅是良渚文化的首次发现，也是目前我国发现的史前规模最大、保存最为完整的独木舟。这个舟发现于茅山遗址南部的一条古河道中，局部稍有残缺，头尖尾方，全长7.35米、最宽0.45米、深约0.23米，船沿厚约0.02米，由整段巨木凿成。

　　独木舟看起来非常简单，但是制造起来却费时费力，世界民族志的资料可以帮助我们了解它的制造过程。南美哥伦比亚亚马逊地区的泰瓦诺印第安人（Taiwano），是独木舟的主人。他们把大树砍倒，然后用可控制的火和斧、锛等工具，慢慢掏空树干，做出船舱来。如果这个步骤出了哪怕一点点差错，树干就可能爆裂，以前数天乃至数个星期的劳动就将前功尽弃。做这项工作的前一天，印第安人必须严格禁食某些食物，他们坚信，如果有人吃了辣椒，独木舟就一定会破裂。加工出船舱之后，如何将长短不一的木棍交叉横撑在独木舟两边的舟壁上，防止树干因降温导致的收缩，就成为造舟最大的难题（图一）。经常会看到五六个独木舟制造专家为该把多长的木棍横撑在独木舟两个舟壁之间而争论不休。一个独木舟的制造通常需要花费7到10天的时间

图一

（Richard E.Schultes, *Where the Gods Reign: Plant and Peoples of the Colombian Amazon*. Synergetic Press, London, 1988, pp. 290-291.）。

美国加州西北部的玉罗科（Yurok）和卡如科（Karuk）印第安人，居住在山区里以狩猎鹿、三文鱼和采集橡子为生，来往依赖河流，生活和生产都离不开独木舟。为了制作独木舟，他们先是挑选出合适的大树，放倒之后，粗加工出独木舟的模样。然后在冬季风干。次年春天，印第安人再用凿子、锛子或者用可控制的火——通常是把石块烧红放在树干上，一起把树干掏空。这样做起来的独木舟，船头和船尾作山状崛起（图二），船体很厚，非常坚固耐用（美国斯坦福大学坎塔博物馆，2011年3月参观记录）。

　　独木舟一般都是用一根完整的树干做成。砍倒大树，在没有金属工具的史前时代，并非易事。不少民族也是用斧、锛加火完成的。比如巴布亚新几内亚的库苦库苦人（Kukukuku），选好大树之后，靠着树干用树枝搭起一个

图二　〔陈星灿　摄〕

高约一米的平台，在平台上再垒起一个土灶，然后在灶上生火，等大树的树皮烤焦后，用石锛把树皮砍掉，依次逐渐向树干里面推进，最后达到砍倒大树的目的（Beatrice Blackwood, *The Kukukuku of the Upper Watut*. Pitt Rivers Museum Oxford, Oxford, 1978, pp. 54-56.）。

　　不同民族看起来制造独木舟的方法并不一致，使用的树木和独木舟的形状也颇不同，但是掏空树干、凿出船头、船舱和船尾的行为却也有共通之处。比如都是用斧、锛、凿之类的工具，很多民族在这个过程中使用了可以控制的火，为了防止船体破裂，整个制造过程既慢且小心翼翼，也可能伴随着某种禁食和其他仪式等等。跨湖桥文化和良渚文化的先民们，也可能就是这样制造独木舟的吧。

（原载《中国文物报》 2013年4月26日）

作为制陶工具的卵石

考古中经常会发现卵石，尺寸不一，多非常光滑，可能经过人工长期的摩挲；有的上面留有某种敲砸痕迹，显系人工作业的产物。加之这些卵石多发现在房屋、灰坑甚至墓葬之中，卵石本身虽然是河流长期冲刷的结果，但这样的卵石显然是人类搬动和使用过的文化遗物。近年来出版的不少考古发掘报告，对这类遗物多有描述，有的直接称为卵石，有的则称之为"卵石器"，但功能如何却罕有研究。我们参照民族考古学的材料，确认某些卵石是制陶工具，是拍打器壁时垫在陶器内部的"托子"或"垫子"。

这里只举几个例子。河南舞阳贾湖遗址发现过很多卵石，多是在遗址出土的，但也有在墓葬发现的，报告者把它们都归入石料一类。可惜只报道了几个墓葬发现的卵石，描述也非常简略。比如，M342随葬河卵石共6件。5件长条形，1件方形，除1件一端有敲击痕外，其余都没有人工痕迹；M369：2为一件稍大的河卵石；M486：3 为绿色砂岩河卵石。值得注意的是，这些卵石，都发现在女性墓葬或成年女性与少儿的合葬墓中。（河南省文物考古研究所：《舞阳贾湖》，科学出版社，1999年，第345页）

浙江萧山跨湖桥遗址，共发现过9件"卵石器"。均直接利用自然卵石，器身有摩擦或锤击痕迹。一类形态较窄长，一类略呈圆形。比如T0412（8）A：64，略呈灰褐色，圆形，微有摩擦痕，直径9、厚4.3厘米。（浙江省文物考古研究所、萧山博物馆：《跨湖桥》，文物出版社，2004年，第169页）

江苏高邮龙虬庄遗址，据报道发现卵石4件，都出在墓葬中。M363：1深黄色半透明，长5.4、宽3、厚1.6厘米，标本M189：2，浅黄色，长7.8、宽5.6、厚1.8厘米；标本M117：2，灰黑色，上有暗红色条纹，长5.6、宽3.4、厚0.8厘米。（龙虬庄遗址考古队：《龙虬庄——江苏东部新石器时代遗址发掘报告》，科学出版社，1999年，第325页）

因为描述非常简略，也无从观察上述卵石的使用痕迹，我们无法断定这些卵石是否都是制造陶器的工具，某些卵石显然也不是单一用途的结果。讨论这个问题，是为了引起大家的关注，在以后的考古工作中给予这类"卵石"更多的注意并加以详细的观察和报道。

所以注意到这个问题，是因为陶器民族考古学的调查中经常看到作为"托子"的卵石。即便在使用快轮的某些陶器作坊，也还能见到卵石。在云南傣族、台湾兰屿雅美族、花莲太巴塑阿美族、中原汉族等的制陶作坊中，均可看见这类卵石。

比如，"傣族制陶所用的鹅卵石一般都是从江边捡来，格外规整圆润，直径在4.5～10厘米之间。使用时一手握住卵石衬于器壁内，另一手则持木拍拍打器壁，利用内外的合力，可以使器壁更加致密结实，并形成制造者想要的弧度和形状。"（张海超：《曼斗傣族慢轮制陶》，云南出版集团

公司、云南人民出版社，2009年，第32页）

　　台湾太巴塱阿美族的托子，也是使用卵石，这"是一种圆形的鹅卵石，大小不一定，只要适于手的把握就行。它的功用在抵抗陶拍拍打的力量，不因陶拍的拍打而使器形有所改变，陶坯加大时，器形也因托子的衬托而随托子的形状加大。W.G. Solheim II 称这种拍打的技术为拍托术（Paddle-and-anvil technique）。这种技术的操作方法是这样的：右手持陶拍，左手拿托子，陶拍在坯外，托子在坯内，托子托住坯壁，陶拍在外拍打；打一下，转动陶坯换更一个部位再行

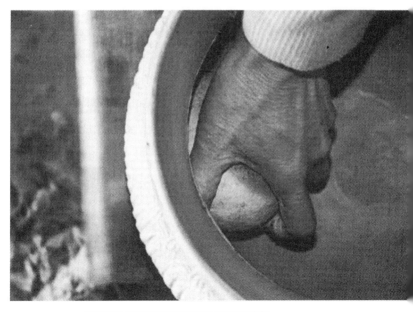

云南曼斗傣族陶工手握卵石衬于陶器内部

拍打，换位时，托子、陶拍同时更换。继续不停地拍打，直到需要停止时为止。"（石磊：《太巴塱的制陶工业》，《"中央研究院"民族学研究所集刊》，第十期，1960年，第85页）

兰屿雅美族称这种托子为"ipamarun-so-waga"，是采用扁圆形的卵石，使用时"左手持ipamarun-so-waga（托子），将其垫垫于泥桶里面，右手拿paparo（拍棍）由外面拍打，打成粗糙的罐形，此一手续称为paroun。"使用这种卵石作为内衬，除打出陶器的大致形状外，主要也是为了使陶坯质地紧密。（宋文薰：《兰屿雅美族之制陶方法》，《台湾大学考古人类学刊》，第九、十期合刊，1957年11月，第149～152页）

作为"托子"或者"垫子"的卵石，多是规则的卵圆形，因为长期使用，托子的器表光滑，这是判断考古出土卵石是否"托子"的主要依据；如果还有伴出的制陶工具，或者这类卵石就在陶窑附近或者就在制陶作坊出土，则可确认它是"托子"无疑。如此看来，上述考古发现的河卵石，也许并非都是制陶的"托子"；要看遗址出土的卵石是否"托子"，跟其他石器功能的判断一样，也必须根据它的形状、使用痕迹和共存关系来加以判断。

应该注意的是，古人磨光陶器，也用卵石，不过这种卵石，也不见得形状一定非常规整，在没有轮制的时代，用卵石做成的磨光工具在陶器表面反复摩擦，即可达到磨光陶器的目的。这样的卵石，在近代汉族农村的陶器制作中，还能看到。（付永旭：《河南巩义市北侯村现存的陶器磨光工

艺技术调查》，北京大学中国考古学研究中心编《考古学研究》第十集，2012年）

（原载《中国文物报》2013年5月24日）

贾湖骨牌——最早的信物?

　　贾湖遗址M282出土了一对骨器,发掘者命名为"骨柄",把它们放在工具类。编号为M282∶59和M282∶60的骨器,报告是这样描述的:"平面呈梯形,宽端呈圆弧形,靠窄端一半两侧边锯对称缺口四对,两件部位对应,似属同一器的柄部,缺口为扣合绑缚固定所刻。"(河南省文物考古研究所:《舞阳贾湖》(上册),科学出版社,1999年,第430页)这说明发掘者已经注意到两件器物可能是从同一骨器分裂而来,不过把两边的缺口解释为"为扣合绑缚固定所刻"。骨片"正面微弧,背面平",M282∶59,长9.68厘米,上端宽1.54厘米,下端宽3.11厘米,厚0.68厘米;M282∶60,长9.5厘米,上端宽1.66厘米,下端宽2.9厘米,厚0.68厘米(见图),虽然长宽略有参差,不像是从一个骨管的中间对剖而成,但比较两边的缺口,仍然可以判断,两个骨片是摞在一起契刻而成的,两片骨牌的缺口至少有一部分完全吻合(比如接近宽端的一对)。这样密集而狭小的契刻,很难解释为绑缚的缺

口，而很可能是史前人类借贷的信物。

民族学上有不少借贷的例子，比如海南昌江黎族地区，不久以前，还存在这样的风俗。日本人1939年曾对此有过比较详细的调查："以这样的方式制造出来的对牌，顾名思义要在中间纵向劈开，借方和贷方各持一半。如果借方欠债不还，贷方可以向其出示对牌，催促其偿还债务。如果借方偿还了部分债务，双方都要将对牌的相应部分切掉。债务全部还清之后，双方均废弃对牌。黎族人之间的借贷，大多没有固定的偿还期限，也没有利息。对牌的制作，一般在长老的监督下进行。此时，按照习惯大家要一起喝酒。在调查地，对牌仅用于黎族人之间。但在其他地区，黎族和汉族之间也使用对牌"（冈田谦等：《黎族三峒调查》，民族出版社，金山等译，2009年，第211～213页）。这样的对牌，一般用竹管制成，直径在8毫米左右，长度因刻纹的大小、数量不同而有所不同，一般在18厘米以内。竹管的表面用小刀刻上刻纹，纹与纹之间的间隔在3～5毫米，数量和所借银币或牛的数量相同。

云贵地区的彝族也有这样的风俗。他们定期以丑戌日集市，市集以牛街狗街为名并出现了交易借贷，在此过程中形成了刻木为信之俗。《滇系》载，黑罗罗"交易称贷无书契，刻木而折之，各藏其半。"负债人偿还债务后，则将债权人手中所执之半片收回。（巴莫阿依嫫等：《彝族风俗志》，中央民族大学出版社，1992年，第62～63页）。

中华人民共和国成立前，云南红河哈尼族农民给地主交租，按租金多少在木片或竹片上刻缺口，然后一剖为二，地主和农民各执其一。每一缺口代表多少钱数是不一致的。一般是一缺代表一秤（每秤25公斤谷子），有时一缺还代表更大数字。（汪宁生：《从原始记事到文字发明》，见氏著《民族考古学论集》，文物出版社，1989年，第20页。）

贾湖出土骨牌的墓葬，是一个双人合葬墓，墓主人分别是一个35岁和45岁的成年男性。两块骨牌似乎是放在一起出土的，位于墓主甲左侧与膝盖平齐的位置。该墓葬随葬品多达60件，骨器众多，除了骨牌，还出土骨渔镖、骨镞、骨针、骨板、骨料；也出土牙削、牙锥、牙刀、龟甲、石子、石斧、石凿、砺石和陶罐、陶壶等等，是相当富有的。墓主甲身首异处；墓主乙只见半个下颌骨，且出土在甲的胸部，似乎皆不是正常埋葬的墓葬。在这样的墓葬里，随葬着一对可能是借贷信物的骨牌，背后的原因我们很难猜测。但也许正是由于债权人或者借贷人的死亡，导致没有了结的借贷关系也随之消失。最后还把借贷的信物，也放在债权人或者借贷人的墓葬里，把借贷关系也一起埋葬了。

已有学者发现，比贾湖稍晚的江苏金坛三星村等遗址已经出土过类似的更加精致、繁缛的骨牌，说明借贷是史前时期比较普遍的一个现象（王鹏：《论三星村遗址出土的板状刻纹骨器》，《文物》2012年第9期）；贾湖骨牌的发现，意味着至少在距今八九千年前的贾湖文化时期，借贷就可能已经开始了，不过可能没有海南岛黎族的借贷对牌那样复杂，但推测性质应该是大同小异。贾湖的骨牌不见得是两面对剖的骨牌，而很可能是把两个大致相当的骨牌，摆在一起契刻完成的；原始雕刻工具的笨拙，造就了刻口的某些错

位，这是可以理解的。当然，也可能还有另外一种可能，就
是这两个骨牌，都只是掌握在借方或者贷方手里的信物，与
之完全对应的另外两个骨牌，并不在这个墓葬里。

（原载《中国文物报》2013年7月19日第7版）

考古杂谈

新世纪我们做什么

——中国新石器时代考古学的片断展望

　　傅斯年先生在《历史语言研究所工作之旨趣》一文中，对学问的境界有三个界说：其一，"凡能直接研究材料，便进步。凡间接的研究前人所研究或前人所创造之系统，而不繁丰细密的参照所包含的事实，便退步"。其二，"凡一种学问能扩张他研究的材料便进步，不能的便退步"。其三，"凡一种学问能扩充他作研究时应用的工具的，则进步；不能的则退步"。这样的原则，也同样可以应用于新世纪的中国新石器时代考古学研究上。

　　首先在考古学田野工作中，还存在许多的地区不平衡。如果说黄河和长江流域的研究比较深入的话，许多其他地区的考古学工作还亟待开展或有待深入。即便在黄河和长江两个大的流域，也存在很多小的地区之间的不平衡，因此极大地影响了我们对中国古代文化起源和发展的认识。我们现在得到的关于中国史前文化的认识，虽然远比20世纪初年甚至20世纪70年代以前来的准确和全面——这也是世界许多地区的普遍情况，跟20世纪考古学的重大进展有密不可分的关系——但毕竟还是粗线条的；根据目前材料所得到的，它与历史的真实肯定还有很大的距离，因此在经济建设任务日益繁重的情况下，如何处理好经济建设和考古工作的关系，尽可能有效地抢救地下文物资源，建立详尽的地区考古资料档案，填补地区发现的空白，对于研究中国文明的起源和发展，对于研究中国古代文明的形成和发展机制，都有至关重要的意义。

其次，同样在考古学的田野工作上，我们还有大量时间上的空白，差不多各个地区都有。比如，在黄河流域，我们已经将中国文化的起源追溯至公元前五六千年前的前仰韶阶段。这个阶段有相当成熟的粟作农业，有定居的村落，有成片的墓地，人口规模似乎也相当可观，它的前身是什么？从更新世晚期的采集狩猎文化如何发展到定居的农业文化，其间的真正动力是什么？这是一个国际化的大课题，但也关系到中国文化的起源问题。如果说旧石器时代的中国已经显示出在文化和工业上的分区和不同，这个不同能否同新石器开始以来的文化格局和发展模式联系起来？换言之，中国文化的根能否追溯至旧石器时代？如果发现上的时空空白在新的世纪有更多更重要的填充的话，能够有更细致而又准确的文化编年的话，我们对于中国古代文化的认识将会更加丰富，也必将更加接近历史的真实。

中国古代史一向就是华夏民族史。这当然是传统古史的观念，却也对中国新石器时代考古产生了很大影响。事实上，从考古学研究中国文化的起源和发展，离不开对周边地区各文化的深入了解和研究，如果说已有的工作已经对传统上视为"蛮夷之地"的中国边疆地区有了一定程度的了解的话，那么对于周边国家的研究可以说还没有正式开始。参与这些国家以及其他古代文明发生地区的田野工作，获得第一

手材料。对于深入研究中国文化的发展和特征无疑具有重要
意义。这应当是在新世纪为之努力的一个方向。

　　与傅斯年先生早年倡导所不同的地方，是我们在过去的
岁月中，已经积累起相当数量的第一手材料。如何公布、消
化、研究、保管和应用已有的材料，成为摆在几乎所有研究
单位和研究者面前的问题。在将来田野材料增加日多的情况
下，这个问题将变得愈益突出。其实这也是一个世界性的难
题，值得我们认真加以研究。

　　中国新石器时代考古学虽然一开始就有地质学和人类学
的传统，但是，由于中国古代悠久的编史学传统和近代以来
追踪本民族历史根源的需要，中国新石器时代考古学实际上
是中国历史学的延伸。如何正确地处理大量的考古材料和古
史传说的关系，防止"疑古"和"信古"太过的倾向，建设
一部翔实可靠的中国上古史，仍旧是我们新世纪追求的一个
主要目标。但是，与历史时期的考古学不同，中国新石器时
代考古学其实有它自己的特点和研究手段，如何把地质学传
统和人类学传统继承下去并发扬光大，在做好文化史建设的
基础上，如何使中国新石器时代考古学更加科学化，依旧是
我们面临的一项紧迫任务。

　　中国新石器时代考古学的科学化问题，其实在很多情
况下就是博斯年先生如何"扩充材料"和"扩张工具"的问
题。在从调查、发掘的具体方法到室内分析的手段应用方
面，从世界范围看，20世纪后半期都是进步最快的一个时
期。各种手段的应用，为我们在人力和财力资源十分有限的
情况下，尽可能多地提取涉及古代人类生活方方面面的资

料，提供了可能。在这方面，中国虽然已经有所涉及或者已经取得一些成就，但是总的看来，与国外发达国家相比，还有很大的距离。比如对考古遗物的提取和分析，主要的工作还是着眼于类型学和年代学的分析，其他重要的、关系古代人类生产、生活的大量工作，比如遗留物的提取和分析、使用痕迹的观察和分析以及更重要的实验考古学的研究等等，则几乎没有开展，与此相关的大量资料，任其失去，这方面的情况恐怕是新的世纪亟待扭转的，否则50年后的中国新石器时代考古学恐怕还是现在的样子，无非是增加了一些文化史的材料而已。因此，如何把国外已有的成功经验接受过来，扩张发现新材料的工具，达到扩充新材料的目的，则是非常艰巨的一项任务。新的研究领域的开发包括新的研究手段的应用和新的信息资料的提取，多学科综合研究必将在这个方面发挥更大的作用。

在把具体的考古材料转换成历史学的语言之间，有一个中介，这个中介就是大量的综合和专题研究，没有这个中介，考古材料就很难转换为历史的语言，变成历史的知识为人接受。这方面的工作，应该说还远远不够，随着资料的积累，任务会更加艰巨，其实这也是扩充新材料——综合的新材料的一个重要领域。

作为世界有影响的大国，中国所处的地理位置和其在历史上发挥的重要作用，都说明中国考古学对于世界历史一般性法则的认识，具有不可替代的价值。在新的考古材料和新的结论的基础上，21世纪的中国新石器时代考古学有望而且应该对世界古代文化演化的法则，做出自己的贡献。即在考古学理论和方法论的建设上，中国考古学家也会根据自己的实际情况，对世界考古学理论和方法论的建设做出自己的贡献。问题的关键，套用张光直先生的话说，首先是我们必须了解世界考古学的关键问题、核心问题，跳出中国的圈子；其次，研究中国丰富的资料是否可以对这些属于全世界的问题有新的贡献；第三，如果有所贡献，能不能用世界性的学者（即不限于汉学家）都能看得懂的语言写出来（张光直：《考古人类学随笔》，生活·读者·新知三联书店，1999年，第79～81页）。要真正做到这一点，又跟教育有关，即新的一代考古学家必须具备符合这些要求的综合素质。

　　要之，新世纪的中国新石器时代考古学，任务更艰巨，前途更光明，可以有作为的地方也更多。我们已经走过了近80年的历程，以此为基础，中国新石器时代考古学必将为更深层次地认识中国文化起源和发展的历史及其动力机制，为建立和发展适合中国的新石器时代考古学方法论，为世界历史一般法则的认识，做出自己应有的贡献。这，应当是没有疑问的。

（原载《东南文化》 2000年第1期）

全覆盖式（拉网式）区域调查方法试谈

——从伊洛河下游区域调查说起

陈星灿　李润权　刘莉

我们在伊洛河流域的研究项目，采用全覆盖式（full—coverage）也就是拉网式的考古学区域调查方法。这里就该方法在理论、实践和分析方面的意义，略作陈述，以供大家讨论。

有些考古学家认为，地面调查只可能产生一些假说，这些假说如何还要接受发掘的检验（Kowalewski and Fish1990）。这个说法不完全正确。发掘和调查的结果实际上是互补的。我们的研究显示，拉网式调查可为整个地区提供非常丰富的资料，为许多人类学问题的讨论提供合适的框架，使有限的考古资源得到更好的利用。调查和发掘的重要性，在很大程度上取决于研究者所要解决什么问题。

这个方法与传统的调查方法至少有三个方面的不同。首先是它更细致、更系统。我们不会根据经验假设什么地方有遗址，然后才去寻找，而是覆盖所有的被调查地区。其次是记录的方法，也较以前的调查更准确。第三是调查的深入程度大大提高。我们详细记录地表遗物、遗迹的分布范围，在非单一文化遗存的遗址，我们还会尽可能准确地标出不同文化遗存的分布范围。尽管地表调查有许多的局限性，比如后代的各种扰动造成地表分布的假象，但是我们的方法在整个地区是一致的。

拉网式调查是对一个较大地区的系统调查。我们在伊洛河下游地区采取的拉网式调查，根据地形变化，调查者一般排成一个横队，通常两个调查者之间以25～50米的间距，向前推进。陶片、石器和其他的古代遗物、遗骨都在采集的范围之内。沟坎和地面上暴露的灰坑、墓葬、房基等遗迹，则作较为详细的记录，同时采集土样，以备浮选和孢粉、植硅石分析之用。遗迹、遗物的发现，则标在1:10000的地图上，并根据不同时代遗物的分布，划出该时代遗址的范围。遗址特别是遗迹分布密集的地方，则根据卫星定位仪（GPS），标出它的具体位置。

因为我们的目的在于研究复杂社会的进化过程，聚落的分布规律、聚落之间纽带的辨认、不同类型遗址之间的相互关系、遗址与资源的关系等等，都对我们的研究至关重要。根据拉网式调查所得到的考古遗址分布图，与其他相关的信息相结合，是确认上述各种关系的第一步。此外，区域调查还关注人口变化、战争、人与环境的互动关系等等，这些因素对于理解社会进化过程也同样至关重要。

让我们再回到调查深度是否符合我们的研究目标上来。拉网式调查的深度，如果排除成本不算，很大程度上取决于研究者所要解决的问题。考古遗迹是由古代人类的各种活动遗留下来的。对我们来说，首要的目标是把先秦各个时代的遗址标到地图上去，我们可能会错过小规模人口个别活动或临时活动留下的遗迹和遗物，但如此细致的调查很难错过任何真正的居住遗址。不过考虑到中原地区人口密集，许多现代大型村落和城镇肯定覆盖了一些古代的遗迹遗物，也难免使调查有所遗漏。尽管如此，所有这些缺憾并不妨碍我们对整个地区聚落形态的分析。因为就我们的调查说来，似乎很难错过大型的中心聚落。另外，我们也可以在聚落分布上观察到某些很显著的不连续现象，这种不连续很可能反映了重要的问题，比如可能是两个敌对政治实体之间的边界（Parsons 1990），也可能是领土的组织方式问题（Kowalewski 1990），还可能是经济方式不同或者环境不适宜使然。

另外一个问题，是我们必须提到的地表调查的固有局限性。这些局限造成的偏差有些可以补救，有些则很难处理。比如施农家肥把古代的遗物推到原本不存在的地方，这种偏差可以通过钻孔解决，实际上至少在两个地方肯定了我们的怀疑，因为钻孔显示这些地方根本没有古代遗迹。施肥和深翻土地等后代的人类活动，还可以通过地方史料和与当地农民的对话了解。水土流失造成的同一遗址的断裂，可以从两地点文化层的连续上得到复原。但是另一方面，我们却无法解决诸如水土流失、侵蚀等等自然、人文现象造成的遗址消失等问题。尽管如此，我们相信拉网式调查方法可以为聚落考古的研究提供很高质量的资料。

大多数拉网式调查都在干旱和半干旱的地面裸露的环境下进行（Kowalewski and Fish 1990）。伊洛河下游就这种调查方法说来，不是一个理想的地区。考古遗存被年复一年的作物种植、犁耕和农民的各种活动所破坏，为了克服这种困难，我们在不同季节对某些重要遗址进行了多次考察。虽

然这种考察使我们的调查速度放慢，但是却为我们整个的聚
落考古提供了更扎实的资料。要紧的是，这里不是一般的地
区，而是中国古代文明的核心区域。

Jeffrey Parsons领导的墨西哥河谷的调查项目，产生了
非常丰富的高质量的聚落考古资料。如今已经有至少四个研
究课题使用这些调查材料开展他们自己的研究工作。在所有
这些课题中，研究者都试图采取新的分析方法和解释框架对
有关社会政治组织的重要问题做出回答，而这些新的方法和
解释框架在原调查者的计划中并不存在。但是所有这些后来
的研究都需要关于遗址位置和区域范围内遗址相互关系的准
确资料（Parson1990）。我们也希望给未来的学者提供类似
的准确资料。调查只能给古代社会的社会政治结构建立一个
框架，只能在许多其他更细致的研究工作全部完成以后，我
们才能对古代的社会组织有更深入的了解。事实上，我们的
调查项目已经使一些学生发生浓厚兴趣并开始以这些资料为
基础，开展他们自己的研究工作。

在伊洛河下游考古遗址快速消失的今天，我们采用的系
统的拉网式调查方法是抢救考古资料的最佳途径。不如此，
这个中国最早期国家起源的核心地区的聚落考古资料，很难
不面临被破坏的危险。

（原载《中国文物报》 2002年2月20日第7版）

让考古丰富我们的历史

　　人类大概是唯一对自己的历史感兴趣的动物。远的不说，2009年岁末，美国《新闻周刊》盘点年度世界十大科技发现，从100多个碎片拼合起来的、生活在埃塞俄比亚的人类最早祖先"阿尔迪"，竟成为十大科技发现之首，令全世界为之瞩目。稍后，河南安阳安丰乡西高穴村发现曹魏高陵的消息，又让中国乃至东亚的公众兴奋不已。除了街谈巷议，互联网的存在，使人人都能加入到对曹魏高陵真伪的公开辩论中，考古学好像从来没有被这么多人关注过，评论过，非议过，抨击过，考古工作者好像也从来没有这么近距离地被公众审视过，评判过，他们的一言一行好像都放在了公众的显微镜下。

　　好在，这一切都是因为跟曹操有关，而中国的民众是没有几个不知道曹操的。其实，中国的考古新发现，每年数以百计，真正吸引公众眼球的可谓寥寥无几，而像西高穴曹魏高陵这样牵动全民神经的，可谓前无古人。考古学是通过物质文化了解人类历史的学问。有文字的人类历史，不过5000多年，此前数百万年之久的人类历史，全赖考古学家的辛勤劳动。就中国而言，从一百万年前后的陕西蓝田人到一万年前的北京山顶洞人；从万年前后的上山文化到公元前两千纪上半叶的二里头文化，中国的史前史几乎全部是考古学家一铲一锹挖出来的。如果不是他们的辛勤劳动，我们对人类远古历史的认识，也许还停留在虚无缥缈的神话传说水平上。其实，即便是成文时代的历史，即便我们承认中国人是最重视写史的民族，留下了汗牛充栋的文献，但是上自王公贵族，下至黎民百姓，没有留下文字记载的他们的"史前史"也还只能通过考古学家去发掘、去复原，历史也才因之变得更丰满、更充实、更多样、更复杂、也更有看头。比如，近年来发掘的陕西蓝田北宋吕氏家族墓、山西黎城黎国墓、陕西韩城梁带村芮国墓等等，虽然这些家族和王国在历史上多多少少都有些文字记载，但历史记载从来也不肯在有些地方浪费笔墨，这些墓葬的发现，不仅让我们对这些家族和王国的物质文化和精神风貌有一个全面的了解，也让我们对那个时代有了更加真切的体验。至于那些完全被人们遗忘的遗址、墓葬或者矿山、窑址的发现，那就不仅仅是传统意义上的"证经补史"；在这里，考古之于历史复原的价值，与史前史的重建并无不同。

正如文献需要辨伪，地下的古代遗迹和遗物也要经过科学的发掘，才能成为真实可靠的材料。材料本身固然是古人留下的物证，但是对材料的解读甚至描述，却又跟作为解释者的考古学家有莫大的关系。考古学对历史学的贡献，不仅仅在于提供材料，也在于解释材料。考古学家对考古材料的解释，跟历史学家对文献的解读并无本质不同，不过对象有别，手段有别罢了。两者的相同之处在于，所有的解读和解释都跟他们所处的时代有关，跟他们个人的天资和修养等等有关。历史也就在历史学家和考古学家等等的不断努力下，把它的不同面向、不同遭遇、不同表象，或深或浅、或直或曲、或真或幻地重建起来了。到最后，连解释者自己，也终于走进历史，成为他或她所研究的那段历史的一个组成部分。

（原载《人民日报》2010年1月14日）

揭秘中国早期国家的资源策略

——以灰嘴遗址为例

以伊洛河下游平原为中心的二里头文明（约公元前1900～前1500年），常常被视为夏王朝的代表；虽然目前还没有确切的证据证明二里头遗址就是夏王朝的晚期首都，但学界几乎无人否认二里头文明是一个初步发达的国家社会。五十年来的众多考古发现证明，二里头遗址的面积可达300万平方米，仅夯土遗址密集分布的所谓宫殿区，即逾10万平方米，里面有对称分布的多组夯土基址；二里头出土过青铜容器、玉器、绿松石和白陶等贵族用品，也发现过面积虽然不大，但规格较高的贵族墓葬，宫殿区南侧还发现过青铜作坊和绿松石作坊；对伊洛河平原的系统聚落调查，则显示二里头时期的聚落严重分化，二里头成为该地区的统治中心；而墓葬和居住遗址所显示出来的社会分化，确切无疑地表明二里头文化已经演变为可分为统治者和被统治者的阶级社会。

作为中国腹地的早期文明，二里头拥有无与伦比的农业资源，肥沃的伊洛河谷为这个人口众多的城市（据学者估计，二里头遗址的古代居民可达30000人）提供了充足的粮食。但是，要维持这个文明的正常运行，几乎所有其他的重要资源，都必须从伊洛河平原周边甚至更远的地区获得。通过众多学者的研究，我们知道，铜和与青铜冶炼有关的锡、铅等矿物资源，是从山西南部的中条山甚至更远的长江流域获得的；绿松石也可能是从长江中游辗转而来；与人类生活密切相关的食盐，则采自山西南部的河东盐池；凡此等等，都说明二里头文化的扩张和壮大应该同这些重要自然资源的攫取有密切关系。而二里头时期只在二里头中心遗址发现青铜器和绿松石作坊的事实，更让我们相信，以青铜铸造为中心的手工业，是由高级贵族控制的官营手工业，这实际上也是世界上不少早期文明的共同特点。但是，一个文明，除了需要这些高等级的贵族用品，还需要大量跟日常生活、生产相关的其他原材料，实际上贵族生活也离不开这些资源。比如，日常生活、生产最重要的石器、石料从哪里来？用于建筑和薪柴的木料从哪里来？这些，都需要我们加以深入的研究。我这里只是以灰嘴遗址为例，来说明石器的来源问题。

位于二里头遗址东南部约25公里的灰嘴遗址，坐落在河南偃师南部的嵩山脚下，是我们在中国和澳大利亚联合考古队多年来深入调查的基础上发现的一处重要的石器制造场遗址。经过5年的发掘，出土了大量以鲕状石灰岩为主要石料的石器的毛坯、半成品和与生产石器相关的石片、石屑等废料。大量证据显示，这是一处以加工牛舌状的长条形石铲为主的专业石器加工场。大量的石铲半成品和相关的石片、废料，与数量极少的石铲成品形成鲜明对比，说明石铲主要是提供给其他聚落的。地质调查表明，石料来自嵩山北侧范围不大的山坡上，石料出产地距离遗址最近的地方，不超过3公里。我们的调查证实，古人在开采石料之后，在距离采石场不远的山脚下进行粗加工，然后把粗坯运往石器作坊——这也是我们在灰嘴遗址没有发现与初级加工相关的大型石片、废料的原因；我们所做的石料开采和加工的实验也证明了这一点。灰嘴遗址分为东西两部。东址延续时间较长，从仰韶时代（约公元前4500～前2500年）一直到二里头时代都有人类定居，西址则只有二里头时代的遗迹。发掘证明，以石铲加工为业的灰嘴人，早在二里头文明之前的龙山时代（约公元前2500～前2000年）晚期，就已经开始比较规模化的专业石铲生产了。灰嘴东址上遍布鲕状石灰岩的石料、毛坯和石片，2002年发掘的灰坑H101，分为上下两层，仅上层就发现4420个石片和石屑、1件毛坯、20个石块和91个白色烧石。该灰坑底部还发现一个倦屈的男人骨架，他的面前正对着一条小狗。数十个灰坑里除了上述跟石器生产相关的工业垃圾之外，还出土动物碎骨、装饰品、陶片等生活垃圾；灰坑附近也发现有房址及众多其他跟生产、生活相关的遗迹和遗物，显示这里既是石器专业化生产之所在，也是人们的日常生活区域。没有证据显示人们已经脱离农业生产，因此，我们倾向于认为，从龙山时代开始，灰嘴遗址就一直是一处以石铲加工为主的半专业化的生产中心，石器生产很可能是农闲时节的工作。二里头时代，石器生产规模扩大到灰嘴西址，整个遗址的面积可达25万平方米。西址的发现显示，该时代的石器生产，仍然以石铲加

工为中心，生产方式也同龙山时代相仿佛。我们推测，家
庭作坊式的半专业化的生产模式，可能从龙山时代一直延
续到二里头时代，不同的是，这个时代的石铲加工业，很
可能已经纳入二里头文明的整个政治经济体系。

二里头遗址出土了数量众多的石器，也发现不少石
铲，石铲跟农业生产和房屋建筑均密切相关。我们的研究
显示，作为中心城市的二里头遗址拥有种类繁多的各种石
器，可以肯定以鲕状石灰岩为主的石铲至少有部分应该是
从灰嘴而来。我们的调查还发现，跟灰嘴同样性质的石器
加工场遗址，至少还有三个，均分布在灰嘴周围东西一线
的嵩山北侧，分别通过旁边的河流跟伊洛河相连——它们
跟灰嘴遗址的关系尚不明了，但可以肯定的是，这些遗址
不仅给二里头，也同时给整个伊洛河盆地的众多遗址提供
了石铲。这种特殊质料的鲕状石灰岩石铲甚至远播到洛
阳盆地以西的渑池县郑窑遗址，东西绵延百多公里，为二
里头文明的繁荣和发展做出了独特的贡献。不仅如此，灰
嘴遗址大量发现的白色烧石，还可能提供了石灰加工的证
据，石器加工与石灰生产很可能是灰嘴遗址两个相互关联
的专业化产业，因为宫殿、宗庙和普通地面建筑的施工都
离不开石灰，石灰是龙山时代和二里头时代人们生活水平
提高的一个显著标志。

如果说以青铜容器铸造为代表的手工业是二里头城市
中心高级贵族的"王室工业"，那么以石铲甚至石灰为主
要产品的石器加工业，就很可能只是次级甚至更低级别的
非中心聚落的半专业化的"私营手工业"，换言之，后者

很可能是一个非国家控制的非贵族用品的加工业。二里头城市中心及其他不能生产石器的聚落，通过某种方式获得这些非中心聚落的产品，后者则通过输出石铲甚至石灰，获得财富和必需的生产、生活用品。二里头国家通过这样的方式，把中心和边缘纳入其庞大的政治经济体系中。

（原载《中国社会科学报》2010年1月14日）

中原地区墓葬新传统的开启

　　大致说来，中国古代的墓葬经历了从椁墓到室墓的变化，两者的分界在汉初。所谓椁墓，就是我们常说的土坑竖穴墓；而所谓室墓，则多指洞室墓，就是可供生者进入墓葬的单室或多室墓。公元前两千纪后期河南安阳商王武丁的配偶妇好墓，和河南密县打虎亭东汉晚期大墓，就分别是所谓椁墓和室墓的典型代表。

　　与有两千多年历史的室墓相比，椁墓的历史要长得多。在中原地区，椁墓的传统至少可以追溯到距今七八千年前的裴李岗文化时期。从裴李岗文化直到仰韶文化早期，流行土坑墓。这时候的墓葬，还没有椁，木棺也还处于草创阶段，大多是挖一个浅浅的土坑，把人埋入土坑了事。比如著名的西安半坡遗址，墓葬多集中在居住区以北的墓地之中，绝大多数为单人仰身直肢葬，也有多人合葬墓。有随葬品的不到二分之一，随葬品多是日用陶器，以五六件为常见，基本组合是罐、钵、尖底瓶或壶，有的陶器还在埋葬前被有意打破。显示生者对生与死已经有非常清楚的概念。半坡的152号墓，埋葬一个小孩子，土坑竖穴，骨架四周竖立木板，木板周围还有二层台，可能是为平行放置盖板设计的；墓中随葬陶器6件，还有石珠、石球、耳坠等多达70余件。其中的两个陶钵里，还装着粟，这说明"事死如事生"的观念已经相当流行。

但是，在以庙底沟文化为代表的仰韶时代中期，长期以来没有成规模的墓地发现，我们对这一时期的埋葬习俗所知甚少。这种情况直到最近河南灵宝西坡遗址庙底沟文化晚期墓地的发掘，才为我们提供了一窥堂奥的机会。目前已经发掘的西坡墓地，是首次发现的仰韶文化中期墓地，共发现34座墓葬，它们具有如下特点：1.墓葬有大小等级差别。以8号墓和27号墓为代表的大墓，墓口面积均超过12平方米，而以1号墓为代表的小墓，墓口面积只有2.07平方米；前者的随葬品分别多达11件和9件，后者则一无所有。2.几乎所有的随葬陶器都是专为死者制作的明器，而一些墓葬出土的玉钺（实际上就是斧），少见使用痕迹，也不排除是明器或祭器。3.不少随葬陶器的墓葬都有一个专门开辟的脚坑，即在人骨脚部外端，设置一个专门的空间，多略低于人骨所在的墓室，但又与墓室连通。4.几乎所有的墓葬都有二层台，在8号、27号和29号大型墓葬的人骨上方，还发现有横置于二层台上的长短不一的木盖板，盖板上还铺盖麻布。5.随葬陶器类型固定，多是釜、灶、碗或钵、壶、簋形器，大墓如8号和27号墓则随葬一对外壁有彩绘的大口缸。6.随葬陶器虽然皆明器，但也有把明器的底部或者器身有意弄穿孔的，如M29：5陶簋壁上有三个小穿孔，M24：6带盖筒形杯底部有一个近圆形的孔。中原地区墓葬在这个时代虽然至少已有数千年的历史，但随葬明器和墓内分隔空间的传统，也可以说是从西坡滥觞的。

中原地区以明器作为随葬品的传统，始见于仰韶文化早期的河南淅川下王岗遗址。下王岗仰韶文化二期墓葬，多二次葬，其随葬的陶器，以明器为主。该遗址同期的一次葬则多随葬实用器，发掘者因此解释明器是专为从外地迁回原氏族公共墓地的旧死者所做。虽然明器的传统至少可以追溯到仰韶文化早期，但是在中原地区，在单人一次葬的墓葬里大规模地随葬明器，却是从西坡开始的。除此之外，中原地区樟墓分室埋葬的传统，也可以说是从西坡开始的。把随葬品单独放置在脚坑或者脚箱里，也许是人类不同生活空间在地下世界的初步体现。商周时代的樟墓，有头箱、边箱和脚箱种种区别，分别埋葬不同种类的人牲和随葬品，暗示生前居所的不同部分。西坡墓葬分室埋葬死者及其随葬品，显然还处于非常初级的阶段，因为更多的墓葬只是把随葬品置于脚端，并不挖作脚坑的形状，做成一个单独的或者半封闭的空间。

其实纵观西坡墓葬，随葬品可略分为三类：一类以陶器为代表，是典型的明器。其制作粗糙、颜色单一、火候较低，一望而知与庙底沟文化日用品的区别。还有一类应该是死者生前所用之物，比如插在头上的骨簪之类贴身之物。这类东西非常少见，8号墓头骨前方放置的骨箍形器，也可能属于这类东西。这就是先秦文献中的所谓"生器"。另外还有一种石块，多见于死者头前或脚后，形状不规则，多无明显的加工痕迹，也许就是祭祀中死者亲人留下的祭祀物品，或许可以称为"祭器"。荀子曾对生器和明器做过精辟的概括："具生器以适墓，象徙道也。略而不尽，貌而不功，……是皆所以重哀也。故生器文而不功，明器貌而不用。"（《荀子·礼论篇》）清儒王先谦对此的解释是：
"生器，生时所用之器。《士丧礼》曰'用器，弓矢、耒
耜、两敦、两杅、盘匜之属。明器，鬼器，木不成斫，竹不
成用，瓦不成沫之属。《礼记》曰：'周人兼用之。'以言
不知死者有知无知，故杂用生器与明器也。"（王先谦：
《荀子集解》，《诸子集成》第二卷，上海书店，第245
页）商周时代的随葬品，确实往往是兼有"生器""祭器"
和"明器"，比如著名的妇好墓，就可能随葬了这三种物
品。如此看来，这个传统显然也可以追溯到公元前3200年前
的庙底沟文化晚期。

如果说把日用品打烂随葬，是强调了生死之间的区别和
断裂的话，那么专门为死者制造的明器，则更是如此。所谓
"貌而不功"，显然是提供给墓葬中的死者使用的。明器的
出现，就此延续不绝，一直延续到晚近的历史时期。

如前所述，在中原地区，二层台的传统可以追溯到距
今6000年前的仰韶文化早期，它的出现，开始可能只是为了
铺设棺盖，半坡152号墓可作这种功能性推测的一个证明。
西坡墓地开启了大量使用二层台的传统，已发现棺盖板的墓
葬，盖板皆横铺在二层台上，随葬品则几乎无一例外地放置
在墓穴或脚坑里，也说明二层台最初的功能不过是为了铺设
盖板。当然，这时候的大墓，既大且深，比如8号墓墓圹长
395、宽309、深220厘米，二层台距离地面179厘米。设置宽
约90～91厘米的二层台，显然也有方便死者下葬的意思。二
层台的设置，客观上为在墓内开辟更多的空间打开了方便之
门。二层台、把墓葬分成安置死者的墓穴和安置随葬品的脚

坑、初级的木棺和同时随葬"生器""明器"和"祭器"的现象，显示除了社会的等级分化之外，中原地区的社会复杂化自仰韶中期开始具有更加丰富的内涵。

（原载《中国社会科学报》2011年1月4日）

庙底沟时代：早期中国文明的第一缕曙光

庙底沟遗址的发掘
证明仰韶文化是中国古代文明的前身

在1956年河南陕县庙底沟遗址发掘之前，仰韶文化已经发现了35年。安特生发掘仰韶村之后，把它的半月形的、长方形的穿孔石刀，和华北地区当时还在流行的农具，比如形状近似的穿孔铁刀加以比较，把它的三个空足的陶鬲，与传世的商周时代的青铜鬲和金文的"鬲"字加以比较，认定仰韶文化是"中华远古之文化"，是汉民族远古祖先的文化。但是仰韶文化最为引人注目的彩陶，却没有在中国的任何文献里留下只言片语，他只好到外国去找寻它的来源。此前考古学家已经在今天土库曼斯坦的安诺和乌克兰的脱里坡留等地，发现了彩陶的遗物，纹饰又有几分接近，所以安特生很自然地提出了仰韶文化西来的假说。

仰韶文化发现之后，中国的考古学家和历史学家，也把仰韶文化和当时已经发掘的殷墟商文化加以比较，虽然认定两者有关系，但关系并不密切，或者像李济先生所说"殷商文化之代表于小屯者，或者另有一个来源，仰韶和它的关系最多不过像那远房的叔侄，辈分确差，年龄确甚难确定。"（李济：《小屯与仰韶》，见《李济考古学论文选集》，文物出版社，1990年，第240页）在这个思想指导下，不久就在山东历城的城子崖遗址，发现了龙山文化。龙山文化的发现，不仅认为替殷墟商文化找到了"老家"，也把对"中国黎明期文化的认识"提到了一个新阶段。

龙山文化发现之后，中国考古学家经过比较研究，提出龙山文化自东向西、仰韶文化自西向东发展的二元对立学说，还认为这种发展的结果是在河南中西部地区形成所谓"混合文化"。仰韶村既发现彩陶，又发现龙山黑陶的现象，就被认为是这两种文化混合的结果。这种认识，一直延续到庙底沟遗址发掘的前后。

我们知道，安特生在仰韶村的发掘，是把上层的龙山文化和下层的仰韶文化混到一起来了。虽然早在1937年，尹达先生就给予正确的辨识，但龙山文化和仰韶文化东西二元对立、进而在两种文化的接触地带产生所谓"混合文化"的说法，还是流行了二三十年。庙底沟遗址的发掘，在仰韶文化层的上面，还发现了具有从仰韶文化到龙山文化过渡性质的文化层，发掘者把它命名为"庙底沟二期文化"，把它下面的庙底沟一期文化，命名为仰韶文化的"庙底沟类型"。通过庙底沟遗址以及在此前后周临地区不少遗址的发掘，学术界最终否定了"混合文化"的说法，提出至少在中原地区，河南龙山文化是从仰韶文化发展起来的；庙底沟二期文化，便是从仰韶文化向龙山文化过渡的一种史前文化。发掘者把它纳入龙山文化早期的范畴，但也有研究者把它纳入仰韶文化晚期或者末期的范畴。

庙底沟二期文化，既有仰韶文化的某些特点，也有龙山文化的鲜明特征，可以认定河南龙山文化就是从庙底沟二期文化发展起来的。这样一来，中原地区古代文明的连续性，中国古代文明的连续性，就得到了考古学的证明。仰韶文化发展成为龙山文化，龙山文化再发展成为商文化，中国古代文明的根，就这样追到了仰韶文化。庙底沟遗址的发掘和庙底沟二期文化的发现，在中国新石器时代考古学史上，因而占有十分重要的地位。

仰韶文化庙底沟类型的扩张
促成了早期中国文化圈的形成

庙底沟遗址发掘之后，以庙底沟一期为代表的文化遗存，被命名为仰韶文化"庙底沟类型"。这是中国考古界第一次把仰韶文化划分为不同的类型。在此之前开始发掘的西安半坡以及文化面貌相近的遗址，则被命名为仰韶文化的"半坡类型"。此后20年，有关这两个类型的关系问题，差不多成为仰韶文化讨论最多的话题。经过这么多年的研究，我们知道仰韶文化大体可以分为早中晚三期，每期又都可以划分为大小不一的许多类型。20世纪80年代以来，又有学者把仰韶文化的许多类型单独命名为文化。比如庙底沟类型，就有人称为"庙底沟文化"，也有人称为"西阴文化"。绵延两千年、横跨黄河中上游地区的仰韶文化，变成了许多文化的共同体。庙底沟类型仰韶文化，一般认为属于仰韶文化中期。它的核心是豫西、晋南和关中东部地区，但是差不多整个黄河中上游地区，都有这个文化的分布。在如此广大的范围内，广义的所谓庙底沟类型，实际上又可以划分为不同的地方类型，比如关中地区就往往被称为"泉护类型"，河南中部又往往称为"阎村类型"等等，各地方类型都有自己的特点，它们的形成过程也没有遵循一种模式。

以庙底沟遗址一期文化为代表的庙底沟类型，陶器以曲腹平底碗、卷缘曲腹盆、敛口钵、双唇口尖底瓶、盆形灶、折腹的圆底釜等为主，多平底器，基本不见圆底钵；与半坡类型比较，彩陶数量多，红色的素地上，多用黑彩描绘出回旋勾连纹、花瓣纹、窄带纹、垂弧纹、豆荚纹、网格纹等等，也有少量的动物纹。生产工具以石器为主，除斧、锛、凿外，还有不少体形很大的石铲和长方形的穿孔石刀。房屋是方形和长方形的半地穴式，中间立柱，四壁还立壁柱，有斜坡形门道，正对门道有很深的圆形灶坑。种种迹象表明，庙底沟类型的人们，过着稳定的定居生活，农业经济已经相当发达。墓葬一般是土坑竖穴墓，多单人葬，不见半坡类型的多人二次合葬和同性合葬墓。垃圾坑里开始出现随意摆放的人骨架，说明暴力和冲突可能已是司空见惯的事情。

庙底沟类型仰韶文化从豫西、晋南和关中东部核心地区，向周围强力辐射，使差不多整个黄河中上游地区的仰韶文化面貌，西到甘青和四川西北部、东到河南东部、北过河套、南达江汉，达到了空前一致的局面。不仅如此，它的影响力，还直接、间接地波及更遥远的周边地区：东北远及内蒙古东南部和辽宁西部，东达渤海和黄海之滨的山东和江苏北部，南面则跨过长江，深入长江中游地区。有学者把核心区之外，庙底沟类型的分布区，称为"主体区”，把更外围受到庙底沟类型影响的地区，称为“边缘区”。认为庙底沟类型的强力夸张，不仅使仰韶文化分布的地区，形成空前一致的文化面貌，更使包括边缘区在内的广大东部地区的诸考古学文化，交融联系，形成一个稳定的文化共同体。（韩建业：《庙底沟时代：早期中国》，《考古》2012年第3期）

庙底沟类型所在的时代，经过碳–14年代测定，一般认为约当公元前4000～前3300年。这个时间，也是中国早期文化圈开始形成的时代。考古学家张光直先生把仰韶文化及其周围相关联的诸考古学文化，称之为“中国交互作用圈”。张光直先生说得明白："这个在公元前4000年前开始形成，范围北自辽河流域，南到台湾和珠江三角洲，东自海岸，西至甘肃、青海、四川的'相互作用圈'（sphere of interaction），我们应当如何指称？我们也可以选一个完全中立的名词称之为X，可是我们也不妨便径称之为中国相互作用圈或中国史前相互作用圈——因为这个史前的圈子形成了历史期间的中国的地理核心，而且在这圈内所有的区域文化都在秦汉帝国所统一的中国历史文明的形成之上扮演了一定的角色。"他还说："到了约公元前4000年，我们就看见了一个会持续一千多年的有力程序的开始，那就是这些文化彼此密切联系起来，而且它们有了共同的考古上的成分，这些成分把它们带入了一个大的文化网，网内的文化相似性在质量上说比网外的为大。到了这个时候我们便了解了为什么这些文化要在一起来叙述：不但它们的位置在今天中国的境界之内，而且因为它们便是最初的中国。"（张光直：《中国相互作用圈与文明的形成》，见氏著《中国考古学论文集》，生活·读书·新知三联书店，2013年，第149、167页）

庙底沟类型是最强势的。它把具有强烈仰韶文化色彩的文化因素，带到黄河下游、长江中下游和东北等地区，促进了当地史前文化的发展甚至转型。比如，黄河下游地区的大汶口文化，彩陶多为鼎、豆、壶、杯、缸、器座、盂和钵，几乎全部出土在墓葬中。具有庙底沟类型特征的彩陶，多出在大汶口文化大墓中。有学者提出这表示庙底沟和大汶口社会上层可能存在某种交流。大汶口M2007，是一座小孩墓，不仅随葬花瓣纹的彩陶器座，还有低矮的二层台，M2005、M2018、M2020、M2011等随葬庙底沟风格彩陶的墓葬，也多有二层台。有学者注意到M2005大墓还有用黄色胶泥涂抹墓坑四壁、底部和二层台侧壁的现象，指出这与灵宝西坡用泥封盖墓室甚至填埋整个墓圹的做法类似，也表示两者之间存在某种形式的交流。（李新伟：《中国相互作用圈视角下的红山文化》，《中国社会科学院古代文明研究中心通讯》第24期，2013年，第38页）以庙底沟彩陶为代表的类似的文化影响，也发生在长江下游两岸的青莲岗—大汶口和马家浜—崧泽文化、东北地区的红山—小河沿文化、长江中游的大溪—屈家岭文化系统中，不过有的强一些，有的弱一些，方式可能也不尽相同。

不过，文化的影响总是互相的。研究证明，庙底沟类型的早期，中原地区对周边地区的影响多，到了后期，周围地区开始反弹，对中原地区又形成包抄之势，其中来自东方和南方的影响最为明显。灵宝西坡大墓成对出土的大口缸、中原地区仰韶文化罕见的玉钺，就有可能是从东方传入的。这个强劲的势头，在庙底沟类型结束之后，约当公元前3000年前后，南方的屈家岭文化和东方的大汶口文化从两个方向分别进入中原腹地，中原地区与周围各史前文化的关系愈益紧密。这个时期，中原地区好像处于文化的低潮时期，但这低潮，却也意味着更多的吸纳、更多的学习和交流，反而奠定了中原地区的历史地位，加速了以中原为中心的历史趋势的形成。又经过约一千年的激荡沉淀，在公元前两千纪的前半叶，以二里头文化为代表的青铜文明在伊洛盆地强势崛起。一般认为，二里头文化可能是夏代晚期文化，夏和随后的二里岗商文化便是建立在这史前文化长期密切交往形成的"中国相互作用圈"上。考古学上的二里头文化、二里岗文化以及随后的秦汉帝国，与庙底沟类型的分布区和影响区若合符节，显然并非偶然。

庙底沟时代见证早期中国文明的第一缕曙光

如前所述，庙底沟类型代表着仰韶文化的中期，因此也往往把它称为仰韶文化庙底沟期。在庙底沟遗址发掘之后，由于发现了中原地区古代文明的连续性，在相当长的时间内，中原地区又是历史时期中国古代文明的核心，因此不恰当地夸大了中原地区史前文化的作用，好像所有好的东西，都是从中原地区辐射出去的，这就是所谓的"中原文化中心论"。这种观点，在20世纪六七十年代达到顶峰。后来，随着各地史前文化的发现，各地区文化序列慢慢建立起来，人们认识到，东北地区、黄河下游、长江中下游等地的史前文化，都有自己的发展谱系，并不能用中原文化的辐射或者农业人口的迁徙、移动来解释。自七十年代末期以来，中国文明起源的"多元一体"学说逐渐形成。这个学说强调中国史前文化的多元性，认为各地区史前文化都为中国古代文明的形成做出了自己的贡献。这无疑是正确的。但是矫枉过正，又有意无意贬低了中原地区史前文化的作用和价值。这当然也跟七八十年代中原以外地区的众多重要考古发现有关。90年代以来，庙底沟类型仰韶文化的一系列新发现，正在改变着我们对中原史前文化的看法；中原地区史前文化的核心地位，也变得越来越清楚。

如果我们把绵延数百年的庙底沟类型仰韶文化，放在更大的中国相互作用圈的背景下观察，就会发现，早期中国文明的第一缕曙光，已经在庙底沟时代出现。

定义"早期中国文明"，首先它必须是"中国"的，这个问题，在上面有关中国相互作用圈的讨论中已经说明；其次它又必须是"文明"的，文明的定义千差万别，一般理解文明就是早期国家。而社会分化，是早期国家形成的显著标志。

我们在河南灵宝铸鼎原所做的调查显示，这里的庙底沟类型仰韶文化最为繁盛，已经发现的19处遗址已经出现明显的分层。最大的北阳平遗址，面积近100万平方米；第二等的西坡遗址约40万平方米、东常遗址约12万平方米，其他的遗址多只有三五万平方米。从遗址的大小看，这个聚落群显然是分级的，至少可以分为三个层级。这个现象与我们在西坡遗址的发现，可以相互印证。西坡遗址夹在东西两条河流之间，南北又有人工开挖的壕沟，形成一个严实的防御系统。遗址的中心，有至少3座大型房屋。西北角的F106，略呈五边形，室内面积240平方米，地面和墙壁经过多层夯筑，表面还涂成朱红色。西南角的F105，室内面积204平方米，四周还有回廊，总面积达516平方米。东南角的F108，室内面积超过160平方米。三座房屋的门道均大体指向中心广场。这些房屋显然不是一般的住房，而很可能是氏族、部落或更大规模的社会组织举行某些公共活动的场所。有学者推测，像F106这样的房子，大概需要100个劳动力，连续工作三个月才能完成。

西坡遗址南壕沟的外侧高地，是它的墓地。已经发掘的34座墓葬，也有等级差别。从墓圹和随葬品来看，至少也可以分为三个层级。M8、M27和M29，规模都很大，皆在10平方米以上，最大的M27，面积多达16.9平方米。墓室的二层台和脚坑上铺垫盖板，盖板上覆盖麻布，死者的脚端附设脚坑，是专门放置随葬品的地方。墓圹全部以混有多种植物茎叶的泥块封填。大墓M8和M27都有一对彩绘的大陶缸，M8除了陶缸，右手外侧还随葬一把玉钺。西坡墓葬的随葬品好像已经有一定之规，几乎所有的随葬陶器都是专门为死者制作的明器，墓葬虽大，随葬器物却不多（M27只有9件陶器；M8只有11件，其中陶器9件）。随葬品虽有差别，但差别并不特别突出。大墓和中小墓交织在一起，说明虽然这个社会已经出现贫富或者地位的分化，但还没有出现龙山时代比如良渚或陶寺那种专门的贵族墓地。玉钺在此前的仰韶文化中没有发现过，一般认为它是一种脱胎于石斧的专门性武器，它的出现，暗示战争或冲突与日俱增，这可能跟我们在西坡看到的防御设施和庙底沟遗址的乱葬灰坑是可以相互印证的。不过，有人推测玉钺是长江下游崧泽文化或者凌家滩文化影响的产物，如此说来，也许M8出土的一对陶篹，也可能是东南方史前文化影响的产物。这或许说明，中原地区仰韶文化中晚期的社会分化，也有不少来自东南方文化的影响。

西坡遗址的发掘，揭示仰韶文化中期的中原地区，已经开始走上了社会分化之路。严文明先生拿它跟东方的大汶口文化、东北地区的红山文化、长江中下游的崧泽文化、凌家滩文化和屈家岭文化等做比较，指出它是一个"务实进取"的文化，它"强调军权和王权，讲究气派（如大型房屋和大型墓葬）却不尚浮华"。（严文明：《重建早期中国的历史》，《中华文明的原始》，文物出版社，2011年，第46页）韩建业先生则直接提出"中原模式"，认为西坡大墓"阔大特殊而珍贵品不多"的现象，正说明这是"中原模式"的质朴习俗。

同属于庙底沟时代的大汶口文化、崧泽文化、红山文化、凌家滩文化和屈家岭文化，却有不很相同的表现，但也有不少共同因素。比如差不多都出现了聚落的等级分化，都出现了规模很大的墓葬，大墓中多随葬数量众多的高等级玉器、精美陶器及某些特殊随葬品，显示社会分化的程度已经相当显著。比如，黄河下游的大汶口文化，它的典型遗址大汶口，面积约80万平方米。大汶口早期大墓M2005，开口面积约8.2平方米，有熟土二层台，随葬品包括石器、陶器、骨器、象牙器、角器和獐牙器，多达104件，有的陶器中还摆放猪下颌骨和牛头。这种墓葬跟同墓地一无所有的小墓，形成鲜明对比。凌家滩遗址的面积，多达160万平方米，最高等级的墓葬07M23，墓坑虽不足7平方米，随葬品竟多达330件，仅玉器就有200件。可能跟军事有关的石钺和仪式用石锛，在墓底竟然铺了好几层，多达数十件。墓葬中出土的内置玉签的玉龟形器，可能是挂在死者腰间的法器，而墓葬填土中发现的重达88公斤的既写实又抽象的玉猪，也可能具有某种特别的意义。发掘者因此推测墓主人在手工业生产、军事和宗教方面都有举足轻重的地位。红山文化的墓葬，集中发现在辽西牛河梁地区的数十处积石冢上，随葬品皆为玉器，有玉人、玉鹰、玉龙、玉凤等宗教用品和玉镯、玉耳坠等装饰品。墓葬也有大小之别，还出现了男女并穴合葬墓，随葬品虽没有大汶口文化和凌家滩文化丰富，但却带有强烈的宗教神秘色彩。虽然没有发现与此相匹配的高等级聚落，但无疑红山文化的社会也是明显分层的。有学者注意到，红山文化墓葬里不出玉钺，推测它凭借的不是武力，而是强烈的"宗教信仰和有效的组织能力"，也有人因此提出中国文明起源的"北方模式"，以区别于"中原模式"和以大汶口文化等为代表的"东方模式"。这些模式是否恰当当然还要接受今后考古研究的检验，但已有的证据已经证明，在公元前3500年前后的庙底沟时代，中国相互作用圈里面的几个文化，都已经走上了社会分化的道路。一方面彼此的交往越来越紧密，文化越来越趋同，另一方面社会却越来越分化，越来越分层。这种分化，虽然还达不到考古学上所见二里头青铜文明早期国家的水平，但是古史上所谓的"万国"时代，就要到来了。因此也可以说，庙底沟时代，见证了早期中国文明的第一缕曙光。

　　本文据2013年5月21日作者在三门峡文化旅游节上的专题讲演整理而成，为便于读者，最低限度地补充了参考文献。

（原载《中国文物报》2013年6月21日）

李济先生与中国文明起源研究

　　前几年清华大学的陈丹青教授画了一幅著名的油画，名字就叫《清华国学院的导师》。他画了五位导师，有赵元任先生、陈寅恪先生、王国维先生、梁启超先生和吴宓先生。但是，民国时期清华国学院还有一位重要导师，就是我们今天讲座的中心人物——李济先生。

　　李济是谁呢？在我上学的年代，他还是不能提及的一个人物。但是，我们可以列举出他的很多个第一。比如，他是中国田野考古的第一人，1926年他发掘了山西夏县的西阴村遗址，这是中国人主持的第一次科学考古发掘；他也是1929年中国第一本田野考古杂志《安阳发掘报告》的创办者；他还是中国第一本田野考古报告——《城子崖》的主编和执笔者之一。20世纪30年代筹办国立中央博物院，他是中央博物院的创始人，是第一任中央博物院的筹备处主任（1934年）。中国的现代大学教育里，有一个很重要的学科是考古学，李济是中国第一个考古学系——台湾大学考古人类学系的创办人。

　　李济先生是近代以来第一位在外国拿到人类学博士的中国人。1923年从美国哈佛大学回国后，他到南开大学担任社会学和人类学的教授。1925年转任清华做他母校清华大学的特约讲师，和梁启超、王国维、赵元任做了同事。在清华任教期间，他和地质学家袁复礼先生一道，发掘了山西夏县的西阴村，这是中国人自己的第一次科学考古发掘。从此，李济先生成为真正的考古学家。1928年国民政府设立国立中央研究院，傅斯年先生创办了中央研究院历史语言研究所，李济先生被聘为其中的考古及人类学组主任，志在发掘商代晚期的都城殷墟。从此，将他的全部精力放在了考古学上，也开始了他事业的顶峰。

李济先生的事业可以分成两个阶段。第一个阶段是1928年到1949年，此间他的主要精力都放在了安阳的发掘和研究上。安阳发掘，把中国的信史，向前推进了几百年到一千年。大家知道，20世纪20年代，中国的信史只能推到西周中晚期，正是因为安阳的发现，才把我们遗忘的商代历史找回来了。这在很大程度上是李济先生的贡献，除了领导安阳的发掘工作，他在商代物质文化的研究方面，也做了很多很深入的工作。另一方面，李济先生也培养了一大批人才，在培养人才、扶持队伍方面做出了很大贡献。20世纪80年代以前海峡两岸考古学的领军人物，包括梁思永先生、夏鼐先生、高去寻先生、石璋如先生、尹达先生、尹焕章先生等等，大都是在安阳殷墟这个考古的田野学校培养出来的。因此可以说，李济为科学考古学在中国的诞生和对这门学科的扶植和领导上，都做出了历史性的巨大贡献。

第二个阶段就是他到台湾之后，从1949到1979这30年。这一阶段，他离开了他心爱的田野工作，离开了中国考古学的主流。但又终日与安阳的发掘品相伴，始终未曾离开他心爱的研究工作。实际上他的主要研究著作，包括有关商代青铜器的多种研究报告，和著名的英文论著《安阳》《中国文明的开始》等等，也是在他的后半生完成的。

李济先生的贡献，首先在于他和他的团队，把商代的晚期历史揭示给世人。安阳的考古发掘，把中国的信史向前推进了六七百年到一千年，这是非常了不起的贡献，受到了国际学术界的高度肯定。

第二，安阳的发掘，架起了中国史前史和中国历史的桥梁，为追寻中国文明的起源开启了正确的方向。在安阳发掘之前，瑞典学者安特生（J. G. Andersson）曾在中国农商部下属的中国地质调查所做顾问，仰韶文化就是安特生发现的。仰韶文化发现之后，安特生通过把仰韶村发现的石刀、陶鬲，和华北汉族农村形状近似的铁刀和传世的商周铜鬲加以比较，还跟汉字中的"鬲"加以比较，正确地辨识出仰韶文化是汉族祖先的文化，就是所谓"中华远古之文化"（an early Chinese culture）。这是安特生的一个贡献。但是仰韶文化最有代表性的特征却是彩陶，彩陶在中国的文献中从来没有被发现过，所以安特生很自然地向外找寻它的来源。这时候，在中亚和欧洲都发现了彩陶，其特征与仰韶文化的发现，又有几分相似，安特生因此提出仰韶文化"西来"的假说。中国的学者，包括李济，一方面寻找仰韶文化与商文明的关系，一方面又对中国文化西来说，耿耿于怀，根据历史文献，坚信中国文化的根，应该在东部沿海一带寻找。1930年中央研究所历史语言研究所在山东章丘发掘了城子崖遗址，发现了有别于仰韶文化的龙山文化，于是把商文明的源头，追到了龙山文化，提出龙山文化才是商文明的直接来源。

但是，通过比较，李济先生又发现了商文明有别于史前文化的如下几点要素：

首先，在仰韶和龙山文化里，虽然也有发达的陶器，但没有白陶，也缺乏复杂的纹饰。商文明不仅有质量很高的白陶，还发现了青瓷，这一发现把原始青瓷的历史追溯到了商代。商代的陶器制造显然是很发达的。

其次，是青铜铸造的大量武器、工具和祭器。安阳侯家庄商王陵1004号墓里出土的大量武器、规模巨大的牛鼎和鹿鼎，都说明青铜制造业高度发达，取得了辉煌的成就。

第三，是甲骨文的出现。大家知道甲骨文是现代汉字的前身，是一个非常复杂的文字系统。今天能够释读的甲骨文不过一千多字，但已经发现的甲骨文却要超过四千五百多个。商代占卜的记录，就用这些文字，刻写在龟甲和兽骨上，内容极其丰富。

第四，大墓和大量的人牲、人殉。殷墟发掘，在侯家庄殷商王陵发现了多个甲字形、双墓道、四墓道的大墓，在几十米的大墓墓道里可以看到很多的殉人或人头骨。

第五，殷墟发现了许多车马坑，埋着马和两轮的战车，说明商文明是使用战车的。

第六，先进的石刻。在殷墟大墓里，曾发现规模很大的大理石的石雕，有人，有兽，还有半人半兽的形象，这也是商文明有别于仰韶文化和龙山文化的一个特征。

那么，商文明究竟是从哪里来的呢？在1928年安阳发掘之后，因为考古学刚刚开始，在很长的一段时间内，我们只知道中国有两种史前文化，那就是仰韶文化和龙山文化。以地理分布看，京广线以西主要为仰韶文化，以东则主要为龙山文化。要寻找商文明的来源，也只能从这两种文化里下功夫。

1930年发现的城子崖遗址，是第一个龙山文化的典型遗址。城子崖有城墙，有骨卜（用骨头来占卜），还有黑陶。虽然黑陶有变化，但这三样东西都是商文明所具有，而仰韶文化所缺乏的。显然，龙山文化与商文明更近。这种物质文化上的观察，也与根据文献在古史研究上构建的夏在西、商在东的说法，是相吻合的。

龙山文化发现以后，不仅让李济先生，也让中国许多考古学家和历史学家，松了一口气，甚至可以说是欣喜若狂。李济先生曾专门研究骨卜，他说：殷商文化的骨卜习俗，"必具极长期之历史背景。这种历史的背景在那中国北部及西部分布极广的石器时代仰韶文化遗址中，毫无痕迹可寻，但在城子崖却找了出来。因此我们至少可以说那殷商文化最重要的一个成分，原始在山东境内。""有了城子崖的发现，我们不仅替殷墟文化的来源找到了老家，对于中国黎明期文化的认识我们也得到了一个新阶段。"（李济：《中国考古报告集之一城子崖发掘报告序》，见张光直、李光谟编《李济考古学论文选集》，文物出版社，1990年，第192～193页）

所以，他又比较了商文明和龙山文化之间的异同，分析两者之间的关系。比如说从文字记录的角度来看，商有甲骨文，商还有青铜器、马车，但是龙山文化却没有。两者都有石器、骨器、骨卜和野兽，但是，商五畜俱全，龙山文化却只有其中的几种。商代的装饰艺术非常成熟，而龙山文化只有简单的刻划等等。

他认为在华北地区有两个文化系统，即仰韶文化和龙山文化，典型的商文明至少应该包含仰韶（夏）、龙山（东夷）和原商文化的特点。李济先生还大胆地假设商文明和西亚保持着非常有趣的接触。比如商文明遗存中所见的所谓"肥遗"、两只动物把人包在中间或者把人含在口中的所谓"英雄与野兽"的图案，以及考古学家所分类的"中柱器盖"等等，都被认为是这种接触的结果。他通过比较还指出，商文明的真正基础其实是在亚洲东部，这个地区孕育了整个太平洋地区的艺术传统，比如骨雕和木雕。他认为在商文明里面很可能存在着一个非常发达的木雕传统。整个太平洋地区，包括北美、澳大利亚、新西兰、中国的中部地区以及台湾，都有骨雕和木雕文化的传统，其源头即在商文明。他还认为，商文明的不少因素来自南方，比如水牛、水稻、锡锭、石斧、龟甲等等。由此我们看到，商文明在李济先生看来，是非常多元的一种古老文化，这也就是说，中国古代文明是多元的。

李济先生对于中国文明起源的认识，一是商文明的基础深植于中国的史前时期；二是商文明是典型东亚型的原地发展起来的文明。但是他也多次强调商文明是多种文化交融的结果，同时他还认为商人的来源也是多元的。通过对祭祀坑里发现的头骨进行测量，他发现了蒙古人种、海洋黑人（棕种人）甚至爱斯基摩人。但是真正的墓主人则由于盗墓的原因大都丢失了，所以他认为这个结论的真正图景仍不明确。他还认为，商人的狩猎范围远及蒙古东部、东北南部。商人的祖先从上述地区和东部沿海一带，得到了一些关于外国的模糊知识。商人也许不是最早利用金属的人，但却极大地改进了青铜器铸造工艺和艺术。

我们可以把中国文明起源近一百年的研究分成四个阶段：一是1921年到1931年，从仰韶村的发掘到龙山文化的发现。这是仰韶文化西来说流行的时代。二是从龙山文化的发现到50年代中后期庙底沟遗址的发掘，"东西二元对立说"大行其道，即认为仰韶文化在西，龙山文化在东，在两者接触的中间地带，产生所谓"混合文化"。三是从50年代后期到80年代初期，中原中心说盛行，即认为中国古代文化从仰韶到龙山，再到商周，是线性的发展，四周的文化都是中原地区文化辐射或者影响的结果。四是从80年代初期以来，逐渐发展成多元一体说，即认为中国文明的形成是多元的，包括黄河、长江和西辽河在内的许多地区，都在中国文明的形成过程中，发挥过自己的作用。

在二三十年代，是李济先生首先对安特生的西来说发生怀疑，他是通过西阴村的发掘，从彩陶的比较上得出这一结论的。也许可以说，西来说的第一个掘墓人，便是李济。李济先生是东西二元对立说的主要建构者之一，直到他的晚年，尽管已经在河南陕县的庙底沟遗址，发现了仰韶文化通过庙底沟二期文化发展成为龙山文化的地层证据，也就是说发现了中原文化的连续性——这也是中原中心论大行其道的一个原因，但是，李济先生并不信任这个说法。他说"黑陶文化原始于彩陶文化的证据，很少经得起考验和覆校，而可以看得到的报告，都限于粗枝大叶式的描述，所以我们对于这一问题，仍只能当作姑作阙疑以待后证。"（见李济主编《中国上古史》待定稿第一部分，"中研院"历史语言研究所，台北，第477页）就此说来，尽管李济先生没有亲眼看到他生命中后三十年大陆地区新的考古发现，但他多方面的知识储备，也使他成为多元论的先驱者之一。实际上，他晚年对商文明同东方、南方甚至西方关系的强调，认为商文明的来源至少应该包括仰韶、龙山和原商文化的认识，也可以说否定了三四十年代他自己亲手建构的"东西二元对立说"，中国古代文明的多元性，在他的认识里，是没有疑问的。

通过一系列的发现和研究，我们现在知道，中国文明起源是一个多元的过程。首先是因为，中原以外的许多地区，都有高度发展的史前文化，自身也有清楚的发展序列。70年代以来，由于碳–14年代数据的公布，大家发现周围地区史前文化的绝对年代，也不比中原地区低下，那么就很自然地就提出了中国文明起源的多元说。1981年，著名考古学家苏秉琦先生，直截了当地挑战中原中心说。他认为历史上黄河流域确曾起到重要作用，特别是文明时期，它常常居于主导地位，但在同一时期，其他地区的古代文化也以各自的特点和途径发展着。苏先生把史前的中国划分为六个区，即陕豫晋邻境地区、山东及邻省一部分地区、湖北及临近地区、长江下游地区、以鄱阳湖—珠江三角洲为中轴的南方地区和以长城地带为重心的北方地区。显然，苏先生更强调各地区的发展和贡献。李济先生的学生、美国哈佛大学的张光直先生，认为在中国的东部，从公元前4000年开始，北到辽河，南到台湾和珠江三角洲，东到海岸，西到甘肃、青海和四川，存在着一个文化上的相互作用圈，他称之为"中国相互作用圈"。他认为这个史前文化的相互作用圈，奠定了早期中国文明的舞台。北京大学的严文明先生，在注重各地区文化的贡献基础上，又特别强调中原地区文化的主导作用。他说，"假如我们把中原地区的各文化类型看成是第一个层次，它周围的五个文化区是第二个层次，那么最外层也还有许多别的文化区，可以算作第三个层次。而整个中国的新石器文化就像一个巨大的重瓣花朵。"（严文明：《中国史前文化的统一性和多样性》，《史前文化论集》，科学出版社，1998年，第15～16页）这样既强调了中国史前文化的多元性，又强调了它的一体性，这就是现在流行的中国文明起源的多元一体学说。

李济先生在1979年逝世，他没有看到今天中国考古学的发展，也没有看到中国文明起源研究上多元一体学说的流行，但就中国文明起源研究方面的贡献而言，李济先生无疑占有非常重要的地位。我们也可以说，他一生的工作，都是在从事中国文明起源的研究。且不说他倾注全力的商文明研究，从历史的角度看，二三十年代，是他首先对中国文化西来说提出怀疑和否定，虽然直到他的晚年，由于早于仰韶文化的一系列史前文化在中原地区发现，西来说才被完全证明是错误的。其次，他虽然是仰韶文化与龙山文化东西二元对立说的倡导者，但他也开启了中国文明起源多元说的先河，这在他的晚年尤其明显。这正是建立在他严格的批判精神和多方面深厚的学术素养之上，对此，我们是不应该忘记的。

（原载《北京外国语大学校报》2013年6月15日）

以古史重建为己任的中国考古学

中国考古学的前身是金石学。金石学已经有一千多年的发展史，但以田野调查和发掘为手段的近代中国考古学，却是一门从国外传入的学问。西方科学方法的传播、民族主义的兴起和对中国文化的起源的追寻，被认为是中国考古学形成和发展的三种主要动力。

1928年，中央研究院历史语言研究所开始在安阳发掘商代晚期都城殷墟，中国有了自己的专业考古研究机构，中国考古学正式诞生。中国考古学的特殊背景，决定着它从一开始就是以重建中国的历史为己任，所以中国考古学具有浓重的历史学倾向。如果把近一个世纪之久的中国考古学作粗略分期，也许可以分为1949年以前、1949年到20世纪90年代初期和90年代初期之后。每个阶段的中国考古学，都有自己的特点，也都跟中国的社会、政治、经济和文化发展密不可分，但一言以蔽之，似都可以说以重建中国古史为主要目的。

早期的中国考古学，抛开中国地质调查所在周口店北京人遗址的发掘和研究不说，中央研究院历史语言研究所和北平研究院史学研究所分别把工作重点放在安阳和宝鸡，就是为了研究中国历史上最早的两个王朝——商和周的历史。商代晚期的历史，通过安阳的发掘得到了充分证明。安阳发掘培养了队伍，树立了方法，揭示出仰韶—龙山—商文化递次发展的地层关系，也初步证明考古学在中国古史重建中的崇高地位。另外，该时期最重要的两个发现——仰韶文化和龙山文化，却又被解释成仰韶文化是西来的，龙山文化是东来的，在考古学上建构起中国史前文化起源的"东西二元对立说"。龙山文化虽被认为是中国文明的真正源头，但它与仰韶文化的关系却是若明若暗，仰韶文化的来源更是晦暗不明，考古学上的中国上古史还难以真正搭建起来。

中华人民共和国成立之后，中国考古学得到了空前发展，资料迅速扩张，专业队伍成倍增长，全国各省区都建立起自己的专业考古机构，虽然直到20世纪80年代，中国考古学还不同程度地受到其他因素的影响，但是中国考古学重建中国古史的初衷不改，不仅如此，它还郑重提出，要在马克思主义指导下，研究中国社会发展的规律。在此期间，中国考古学的某些解释虽然难免教条主义之讥，但在大部分考古报告和论文中，"资料及对资料的分析与意识形态的术语共存"，中国考古学仍忠实于中国传统的编史工作的独立性（张光直先生语）。该时期的中国考古学，仍然以物质文化的描述和文化史的重建为己任，不仅填补了大量的地区古代文化空白，发现了数以十计的考古学文化，建立起大部分地区的文化发展谱系，也使中国上古史的认识范式发生了两次根本转换。

该时期的第一个阶段，即20世纪50年代，因为庙底沟二期文化的发现，龙山文化不再被认为是与仰韶文化并行的一支新石器时代文化，相反，通过庙底沟等遗址的发掘，证明它是从仰韶文化发展而来的。这样，就建构起中原地区仰韶文化—龙山文化—商文化的直线发展范式，最终演化为中国文明起源的"中原中心说"。其他地区的古代文化，都被认为是在中原文化的辐射和影响下发展起来的。从70年代中后期开始，由于中原之外地区的大量考古新发现，加上新的放射性碳元素年代数据的公布，周边地区古代文化的重要性日益显现，中国考古学逐步建构起中国文明起源的"多中心论"，包括黄河、长江和西辽河等地区在内的中国各地区古代文化，都被认为对中国文明的起源做出了自己的贡献。这个思想，在苏秉琦"区系类型"理论的指导下，得以快速发展，至今仍然影响着中国的考古界。在90年代初期，中国考古学家明确提出"重建中国古史的远古时代"，显然，中国考古学虽然走过了半个多世纪的历程，它的主要目的仍然是重建中国古史。

中国考古学在20世纪80年代逐步开放，新的理论和方法通过各种途径被引介进来，但要得到具体的运用，还是在90年代初期之后。其中最明显的进步，是各种科技手段被应用到中国考古学的调查、发掘和室内研究中，中国考古学呈现出前所未有的多元化倾向。在此期间，受中国经济持续发展的影响，考古调查和发掘资料剧增，专业队伍也有了很大增长，培养考古专业人才的教学机构也由原来的11所大学扩充到目前的数十家大学，出版物则如雨后春笋般茁壮成长，中国考古学呈现出欣欣向荣的繁荣景象。同时，与中国经济的发展情景相似，中国考古学也呈现出一种"镶嵌式"的多元发展，虽然大多数考古学家做的还是传统的文化史重建工作，但也有不少学者从事过程主义甚至后过程主义考古学的研究，比如认知考古学、人口考古学、性别考古学、公共考古学等等，中国考古学的解释更呈现出多元化的态势。

也许跟资料的急剧增长有关，中国考古学本来应该增加的对理论的热情和兴趣，反而有逐渐减少的趋势。认识中国古代社会乃至整个人类社会的历史发展规律，在中国材料基础上建立社会科学理论的声音却很微弱，这似乎跟20世纪80年代改革开放初期的热情形成鲜明对比。相反，重建中国古史的呼声有增无减，新世纪开始的中华文明探源工程的一个重要目的，便是重建中国上古史。不仅如此，在未来可以看到的岁月里，重建古史恐怕仍将是中国考古学家的主要任务之一。当然，现在的重建，与第一二阶段是不同的，随着中国考古学在理论方法方面的进步，随着中国考古学日益开放的步伐，用中国的考古材料重建有血有肉的中国古代历史，既是中国考古学家义不容辞的责任，也是他们对世界文明发展应有的贡献。

（以《以古史重建为己任——中国考古学的百年使命》为题刊于《中国社会科学报》2015年1月14日）

历史和现实双重变奏下的中国考古学

在"新文化运动"下兴起

中国有悠久的金石学传统，从北宋到清朝末年，经过差不多一千年的发展，金石学不断壮大，其成果也被后来的考古学所接受，所以它也被认为是中国考古学的前身。但是以田野调查和发掘为己任的考古学，其实是20世纪初年从国外传入的一门学问。长期的封建统治，再加上17、18世纪以来西方帝国主义的侵略，中国深陷半封建、半殖民地的泥沼，到了20世纪初年，已经接近亡国亡种的边缘。1919年发生了五四运动，要从思想文化方面来一次彻底革命，提倡民主和科学，中国考古学就是在这种"新文化运动"的影响下兴起的。

"古史辨"为建立"科学的中国上古史"扫清了道路。人们痛感要建立科学的上古史，"唯一的方法就是考古学"（李玄伯语）。从19世纪中期以来，西方和日本的探险家和考古家纷至沓来，不仅为中国带来西方考古学的理念和方法，也激发了中国学者的爱国主义热情，到国外寻求科学方法遂成为自19世纪末期以来的潮流。20世纪20年代，李济（1896～1979年）和梁思永（1904～1954年）相继从美国学成回国，从此中国有了经过专业训练的自己的考古学家；

1928年中央研究院历史语言研究所成立，并开始在河南安阳发掘商代晚期都城遗址，中国从此有了自己的专业考古研究机构，标志着中国考古学正式诞生。

追寻中国文明起源的历史责任

中国考古学的特殊背景，决定着它从一开始就是以重建中国的历史为己任，所以它有浓重的历史编纂学倾向。且不说二三十年代两个国家研究机构——中央研究院和北平研究院，分别把田野工作放在安阳和宝鸡，是为了研究中国历史上最早的两个王朝——商和周，就是其他的考古工作，也是以重建中国历史为目的。1921年由瑞典考古学家安特生（1874～1960年）发现的仰韶文化，虽被认为是"中华远古之文化"，但以彩陶为代表的遗存却被认为是西来的。中国考古学家对西来说半信半疑，30年代初期，根据在东部沿海新发现的龙山文化，终于构建了仰韶文化在西、龙山文化在东的东西二元对立说，认为龙山文化的发现，为以商文化为代表的中国文明找到了真正的源头。

20世纪50年代后期，随着庙底沟二期文化的发现，龙山文化不再被认为是与仰韶文化并行的一支新石器时代文化，相反相信它是从仰韶文化发展而来的，这样就构建了仰韶—龙山—商文化的直线发展理论，最终演变为中国文明起源的中原中心说。在这个理论框架下，其他地区的古代文化，都被认为是在中原文明的辐射和影响下发展起来的。从70年代后期开始，随着中原以外的各地史前文化被大量发现，中国

考古学建构了中国文明起源的多中心论。中国各地区的古代
文化，都被认为对中国古代文明的起源做出了自己的贡献，
这就是中国古代文明起源的多元一体论。中国考古学90多年
的发展，证明了中国远古文化的多元性、连续性和土著性，
也证明了高山大川从来没有割断它跟外界的联系和交流。
自民族危机、民族自信心空前丧失的20世纪初期开始，追
寻中国文明起源，建立科学的上古史，就是中国考古学的一
项主要任务。从西来说到多元一体说，中国文明起源模式
的建立，多少都跟现代中国国家建构中从清代末年孙中山
（1866～1925年）提出"驱除鞑虏"推翻清朝统治，到中华
民国建立之后强调"五族共和"，再到中华人民共和国强调
多民族和平共处、共同发展的政治理念和实践，有或多或少
的关系。

改革开放在人文社会科学领域的缩影

中国考古学跟当代中国的政治和经济发展也有密切关
系。马克思主义自五四运动时期传入中国，20世纪20年代即
成为个别马克思主义历史学家构建和解释中国历史的武器。
中华人民共和国成立以后，马克思主义更成为众多历史学
家、考古学家研究中国历史的指导思想。中国历史被分为原
始社会、奴隶社会和封建社会等不同发展阶段，考古材料于
是成为证明马克思和恩格斯社会发展阶段理论的重要依据。
史前的聚落和墓葬，被用来说明中国的远古时代也存在母系
社会、父系社会或从母系向父系社会的过渡阶段；青铜时代

的人牲和人殉，被用来证明奴隶社会的残酷和暴力；发达的古代城市、墓葬以及青铜器、玉器等文化遗迹、遗物，则被用来证明中国古代劳动人民的非凡智慧和中国古代文明的优越性；史前和夏商周三代的某些大型遗址，则被拿来与古代文献记载中的上古帝王"对号入座"，除此之外，中国考古学好像别无他求，失去了理论探索的兴趣和活力。在20世纪80年代以前相当长的一段时间内，考古学一度沦为政治的附庸，尽管它提供的材料，还被认为是客观可信的。随着改革开放的步伐，中国考古学家与国外同行的联系日益加强，国际合作自20世纪90年代以来蓬勃开展，在国外留学的青年学者陆续归来，中国考古学的国际化已成为21世纪中国考古学的重要特点。今天，中国考古学的理论探索和多元取向与中国的现代化过程密切相关，也可以说20世纪80年代以来的中国考古学，就是中国改革开放在人文社会科学领域的一个缩影。

中国考古学因在帝国主义压迫下崛起的民族主义而兴起，它的进步，又同现代中国的政治、经济和文化发展密切相关。考古学的研究成果，在国难当头的1936年曾远赴英国展览；在灾难深重的"文化大革命"中的1973年，也曾在伦敦和巴黎展出，这对建立中国与世界的联系，增进中国与世界人民的友谊，振奋民族精神，重建民族自信，都起到非同寻常的作用。在改革开放之后的三十多年里，考古学又成为中国各地政治、经济、文化发展的一种工具，开发文化资源，振兴地方经济，考古学竟成为重建地方历史、搭建经济发展舞台的某种手段。与此相适应，考古学也得益于地方经

济的发展，抢救性考古经费充足，带动了考古学专业队伍的
壮大，中国考古学的研究队伍，也呈现出多元并进的图景，
这与20世纪70年代以前从业人员少且集中在中国科学院考古
研究所（1977年以后改属中国社会科学院）及少数几个大学
的情形，形成了鲜明对比。这个发展趋势，也同中国当代的
政治经济发展密不可分。

（原载《社会科学报》 2015年10月8日）

"失落的文明"与失落的选择

[瑞典] 马思中 (Magnus Fiskesjö) 著

陈星灿 译

中国西南部三星堆的青铜时代文化,是近年中国考古学上最轰动的发现之一。它的遗物现在又可以在中国以外观赏了。美国西雅图美术馆举办的"古代四川——失落文明的珍宝"大型巡回展,在纽约大都会美术馆展出了。这个展览的文物的确令人印象深刻。

1986年中国考古学家在三星堆发现公元前1200年前后的祭祀坑,里面堆满了烧毁和被毁坏的青铜器、玉器、象牙,其中有两米半高的站在象头上的铜立人像,奇特的巨大面具,像外星人,眼睛突出,头饰奇特。

这些发现大部分是前所未见的,引起了广泛关注和新的研究。发现地三星堆现在有一座博物馆,但文物的原件不一定完全看得到。尽管如此,前往观赏非常值得。三星堆的发现使得以往对历史的理解动摇了。就在这样的地方,远在想象中的蛮夷的黑暗中,却存在过一个独特的青铜雕塑传统,完全可以和东方的华丽文物相媲美。按传统的理解,中国国家产生于现在中国的东部,在那里,青铜时代从公元前2000年绵延至公元前500年左右,生产了无数精美的青铜器。相比之下,世界上很少有什么文明像古代中国那样对青铜器情有独钟。青铜器被使用于敬祷祖先的礼仪中,又被当作王和贵族之间建立权力关系和富有等级意义的礼品。这些青铜器实际上是中国这个国家古代政治过程中的跳板，也就是说它们是这个过程的工具。

三星堆也发现有这样的礼器，它们和原来的政治中国发生过关系，且有相似之处。包括三星堆在内的考古新发现证明不能将中国当作一个单一的民族国家来理解，而应视为包含着欧亚大陆整个地区的一个过程。中国并不是由某一种特别选出的人民创造出来的，他没有一个狭义的种族、文化或者民族的基础。

配合展览的规模很大的画册，应该说是有关三星堆研究目前为止最好的概括。此书也收录有四川被包括在新的秦汉帝国时期的美术品。这类美术品有一部分也在展览中。但这并不完全成功。把这样的文物也包括进来，可能是地方主义的一种体现。更加值得质疑的是展览中所谓"失落的文明"一词。这样的宣传，好像是把考古发现当成好莱坞电影中大西洋城那样的一个个偶然发现，而不是把人类历史当成一个可以弄懂的东西来追求。这种宣传实际上也表明我们所知道的"现代"这种状态一点也没有结束。因为现代意识中就包括把"文明"和"文化"看成孤立的精粹，像生物物种那样产生和灭绝。也就是把"文明"当作一种现代人能够在历史的深渊中潜游下去可以用手电筒照耀的化石鱼。只有在这种态度的基础上，才会把三星堆说成是"失落的文明"，而不是一种可能研究甚至可能了解的连续性。所以，有人提出三星堆发现的青铜面具代表外星人也不奇怪，因为外星人是现代的我们所认识的最极端的"他们"。

展览可以质疑的地方，跟中国式的文物修复和文物展示思想有关。还有，跟这些文物如何按西方式的思想被命名为美术品也有关系。我们这里所说的美术概念，并不是自由创作意义上的那种美术，而是说把文物偶像化，把展品放进"监狱"的做法。

在三星堆发现几年以后，我自己曾去参观当地的文物修复工作。文物修复在中国的追求达到极致。"修复"一词有修理复原的意思。应该说这是基于一种歌颂古典的传统的孔夫子主义。这包括很多不同类型的文物，四川的宝物、鉴赏家之间流传的美术品甚至包括考古出土的文物。它们会被修理，会被擦亮得像新的一样。目的并不在于看到其原貌甚至现状，而是修成它们似乎应该被看成的那样。最近新开放的耗资巨大的上海博物馆也是一个例子。整个博物馆的楼房本身被设计为一个巨大的体现威望（prestige）的青铜器。馆内陈列的青铜器也经常修复得令参观者怀疑，怀疑它们是否真的像标签所说的已有几千年的历史。而"古代四川"展览中的展品，给人的感觉也是如此。我们瑞典目前已经对考古文物的过分修复过敏，修复最多是为了防止文物的自然损坏。我们瑞典宁愿允许看得出它的三千年历史。也许这种态度与我们斯堪的纳维亚人往往处于文明的边缘地区有关。因为缺少华丽的可以夸耀的文物，使我们不得不谦虚一点，但是我们对文物修复的态度或许更多地跟整个西方世界现代意识中崇拜原物的价值观有关。工业主义、大众消费的年代里更要追求真物。而人人以为博物馆跟商业主义对立，以为它是一个真实的庙宇，人们为这里的真实性而崇拜。博物馆实际上是

"现代"社会最有代表性的机构，是一个包括整个社会的博物馆化过程的大本营，它远远越过博物馆的门墙。可以说在越来越现代的中国，博物馆化的凯旋，已经在出现，只不过还没有波及青铜时代的发现。所以时代的牙齿的痕迹还是要努力清除掉，裂缝要很好地缝合，沙砾要刷掉，曾经火烧的祭品遭受到的颜色的变化应由古代青铜器所应有的绿调来代替。一切为的是弘扬祖国古代的灿烂文化。

这里还有一个问题。归纳为博物馆"文物"的遗物，是一种威信和地位的游戏中的棋子，还是努力了解人类过去的"工具"？文物修复过度，不仅损坏了对真实性的那种怀旧的条件，而且使真实怀旧派的利益受损，因为中国对修复的积极性和"古代四川——失落文明的珍宝"的展览方式，实际上相互配合着使得三星堆变为新型的体现威望的文物。站在古典中国的角度看，这样做并没有错，因为青铜器本身就是为了夸耀而制作的，而现在又成为我们这个时代的一种奥林匹克比赛的"选手"，一个国家或省份能够展出最了不起的古物，它就可以获得金牌。这里的运动项目是西方现代美术馆的传统展览方式和中方目的的密切配合。正是因为考古遗物被命名为此类美术品，像在大都会一样，它们被人为地调离历史环境，置于博物馆庙宇之中，孤零零地单独地在打扫得很干净的玻璃柜里静坐，镀了金的青铜面具最为闪亮。但正是在这里，将它们安置在消毒得过于干净的博物馆展柜里的方法，严重妨碍了这些遗物发挥其所拥有的传达它们自己及它们和我们人类之间的关系的潜力。要是我们回去看发掘现场的照片，我们会发现这些惊人的青铜器并没有在祭坛上陈列，也不是秩序井然的陪葬品。相反，它们是以暴力方式打碎并放在祭祀坑中，且这损毁并不是任意的，而是被导演的祭祀。考古记录表明，这些祭祀坑是有意制作的，损毁的祭典是一个有意的措施，有意停止这些东西在人间的使用。这样果断的措施，也就是祭祀和人与人之间的礼品互送的主要区别。

"古代四川"的展览作为一种媒介，是否本来可以起到一种桥梁的作用，跨越我们和他们之间三千年的鸿沟，这当然应该是展览面临的挑战。但是展览背离了这样的课题，在博物馆门口把一副经过美化的三星堆祭祀坑的原貌照片放大，并不起什么作用。展览的方式总而言之仍然妨碍我们追求对三星堆问题的回答。展览实际上是我们当今时代把自己的奖杯按西方思想的设计在"现代"庙宇中排列起来，在它的需求面前投降。这样一来，三星堆的遗物也就变成"现代"晚期博物馆参观者一个接一个崇拜的偶像。我想我们失去了一个机会：通过这些遗物连接我们和我们几千年前的同类的生活和思想的机会。

有没有别的选择？如果我们真的认为考古发掘的遗物与在世界古物市场上漂浮的遗物不同，则确实存在一种其他的选择，那就是把原有的空间结构当作出发点。请比较一下中国另外一个博物馆如何应对这样一个挑战。台北"中研院"史语所的陈列馆同样面临着如何展览的问题。20世纪30年代年轻的研究院曾经发掘商代王墓，获得众多的陪葬品。现在陈列馆改建博物馆重新开放的时候，一个个设计巧妙的展厅就抓住了原有的空间分布，使博物馆从夸耀地位的青铜器的陈列一变而成观众了解人祭的指南。连故宫博物院这样的博物馆，都要去寻找其他的选择。这里面有很多值得我们学习的地方。

（原载《读书》 2003年第4期）

上穷碧落下黄泉

——史前人类居住简史

走出山洞
——用木棍和兽皮搭建人类的第一处居室

著名建筑学家梁思成先生说过："居室为人类生活中最基本需要之一，其创始与人类文化同古远，无论在任何环境之下，人类不可无居室。居室与民生息息相关，小之影响个人身心之健康，大之关系作业之效率，社会安宁与安全。"（梁思成：《凝动的音乐》，百花文艺出版社，1998年，第376页）此话固然不错，但是人类依靠自己的力量建成房屋——而非居住在自然形成的山洞里——却还是相当晚近的事情。人类已经走过了五六百万年的历程，但是在距今25万年前的旧石器时代早期，人类虽制造和使用石器，却从未发现过他们制造过骨制工具，也没有发现过他们的建筑物，更没有证据表明他们有语言。（Richard G. Klein, *Human Career: Human Biological and Cultural Origins*, The University of Chicago Press, Chicago and London, 1999）

旧石器时代的人类化石及其生活遗迹，不少是在山洞里发现的。20世纪20年代开始发掘的周口店北京猿人遗址，迄今已经发现100多块猿人化石，代表大约40个猿人；出土石器和制造石器产生的碎片多达数万件，是晚期猿人时代最为丰富的一个远古人类遗址。猿人们居住在洞穴里，他们把猎到的动物尸体，也拖到洞穴里。洞穴中出土的数以千计的各种鹿骨，不少就可能是他们的猎物。但是，洞穴内也发现有鬣狗粪化石，不少骨头上还有猛兽啃咬的痕迹，因而有些骨头也可能是穴居的鬣狗带进去的。人与动物争夺洞穴，正是猿人艰难生活的真实写照。但是，不管如何，洞穴内数以万计的石器和大量的灰烬，显示至少有部分动物骨骼是人类带进去的。实际上，周口店出土的鸵鸟蛋壳、鸟类化石和各种烧过的朴树籽等等，也只能是人类采集、狩猎和搬运的结果。在从50万年到20多万年前的漫长岁月里，人类无疑曾是这个洞穴的真正主人（吴汝康、吴新智、张森水主编：《中国远古人类》，科学出版社，1989年；吴新智主编：《人类进化足迹》，北京少年儿童出版社、北京教育出版社，2002年）

　　人类以天然洞穴为居址的历史，一直延续到旧石器时代晚期。人类也曾经用石块筑墙，或者把洞穴分隔开来，或者把住所弄得更舒适些。在西班牙北部的Cueva Morin和El Juyo遗址，就曾发现这样的遗迹。但是，真正的人类建筑物，却都是旧石器时代晚期的作品。晚期智人用木棍、猛犸象牙、各种大型动物的骨头和兽皮把房屋搭建起来。现在，兽皮不见了，但是不少象牙和兽骨的化石还在，搭建房屋埋下柱子的柱洞还依稀可见，考古学家于是可以复原人类最古老的建筑物。比如距今一万五千年前的美滋里奇（Mezhirich）遗址，位于今乌克兰境内。在直径大约6米的范围内，考古学家曾发现大量猛犸象的骨骼堆积，堆积下还发现不少石、骨制品和炭屑，这里显然是人类生活的遗迹所在。考古学家根据多方面的分析，认为这是一个用猛犸象骨等搭建起来的圆形建筑，并对之进行了复原（Richard G. Klein, *Human Career: Human Biological and Cultural Origins*, The University of Chicago Press, Chicago and London, 1999）。另一处乌克兰境内的旧石器时代晚期遗址，名为普什卡里I（Pushkari I）。在连成一排的三个火堆周围，发现许多大型的动物骨头。这个略呈长方形的建筑遗迹，地基向下挖了近30厘米，考古学家根据火塘和遗物的分布，把它复原为长条形的、帐篷式的建筑物。这个长逾10米的建筑物，实际上是由三个圆形的单体"帐篷"连起来的，显然比美滋里奇的单体建筑宽敞、复杂了许多（Richard G. Klein, *Human Career: Human Biological and Cultural Origins*, The University of Chicago Press, Chicago and London, 1999）。

中国疆域辽阔，也有相当广大的地区并无山洞可居，但是旧石器时代晚期的人工建筑还没有确凿的证据。过去曾经在黑龙江哈尔滨的阎家岗遗址，发现过用大型动物骨头堆起的弧状的遗迹，也有考古学家认为这是远古人类建筑的遗留，是远古人类狩猎的营地，但是这样的认识还没有得到大家的公认。

穴居、半穴居和地上建筑——不断升高的人类住所

在漫长的人类历史上，留下痕迹的旧石器时代建筑物，不仅都属于旧石器时代晚期，而且也屈指可数。新石器时代

早期的人们，仍然眷恋着洞穴，中国南方不少这一时代的人们，比如广西桂林的甑皮岩、江西万年的仙人洞、湖南道县的玉蟾岩等等，还都生活在洞穴里。但是，随着气候和环境的变化，随着人类生计方式从采集狩猎向农业的转化，定居成为时代发展的主流，房屋和村落慢慢占据了所有适合农业生活的地区。房屋建筑跟自然环境有密切的关系，跟文化传统也有莫大的关系，因此，中国各地逐渐发展起具有自己特色的建筑物来。

以中原地区为代表的中国北方为例。从距今七八千年前的裴李岗文化，到稍后的仰韶文化，再到距今约四五千年前的龙山文化，人类的居住遗址虽然变化多端，从形态上看，有方的，有圆的，也有长方形和不规则形的；从结构上看，有地穴式的，半地穴式的，还有地面式的和建在台地上的；从规模上，有单间的，双间的，还有多间的和连成一长排的，而且一个时代甚至某一个遗址往往具有多种建筑形式，但是数千年间整个新石器时代的建筑物，大致可以描述为从穴居到地面建筑的发展格局。

所谓穴居，除了窑洞，就是在无从建筑窑洞的情况下，从平地向下挖土。其形状及构造都很简单，而且多以单穴的方式出现，它的深度较大，面积也小，往往在中间或者一侧立柱。穹庐状的房顶，就搭建在这根立柱上。人们以木柱为梯出入其中。偃师汤泉沟的一个仰韶文化穴居式房屋，口径约1.5米，底径约2米，可以想象，居住在这样狭小的地穴里，恐怕是非常不舒服的。（杨鸿勋主编：《中国古代居住图典》，云南出版集团公司，2007年；杨鸿勋：《建筑考古学论文集》，文物出版社，1987年）。

但是更多的却是半地穴式样的房子。这样的房子，虽然仍旧挖穴，但是地穴很浅，深则一米左右，浅则只有二三十厘米。有些用于公共活动的大房子，也可以做成非常讲究的模样。比如河南灵宝西坡遗址编号为F105的方形半地穴房屋，夯土基础坑深达2.75米，残存的半地穴墙体高达0.95米，门道宽1米，长约8.75米。由柱洞分布看，房屋周围还有回廊。整个建筑占地约516平方米，室内面积达204平方米。居住面由不同材质的若干铺垫层组成，包括掺料礓石粉和蚌壳粉的细泥层，灰白细泥层和草拌泥层等，地面和墙壁均以朱砂涂成红色。夯土房基和柱洞之内都曾发现朱砂痕迹。火塘正对门道，整个建筑浑然一体，这是仰韶文化晚期投入劳动最多，也最为奢华的半地穴建筑。（河南省文物考古研究所等：《河南灵宝西坡遗址105号仰韶文化房址》，《文物》2003年第8期）

新石器时代的晚期，地面建筑逐渐增多。甘肃秦安大地湾遗址901号房址，为一多室建筑，面积达290平方米（若包括附属结构则可达420平方米）。主室居中，两侧和后面各有附室。主室中心有一直径2.6米的大型火塘，西南的前墙上还开有三道门。建筑前有两排柱洞和一排石柱础，估计原来有门廊式的建筑。F901前面约1000平方米的范围内没有同时期的房屋遗迹，只发现踩踏过的活动面，因此有考古学家推测这里是举行宴饮、集会和仪式活动的公共场所。（甘肃省文物考古队：《甘肃秦安大地湾901号房址发掘简报》，《文物》1986年第2期；刘莉：《中国新石器时代》，文物

出版社，2007年）

如前所述，在地面建筑开始流行的同时，地穴式和半地穴式房屋并未绝迹，只是居住人的身份可能发生了变化。晚至青铜时代的安阳殷墟，还时见这样的建筑，有些就建在制骨或制铜作坊里，很可能是工匠的住所。（中国社会科学院考古研究所：《殷墟的考古发现与研究》，方志出版社，2007年）

中国南方的情况略有不同，由于南方水位高，地面潮湿，所以早在七八千年前的跨湖桥文化和河姆渡文化时期，就出现了居住面高出地面的所谓"干栏"式建筑。这种建筑以桩木为支架，上面设大梁、小梁（地面龙骨）以承托地板，构成架空的基座，再在上面立柱、架屋梁及叉手长椽（人字木）而构成。（杨鸿勋：《建筑考古学论文集》，文物出版社，1987年；杨鸿勋主编：《中国古代居住图典》，云南出版集团公司，2007年；浙江省文物考古研究所：《河姆渡》，文物出版社，2003年；浙江省文物考古研究所、萧山博物馆：《跨湖桥》，文物出版社，2005年）。比较而言，南方地区的地面建筑开始较早，也比较常见，房屋和村落也多建在台地上，这多少都跟地下水位较高有关。北方地区穴居、半穴居的建筑出现早，延续时间长，也跟气候干燥、黄土深厚有密切关系。

从宫殿到摩天大楼——上穷碧落下黄泉

把地面抬高，然后再在抬高的地面上建筑房屋，从新石器时代就开始了。只是到了青铜时代的夏商时期，这种建筑形式更普遍，且往往见于王公贵族的宫殿建筑。河南偃师二里头遗址被许多学者认为是夏代晚期的都城，其一号宫殿基址，是一个大型的夯土台基。全部用黄土夯筑而成。夯层薄而均匀，一般厚约4.5厘米；夯窝小而致密，直径在3～5厘米之间，整个台基的质地非常坚硬。台基东西长108米，南北宽约100米，平面略呈方形。在夯土台基中部偏北的地方，还有一块略高的长方形台面。东西长36米，南北宽25米。这是殿堂的基座，上面排列有一圈柱穴，南北两边各有9个，东西两边各有4个，推测这是一个坐北朝南，面阔8间，进深3间，以木骨为架，草泥为皮，四坡出檐的大型木构建筑。（中国社会科学院考古研究所：《偃师二里头》，中国大百科全书出版社，1999年；中国社会科学院考古研究所：《新中国的考古发现和研究》，方志出版社，2007年；杨鸿勋：《建筑考古学论文集》，文物出版社，1987年）

这样的宫殿式建筑，开了中国宫殿建筑的先河，无论商周还是汉唐甚至明清，宫殿的建筑材料容有变化，体量容有不同，所谓"茅茨土阶"变成了富丽堂皇的砖石，但是要把地面抬高，把宫殿建高的中心思想却如出一辙。比如北京明清故宫最高大的建筑太和殿，殿高35.05米，占地面积2377平方米，屋顶由72根大柱支撑，巨大的台基和金碧辉煌的瓦顶，显示了封建皇权无上的权威。

如果故宫太和殿不是中国古代最高的宫殿建筑，也是最高的宫殿建筑之一，但是这样的宫殿建筑，跟现代的摩天大楼相比，却是难以望其项背。现存中国古代最高的建筑，据我所知，可能是山西应县的辽代木塔。这座始建于辽清宁二年（1056年）的木塔，高67.31米，底层直径30.27米，呈平面八角形；它建在4米高的两层石砌台基上，内外两层立柱，各层外有24根柱子，内有八根，构成双层套筒式结构。

应县木塔当然不是民居建筑，但是它把建筑建在高台之上的构思与宫殿式建筑并无不同。

人类自走出山洞以来，从第一个建筑——窝棚开始，虽然不断把它向地面抬升，但直到工业革命之前，建筑物的高度还十分有限。只是从19世纪末期以来，才真正建起高耸入云的摩天大楼来。楼建得越高，地基就打得越深，基座就越宏大。最近刚刚运营的阿联酋迪拜哈利法塔，堪称人类建筑之最。这座高828米的世界第一高楼，桩柱深入地下50多米，托起160层高的庞然大物，真可谓"上穷碧落下黄泉"；在它面前，任何古代和现代的建筑都相形见绌，这是人类建筑史上的一个奇迹，正见证了人类建筑发展的新高度。但是，这样的摩天大楼，也还是在过去地穴和半地穴建筑的基础上发展起来的，从走出洞穴，建造地穴、半地穴的房屋开始，到林立的摩天大楼的建成，不过是漫长人类历史长河的一个瞬间。

（以《居住：七千年前的房子》为题刊于《中华遗产》2010年第3期，本书发表的是原文）

生死两茫茫

——从居室葬到帝王陵墓

居室葬——"居住"在人类的脚下

埋葬同类大概是人类不同于其他动物的根本特征之一。人类的历史已经有五六百万年之久，大致可以分为早期猿人、晚期猿人、早期智人，晚期智人四个阶段，但是考古学上发现的人类有意识埋葬同类的证据，却只能追溯到早期智人阶段。这一阶段的人类化石在中国也有不少发现，比如辽宁营口的金牛山人、湖北长阳人、山西襄汾丁村人、河北阳高许家窑人、陕西大荔人、广东韶关马坝人等等，但是迄今还没有见到墓葬的痕迹。所以，我们讨论这个阶段的人类埋葬遗迹，只能利用欧洲和西亚的材料。

也许是跟保存的状况有关，这一时代的墓葬，多发现在洞穴里。当时的人们也生活在洞穴里，人死后，他的同伴就在居住的地面下草草挖一个浅坑，把死者捆绑成蜷曲状，塞进墓穴，盖上土和石块了事。在欧洲和西亚发现的20处发掘记录完好的尼安德特人（早期智人）墓葬里，有16处的人骨都是紧紧蜷曲在一起，很像婴儿在母体的样子，所以也有学者认为这是古人希望死者的灵魂能够像婴儿一样重新进入母体。但是，早期智人是否有灵魂转世的观念，还是一个谜。实际上，这时候的埋葬是否存在我们所熟悉的丧葬仪式，也还是一个谜。考古学家倒是在伊拉克的沙尼达尔洞穴（Shanidar Cave），在尼人尸骨周围的填土里发现了许多植物花粉，其中不少来自多种色彩绚丽的花卉。有研究者认为这可能是在死者下葬后，同伴们在他的身边放了许多鲜花的缘故。但是，也有的研究者认为，墓葬曾遭到啮齿类动物的严重扰动，不排除后期污染所致的可能性。不过总的看来，早期智人虽然已经有了墓葬，且多是埋在人类生活的洞穴里，但是没有像样的随葬品，是否存在丧葬的仪式也不很清楚。（Richard G. Klein, *Human Career: Human Biological and Cultural Origins*, The University of Chicago Press, Chicago and London, 1999; 吴新智主编：《人类进化足迹》，北京少年儿童出版社、北京教育出版社，2002年）

把自己的同类有意识地加以埋葬，是在人类有了明确的自我意识之后。到了晚期智人阶段，和我们完全一样的现代人出现了。这时候的墓葬虽然还多见于洞穴，但也不少出现在露天的遗址里。不同的是，随葬品更加常见，随葬品可能既包括死者生前的日用品，也有死后亲人赠送之物，还有专门为死者准备的撒在尸体上的赤铁矿粉末。死者生活在另一个世界的概念可能更加明确了。俄罗斯著名的宋格尔（Sungir）旧石器时代晚期墓葬，距今约28000年前，墓穴挖在冻土里，其中一个墓葬里面埋了一男一女两个少年，男孩身上发现4903颗象牙珠子，推测都是衣服上的坠饰；还发现250颗穿孔的北极狐的犬齿，好像是腰带上的饰物；女孩身上发现5374颗象牙珠子，也好像是衣服上的坠饰。实验表明，仅仅这些珠子本身的加工，就需要耗费数千个小时的劳动。显然，这时候的人类情感，已经同我们没有多少差别了。（Klein，1999；Steven Mithen，*The Prehistory of the Mind*, The Times and Hudson, 1996）

此时的中国，也发现了类似的墓葬。著名的北京周口店山顶洞人，人生活在洞穴的上室里，把死者就埋在紧贴上室西边的下室里。人骨周围有红色的赤铁矿粉末，人骨旁还有用兽牙、鱼骨、海蚶壳、小石子做成的装饰品，都是用带尖的石片从两面对钻，钻出小孔，然后用绳子穿成一串，戴在身上。（吴新智主编：《人类进化足迹》）

把死者埋在脚下的居室葬盛行于整个旧石器时代，直到距今万年前后的新石器时代早期，这一风习还在不少地区流行。近东巴勒斯坦耶利哥（Jericho）新石器时代早期的文化层中，曾发现多个涂泥的人头骨，其中不少埋在屋内地板下面，面貌轮廓和鼻、耳、眉、口都用涂泥法加以复原，眼睛则代以贝壳，埋在居室下面（Grahame Clark, *The Stone Age Hunters*, McGraw-Hill Book Company, New York and Toronto, 1967）。我国广西桂林著名的甑皮岩洞穴遗址，曾发现屈肢葬和二次葬，有的骨架上撒有赤铁矿粉末，还有的随葬用贝壳做成的刀子，与山顶洞人的情况并无特别的不同。

不过，人类进入新石器时代以来，慢慢开始了定居和农业，建设了房屋和村落，墓葬也逐渐跟人类居住的区域相分离，人的自我意识前进了一大步。不过也有例外的情况。距今八千年前后的兴隆洼文化，还保留着旧石器时代的遗风。他们已经住在村落四周挖有壕沟的方形或长方形房屋里，但却仍旧把死者埋在房子的居住面下面。比如内蒙古赤峰敖汉旗兴隆洼遗址，在180多座房子中，共发现居室葬30多座。这些墓葬在房址中多有相对固定的位置，多数墓口上方有踩踏的硬面，表明死者下葬后人类继续在此居住。居室葬未有葬具，墓主人既有成年人，也有儿童；以单人葬为主，也有男女合葬、儿童合葬。第118号墓，墓主人头部周围随葬陶杯、石器、骨器和野猪牙饰等等，死者右侧还葬有一雌一雄两头整猪，占据墓穴底部约一半的空间。这是中国古代墓葬所见最早的牺牲之一，拿动物做死者的牺牲，不管寓意如何，这与此前单单以死者生前的日用品和亲人的赠送品随葬又有不同，显示人类的认知能力和使用象征符号的能力又向我们靠近了一步。（杨虎、刘国祥：《兴隆洼文化居室葬俗及相关问题探讨》，《考古》1997年第1期；中国社会科学院考古研究所、香港中文大学中国考古艺术研究中心编：《玉器起源探索》，香港中文大学中国考古艺术中心，2007年）

墓葬区的设立——生死两茫茫

不过，在距今七八千年前的新石器时代，更多的情况跟上述的兴隆洼文化不同。虽然不少遗址房屋周围就分布着墓葬，比如河南舞阳的贾湖遗址，房屋距离墓葬很近，显示生者与死者惯常的亲密关系，但是居室葬却已经消失不见。与此同时或稍后，不仅出现了单独的墓葬区，墓葬区也开始跟居址截然分开。简而言之，从新石器时代早期开始，生死有别不仅体现在古人的观念里，更体现在他们的行为上。我们拿陕西临潼姜寨遗址为例。该遗址面积约5万平方米，史前堆积分为五层，下层遗存提供了可以复原村落社会的完整布局：聚落中心是广场，广场周围环布房屋，所有的房屋均面向广场；居住区周围是一圈壕沟，壕沟外则是墓葬区。在这里，生者与死者的住宅在聚落布局上严格区分。根据聚落的布局判断，围沟内相对集中的几个房屋群，很可能与围沟外相对集中分布的几个墓葬群存在对应关系。围沟虽然像一条鸿沟，隔开了阴阳两界，但是在阴阳两界之内，同一血亲集团的人们均生活在一起。有意思的是，某些房屋周围埋着装盛儿童的瓮棺。组成瓮棺的陶器有的底部钻孔，据说是为了便于灵魂的出入；把死去的幼童埋在房屋周围，据说也是为了便于让他们重新进入母体。实际上，在不少后进民族那里，未成年的儿童，是没有做"人"的资格的，时至今日，许多农村的早夭儿童，也不允许进入本家坟地，这也算是新石器时代的遗风吧。（河南省文物考古研究所：《舞阳贾湖》，科学出版社，1999年；陕西省考古研究所：《姜寨——新石器时代遗址发掘报告》，文物出版社，1988年）

　　如果说新石器时代早中期的墓葬，墓坑很小、墓穴很浅、随葬品也不多的话，那么至少从新石器时代晚期开始，已经出现了规模巨大、随葬品惊人的大墓，也可能已经出现了墓上封土或某种形式的墓上建筑。公元前3500年前后在中国的黄河、长江和西辽河流域都出现了这一类的墓葬。以河南灵宝西坡遗址为例，这里不仅有与居住区截然分开的墓葬区，墓葬也大小有别，体现了贫富分化的人间现实。比如第八号墓葬，墓口长3.95米、宽约3米、深2.35米。墓主男性，年龄约30~35岁，随葬品分别放置在墓主头部、右臂和脚坑中，共计10件（套），包括骨头做的束发器一件，玉钺一件，陶瓶一件，陶灶两件，陶釜灶两套，陶簋形器两套，陶大口缸两件。而第19号墓，不仅面积很小，仅能容身，也身无长物，与第八号墓葬形成鲜明对比。（河南省文物考古研究所等：《河南灵宝西坡遗址墓地2005年发掘简报》，《考古》2008年第1期）

安徽含山凌家滩遗址2007年发掘的第23号大墓（编号07M23），长3.45米，宽2.1米，深0.3米，虽然规模稍逊西坡大墓，但是随葬品却有过之而无不及。此墓不仅有棺椁，随葬品竟然高达330件，包括玉器200件、石器97件、陶器31件，另有碎骨和绿松石各1件。（安徽省文物考古研究所：《安徽含山凌家滩遗址第五次发掘的新发现》，《考古》2008年第3期）

我们看到的是墓穴里面随葬品的惊人，看不到的却是埋葬仪式的繁缛和奢华。试想，从死者生前的居所，到死后埋葬的墓地，这一路不管远近，有多少"表演"给生者观看的丧葬仪式都永远地消失了。就史前的大部分墓葬来说，我们看到的都只是埋葬之后永远封存给死者"享用"的那个部分，而这个部分，原本就不是准备给后人观看的。

就生死两界的分隔而言，时代越晚，生者和死者的距离也就越远。如果说商代晚期安阳殷墟宫殿区和王陵区中间只隔了一条洹河——只有2.5公里的距离——因此还不算远的话，那么秦汉以来的皇家陵墓，虽然都在首都周围，却也与皇宫隔开了相当的距离。远的不说，就说清东陵，远在北京东方的河北遵化县，距离北京市区约125公里；清西陵也远在北京西南的河北易县，距离北京市区约120公里。虽然不同地区的人类文化有其自身的特点，不能单纯以远近判定其中的含义，但生死两隔的用意却是相当一致。古埃及的帝王谷，中南美洲古代文明金字塔一样高峻的王陵，也无不包含着这种天人永隔、生死两茫茫的意味。

厚葬——"事死如事生"

有了随葬品，也许就可以说是有了"事死如事生"的意涵，如果不相信死后还存在另外一个世界，怎么会把死者生前的用品放入墓葬呢？又怎么会专门制作"冥器"甚至杀死动物"牺牲"甚至"人牲"随葬呢？所谓厚葬，也只是一个相对的概念。上述俄罗斯境内的宋格尔旧石器时代晚期墓葬，在当时的情况下，就是厚葬。但是从旧石器时代中期到新石器时代早期的居室葬，墓穴既小，墓坑又浅，死者多以蜷曲的姿态埋在墓底，身上又压盖着大石头块或石板，虽然有的已经有随葬品，不少还在尸体周围撒上代表生命的红色的赤铁矿粉末，但是对比新石器时代晚期以来的情况，这个时代的墓葬仍可谓非常简陋。捆绑死者尸体，既能节省挖掘墓穴的劳动，恐怕也是为了防止死者的灵魂叨扰生者；把大石块压在死者的尸体上，既要防止猛兽的侵袭，恐怕也有防止死者灵魂作祟的用意。其实，自从人类的自我意识发展到知道埋葬自己的亲人和同伴以来，他们对死者的态度就一直是矛盾的。既爱又怕大概是所有民族的共性。人类的墓葬因文化而千差万别，但建筑墓葬的宗旨也无外乎爱和怕。所以，对待死者的一切，都可以用爱和怕来解释：因爱而必须善待死者，因怕而必须讨好死者，且采取某种措施，把死者"控制"到不能"叨扰"生者的范围之内，所谓"事死如事生"，既是源自爱自己死去的亲人，更是为了保护自己和子孙不受死者灵魂的"侵害"。（陈星灿：《史前居室葬俗的研究》，《华夏考古》1989年第2期）

1976年发掘的安阳小屯五号墓，是商王武丁配偶之一的妇好墓。此墓虽然在规模上远逊于西北冈王陵区的大墓，但是却有棺有椁。墓中仅殉人就有16个，殉狗6只，随葬品多达1928件。玉器和货贝大部分放在墓主人贴身的部位，468件青铜器，则大多放在棺椁之间。这些器物成层地、有规则地置于木棺的四周。有一部分随葬品是在回填封土时，以数十厘米至二米的不同厚度，分六层埋入填土的，越接近椁室，每层放置的器物也就越多。青铜器中，仅礼器就有200多件，兵器共出130多件。玉器多达755件，还有绿晶、绿松石、孔雀石、玛瑙和水晶制品数十件。（中国社会科学院考古研究所编著：《殷墟妇好墓》，文物出版社，1980年）

如果说"事死如事生"就是把死者生前享用的一切搬到死后的话，那么商周时代的墓葬远不及秦汉甚至隋唐时代的墓葬来得直观。秦始皇陵自不必说，虽然陵墓本身还没有发掘，但是就目前所知地上地下的情况，也可以说秦始皇陵就是首都咸阳的某种翻版。我们还是看看那些没有经过盗掘，发掘记录又非常完好的西汉王陵吧。以公元前113年去世的中山王刘胜墓为例，这座开凿在河北满城县陵山上的洞室墓，墓门朝东，全长51.7米，最宽处37.5米，最高处6.8米；容积约2700立方米。全墓可分为墓道、甬道、南耳室、北耳室和后室等六部分。墓口以土坯封门。在甬道、南耳室、北耳室和中室，原来还建有瓦顶的木结构房屋，后因木料腐朽而倒塌。后室是在岩洞中用石板建成的石屋，有门道、主室和侧室三部分。环绕后室还开凿有一道回廊。墓内有排水设施。从器物的出土情况看，南北耳室是车房和马房，中室是厅堂，后室是象征卧室的内室，完全是对死者生前宫室宅院的模仿。除墓道外，各墓室都放置了大量随葬器物。甬道和南耳室共置实用车辆6部，马16匹、狗11只、鹿1只；北耳室出土大量陶器，原来分别装盛酒、粮食、鱼类等等；后室存放棺、椁以及许多贵重的器物，棺椁和尸体已经腐朽，但是刘胜所穿的"金缕玉衣"还保存完好。该墓旁边则是规模与之略相仿佛的另一座洞室墓，墓主是刘胜的妻子、中山王后窦绾。在这样一个奢华的地下世界，死者不仅可以像生前那样享受荣华富贵，而且也可以不必像商周以前的人们那样，死后只能局促在狭小的墓穴里，因为墓葬本身就是一个自足的世界。人们不仅想象死后的世界跟生前一样，也把生前的世界尽可能原样搬到了地下，墓葬就是现实生活的一个缩影。（中国社会科学院考古研究所：《满城汉墓发掘报告》，文物出版社，1980年；中国社会科学院考古研究所：《新中国的考古发现和研究》，方志出版社，2007年）

这种"事死如事生"的观念代代相传，而厚葬的传统，也一直流传到20世纪初叶。与史前时代略有不同的是，历史时代的墓葬，墓穴越挖越深，封土越堆越高，陵园越做越大，墓室结构也越建越复杂，越来越接近现实的人间世界，但是，人类对死者既爱又怕的矛盾心情并未有根本改变。深埋不再是为了防止野兽对死者尸体的攻击，却是害怕敌人的报复和盗墓贼的盗掘；厚葬是为了讨好死者，也是为了炫耀自己的富足，更是为了给自己和子孙后代带来福祉，就此而言，人类的墓葬虽然千差万别，埋葬死者的意图却没有根本的改变。

（以《知生知死》为题刊于《中华遗产》2010年第3期，本书发表的是原文）

风俗古今

二次葬的民族考古学观察

——河南偃师灰嘴村葬俗小记

二次葬是考古学上常见的一种现象。从史前时代到历史时期，二次葬屡见不鲜。所谓二次葬，即把已经埋葬或者已经某种葬仪处理的死者，重新埋葬，因为是二次埋葬，因此人骨架或者散乱或者缺失某些骨骼，与一次葬的人骨判然有别。为了说明问题，我随手引用几例考古上所见的二次葬。

第一例，郑州南关外北宋仁宗至和三年壁画墓：墓内共发现两架人骨，重叠放置。下面的一架较完整，头向西，仰身直肢。上面的一架人骨放置非常凌乱，头向西，发掘时看出头在下面人骨架的左侧。根据这种情况判断，上面的人骨是在下面的人埋好后二次迁葬的[1]。

第二例，登封箭沟北宋晚期壁画墓：发掘此墓时，封门砖尚好，墓室北部有骨架两副，头西，北侧为男性，二次葬（仅见大骨）；南侧为女性，一次

---

[1] 郑州市文物考古研究所编：《郑州宋金壁画墓》，科学出版社，2005年，第15页。

葬，头枕一绿釉瓷枕[1]。

这是比较明确的一次葬和二次葬的合葬墓。考古上还经常见到死者骨架凌乱或者缺失某些骨骼的现象，也不排除是二次埋葬。比如：

第一例，安徽蒙城尉迟寺大汶口文化墓葬M159，死者左上肢压在盆骨下，右上肢尺骨、桡骨缺失，面向左侧。墓主人为一年龄不详之男性[2]。

第二例，尉迟寺大汶口文化墓葬M195，人骨架一具，下肢骨部分缺失，极度屈折；上肢极度屈折，大臂和小臂紧贴在一起。经鉴定，墓主人12岁，性别不详。无随葬品[3]。

第三例，河南郑州大河村龙山文化M99，死者仰身直肢，下肢和左上肢伸直，右上肢压在头下。骨骼除部分脊椎骨和肋骨残缺外，其他骨骼保存较好。死者为壮年男性。无葬具，随葬蚌镰1枚，放置在头骨左下侧[4]。

第四例，大河村龙山文化M106，葬式为仰身屈肢

---

[1] 郑州市文物考古研究所编：《郑州宋金壁画墓》，第115~116页。

[2] 中国社会科学院考古研究所：《蒙城尉迟寺》，科学出版社，2001年，第218页。

[3] 同上书第243页。

[4] 河南省郑州市文物考古研究所：《郑州大河村》，科学出版社，2001年，第461页。

葬，头东，面向北。右尺骨和桡骨上折，手骨放在头
骨一侧，左尺骨和桡骨上折放在肱骨内侧，盆骨及下
肢骨残缺。死者为少年，性别不详。无葬具，随葬1件
陶纺轮，放置在头骨右侧[1]。

由于年代久远，骨架扰动和骨骼缺失并不能都视为二次
葬的结果，埋葬后动物和人为的扰动以及横死者和残疾人的
墓葬等等，也可能留下类似二次葬的情况。但是仔细辨别，
二次葬还是很容易发现的。至于仰韶文化发现的大量多人二
次葬，更是考古学上经常被人讨论的问题，这里不再举例说
明[2]。

因为心中装着这个问题，所以，当我们在河南偃师灰嘴
发掘期间发现今天的偃师还存在二次葬的情况时，就做了比
较详细的观察记录。现在按照葬礼的先后顺序，记录如下。

1. 2005年11月19日，灰嘴村土葬一名为李长安的
70岁老者，此人两天前遇车祸死亡，今天出殡。

2. 18日李家即在大门外的公路边上搭建彩条布棚，
下午开始奏乐；天黑之后继续奏乐，多为流行歌曲，一
唢呐，一喇叭，一二胡，声音震天响。随后唱豫剧，听
不懂唱的什么，据说非常脏，多是骂人话，说是村中老

[1]　河南省郑州市文物考古研究所：《郑州大河村》，第463页。
[2]　中国社会科学院考古研究所：《新中国的考古发现和研究》，方
　　　志出版社，2007年，第64～69页。北京大学历史系考古教研室：
　　　《元君庙仰韶墓地》，文物出版社，1983年。

人爱听脏话。约夜里十点乐队才散（图一）。

3.19日中午饭后出殡。先是乐队在门前唱戏，一中年女性，一年轻女性，一中年男性，在乐器伴奏下分别唱豫剧和曲剧，所唱都是劝善禁贪的老调。

4. 死者最近的亲属披麻戴孝为死者送行。先是抬出两个长凳，是放棺材用的。然后把一个八仙桌从戏棚里抬出，放在凳前，放上四五个白碗，碗里有肉有菜，都是熟的。桌上放纸扎的楼房，房前放死者遗像；桌下是一个粗糙的食品罐，罐里放柏枝、葱、青菜和豆腐等物，是准备放在墓里的（图二）。

5. 戴深度近视眼镜的一位老先生作司仪，主持祭奠仪式，亲属跪在供桌前的大路上，行礼如仪（图三）。

6. 棺材外面套着一个大红棺罩，上面绣着龙和其他图案，镶着闪亮的镜子碎片，很是漂亮。我初以为这是租用的，最后才知道是专为死者用的，下葬后并不取回（图四）。

7. 行礼如仪后，起棺抬往墓地，孝子们（三男三女）领头，棺材紧随其后。孝子们穿全白的衣帽，鞋子也缀上白布，身上扎麻绳，头上的白布悬在身后，颇有古风。孝衣样式男女不同，都是用白细布做的，

```
    1
 ┌─────┬─
 2  │  4
 └─────┴─
    3
```

图一　门前奏乐

图二　供桌上放置纸扎的楼房

图三　大门外灵行礼如仪

图四　棺与大红棺罩（陈星灿 摄）

针脚外翻，很不讲究（图五）。

8. 抬棺人8个，前后各四，人已火化，但是棺材仍重。向南地势渐高，接近坟地曾放在两条抬来的板凳上休息一次（图六）。

9. 原来李家的坟地在村南铁路配件厂东，不知何因，死者的妻子12年前去世后埋在南面火焰岗下的一个东西向的黄土坎下。今天死者妻子的坟被打开，取出骨架后重新穿衣，装在一个长方形的小木棺里和丈夫合葬。

10. 我跟至山前，接近坟地处，见有人把死者妻子的棺木抬上，跟在送葬队伍的后面抬至墓地。棺上披一红地白花的线毯，她的遗像也被拿到墓地（图七）。

11. 到墓地后仪式很简单，司仪基本不允许哭泣。把两口棺材放到墓穴前的四条长凳后，死者的儿女进入墓穴为父母扫地，此时也没有哭泣声。墓挖得很深，深约三米，东西向，西端大，东端小，西端底部向西开挖墓穴，是所谓洞室墓。墓挖在生黄土上，土色很黄，很纯（图八）。

12. 棺材前放置死者的神位，上写"已故李公讳系丙子相寿终享受七十岁之魂帛"，读不通，大概至少有两三个错别字。写在白纸上，白纸糊在一个长约70厘米的木板上，木牌插在两个白馒头上。另外一个用黄纸写的是死者之妻的牌位，比死者的小而宽，也是纸糊的，可能用白黄两种颜色表示新死和旧死的不同（图九）。

图五　送葬队伍

5	6
7	8

图六　抬棺前往墓地

图七　死者妻子的棺材随后被抬往墓地

图八　夫妻的棺材并排放置在墓穴前面
（陈星灿　摄）

图九　夫妻的牌位插在丈夫棺前的馒头上（陈星灿 摄）

13.儿子抱着父母的遗像，女儿口中只喊娘呀娘呀，可能是习惯之故。

14.先下死者李长安的棺材，随后下死者妻子的棺材，后者放在李长安的右侧，因为男左女右之故。棺材放下的时候，不能喊在场人员的名字，虽然需要大家的合作，但也只能喊你我他，显然是害怕死者的灵魂作祟。

15.棺材入洞后，把一个画有红色的类似道符一样的蓝砖和蓝瓦放在洞口，还有四个白色的布包，里面据说放的是朱砂和粮食，也放在洞口不同的位置上，司仪在上面指挥，但是好像也没有完全按照他的吩咐做。洞口还放有蜡烛、食品罐和一个长约20厘米的弓箭，死者夫妇的牌位也放在洞口。死者头西脚东，所有放在洞口的东西，都是在死者脚部（图十）。

16.随葬品放入后，死者的一个儿子下去再巡视一遍，然后把两个长方形的石灰板吊下去，下面有个男人接着，把它们放在洞口，一边一个，很像农民家中的大门，男人把它们安放好后，为了防止石板向后倒塌，又用木棍支住，才开始下土（图十一）。

17.下土前儿孙们围绕墓口先逆时针走三圈，边走边用哀杖向里面拨土，有的人手里拿着馒头，向里扔馒头块，不知何意；然后又顺时针走几圈，也做同样的动作，最后扬长而去，只剩下埋葬的人（图十二）。

$\dfrac{10}{12}$ 11　图十　放置随葬品

图十一　用石灰板封门

图十二　亲属向墓里扔馍扫土（陈星灿 摄）

18.埋人的每只铁锨上都绑着白布条，大约16人花费了约20分钟才把墓填平，差不多填平的时候，有一个人把指头粗大小的柳枝（上糊很多纸花）插在中间靠西的地方，有人喊太深了，于是在坟头起来的时候，上去一人把这个所谓的幡往上拔出，目的是不让柳条存活。据说往外拔要从背后拔，否则会腰疼，但是说这话的时候，幡已经拔高了，拔的人也不以为然（图十三）。

19.坟头起来的时候，有人把纸楼、金山、摇钱树等集中在坟前火化，有人还用铁锨砸这个火化物，以求速朽（图十四）。花圈则树立在坟头，两个花圈之间是一个老盆，底部钻了9个圆孔，很规则，盆边上包了金黄色的纸，倒扣在坟头上，据说要等回避的家属来了，由长子把它击碎（图十五）。

20.五碗供品（西红柿、莲菜、豆腐、红烧肉和另外一碗叫不出名字的肉）没有随葬，给那个放置随葬品的人拿回家去（图十六）。

21.死者的亲属躲在100米开外的另外一个台地下烤火，据说他们回来不能跟干活的人见面，原因不明。回来应该是所谓"服三"以后的事情，也就是三天以后才能回来，但是现在程序简化了，当天就能回坟（图十七）。

22.我和另外一个姓张的村民顺路看了看死者妻子的原墓穴，回来正好跟死者的亲属见面，他赶紧说我们不能见面的，于是亲属们就躲在一边，没有同我们

13	14
15	16

图十三　下土埋葬

图十四　焚化纸楼

图十五　坟头上等着长子击碎的老盆

图十六　五碗贡品（陈星灿　摄）

直接照面。

23.死者妻子的墓室利用一个高约1.5米的台地，墓很浅，墓口的石板随便躺在地上，洞穴内一片狼藉。我没有看到打开墓穴的场面，据说是把棺材劈开，骨架拉出，然后还要为她象征性地穿上衣服，然后才装到木棺里。因为是二次葬，所以一切都简化了。她的原墓是否填埋，据说要由这块土地的所有者来处理，死者家属不用费心，但是费用需死者家属负担（图十八）。

24.坟地是一个高台地，西面类似圈椅，东面是一个东北方向的冲沟，看起来十分符合古代的风水理论，据说这确也是风水先生看好的（图十九）。

李长安的妻子，12年前去世，临时埋在一个土坎下，也是洞室墓。如果千百年后考古发现李长安和他妻子的合葬墓，可以很容易地发现，一个是一次葬，一个是二次葬。因为李妻的骨架，从原来的棺材中抬出，已经部分散架，所谓穿衣，也不过是盖上衣服而已，二次葬后的棺材里，不仅骨架错位，很可能某些骨骼也是缺失的。如果考古发现李妻原来埋葬的墓穴，则会发现原来的部分葬品和可能缺失的部分骨骼，这与我们考古经常发现的所谓"空墓"或者只有随葬品而无人骨架的情况若合符节。

李家要把新坟迁到村南高地，所以才把12年前去世的李长安的妻子临时埋葬在家族墓地之外的地方，等李长安去世，又一并埋在新的家族墓地。这便是李长安的一次葬和他

17
───
19
│18

图十七　埋葬后死者家属躲在百米开外的地方

图十八　死者妻子的旧墓穴一片狼藉

图十九　背靠高台的墓葬（陈星灿　摄）

妻子二次葬的由来。这个一次葬和二次葬的合葬，为我们理解古代的二次葬提供了一个现代案例，不过这个案例的关键在于埋葬过程，至于古代二次葬背后的动机，因为文化不同，恐怕只能根据考古材料和历史文献做具体分析。另外，考察灰嘴的这个现代案例，使我们对中原农村葬俗的古老渊源，也有更加深切的体会。比如坟上插柳，食品罐里插柏枝，送到坟地的纸楼房、摇钱树以及随葬的弓箭等等[1]，这些在古代文献中并不鲜见的葬俗，还能活灵活现地展现在我们的眼前。另外，下葬的过程中，把馒头块扔到填土中，也能帮助我们了解某些古代墓葬填土中出现破碎陶器或者殉狗等的用意[2]。正是从这个意义上说，针对考古学问题的民族考古调查在我国还是一项大有可为的事情，努力去做，定会有很多新的收获。

（原刊西南大学历史地理研究所编《中国人文田野》第三辑，巴蜀书社，2009年）

---

[1] 比如唐代段成式的《酉阳杂俎》卷十三（杜聪校点，齐鲁书社，2007年，第82～87页）所述葬俗就有不少跟我们在灰嘴所见若合符节。

[2] 比如安阳殷墟花园庄东地商代葬M54填土中，既出土一个破碎的陶鬲，还出土2个人头骨和9条殉狗，有些狗肢体不全，显然是处死后扔到坑里的。见中国社会科学院考古研究所《安阳殷墟花园庄东地商代墓葬》，科学出版社，2007年，第77～82页。

商代晚期黄河以北地区的犀牛和水牛

——从甲骨文中的兕和兕字谈起

[法] 雷焕章 (Jean A. Lefeuvre) 著

陈星灿 译

商代甲骨文中的兕，常被写定为兕或兕，迄今为止，众多一流专家对它的解释是见仁见智。某些最常见的解释是：犀牛、牛一样的独角兕、兕属的牛、兕（没有解释）、让人垂涎的特殊猎物、中原地区的一种野生动物等等。本文试图就此问题再作探讨。

主要观点

罗振玉把兕释为"马"[1]。王襄[2]和商承祚[3]也把它释为马一类的动物。叶玉森开始把它释为"犀牛"[4]。但是一个新发现引起激烈的争论。1929年11月28日，在中央研究院的第三次殷墟发掘中，在小屯东北地张学献家的田地上发现的大连坑（横十三，丙北支，二北支）中，出土了一个大型动物的头骨。头骨很大，包括从额骨顶部到鼻尖的整个额骨

[1] 罗振玉：《增订殷虚书契考释》，台北，1969年，第29页。
[2] 王襄：《簠室殷契类纂》，天津，1920年。
[3] 商承祚：《殷墟文字类编》，1923年。
[4] 叶玉森：《殷契鉤沈》，北平，1929年，第8页。

部分，是一个大型动物的头骨。骨头上竖刻两行文字，但是头骨本身不加修整，也不是占卜用的。商人有时候会把特别有名的战利品保存下来并在上面留下记录。某些战利品是从被战败敌人的头骨上取下的头骨片，在上面刻辞纪念（见《前编》图3，《综述》图版13－4，《京津》5281，《综述》13－1）。还有的是在狩猎活动中获得的战利品，即在某种稀罕猎物的头骨上刻字留念。

在这个大型动物的头骨被发现的同时，在距它几米远的地方还发现了另外一件狩猎的战利品。这是一个鹿头骨，上面有刻辞（《甲编》3941）。在第四次发掘中，在大约100米外的乙21坑（根据1976年4月19日与屈万里的通信），又发现一件狩猎战利品。这是一个带角的鹿头骨，上面也有刻辞（《甲编》940）。

1930年，董作宾把这个大型头骨给德日进鉴定，德氏发现头骨内侧有一排牙齿，认定是牛牙（bovine teeth）。

董作宾注意到，头骨刻辞中有获白象——"我们抓住一头白象"的记录。他认为这是一头白色的野生动物，头上有一角，因此认定这是一只独角兽。为了迎合德日进的鉴定意见，董氏试图证明独角兽属于牛科动物（species of the bovidae）。他为此搜集了中东、波斯、中亚和华北地区有关独角兽的所有相关材料[1]。不久，方国瑜在《师大国学丛刊》上（1－2，1931年）发表《〈获白麟解〉质疑》一文，

---

[1]　董作宾：《获白麟解》，《安阳发掘报告》2（北平，1930年）。

认为甲骨文中的𢊷与西方的Rimu和中国的独角兽（麟）不相干。在商代的甲骨文中，𢊷和马都有一样的尾巴。独角可能只是笔画的省略。方的结论使我们只能说𢊷是中原本地的一种野生动物。

在《史学年报》（第4卷，第119～121页，1932年）上，唐兰发表了一篇名为《获白兕考》的文章。在他看来，甲骨文中的𢊷，和《说文》的𧣴字、篆书的𧣘都可以释为《尔雅》的兕或𧣘字。根据《尔雅》郭璞注和刘欣期的《交州记》，它是一种独角的野兽，色青，体大而重。唐兰还引用韩婴（《韩诗外传·诗经卷耳》）的话，"如果有人用兕角做成酒杯，能够容纳五升酒"（《诗疏》引《韩诗》载："兕觥，以兕角为之，容五升。"）。根据这个说法，唐兰认为兕角很大，与甲骨文所见形象极为吻合。

叶玉森在《殷虚书契前编集释》（上海，1934年）中，对《前编》2－5－7的解释，不再坚持兕是犀牛的说法（见《殷契钩沈》。因为甲骨文𢊷的尾巴与马的尾巴的写法一样，他认为这是一匹体形巨大的独角野马。也许与《尔雅》中记录的长着弧齿且以虎豹为食的駮（駮如马，倨牙，食虎豹）相似。但是，独角也可能只是笔画的省略，不过是用一角代表两角而已。至于在大兽头上发现牛的牙齿，他认为刻辞并不一定刻在它提到的动物上面。

郭沫若《卜辞通纂考释》（东京，1933年）对第577片的考释，接受了唐兰的意见，把𢊷释为𧣘。一般说来，兕是灰色（青）的，但有些却是白色的，如果真是如此，倒是值得记录。

商承祚在《福氏所藏甲骨文字考释》（南京，1933年）中，根据某些金文的特征，把𡘙释为𢎏，但是在他的《殷契佚存》（南京，1933年）序里，他又把它转写为㒸。

许多学者没有注意到著名古生物学家裴文中的意见。在1934年3月18日和25日的《世界日报》上，裴氏发表了《跋董作宾〈获白麟解〉》的文章。他抛弃了神话中的独角兽和駮的说法，根据牙齿和头骨的形状，他断定大兽头是一种牛属的（bovid species）野生动物。

董作宾在《殷历谱》（卷2，1945年）接受唐兰的意见，把𡘙释为㒸。

丁骕在《契文兽类及兽形字释》里，把𡘙转写为㒸[1]。在他看来，这不是一只犀牛：犀牛的角竖立在鼻子上，但在甲骨文𡘙及其各种变体上，角都位于额骨的顶端且向后弯曲。在甲骨文中，角的体形巨大，与某些古代文献所言人们用来喝酒的兽角非常吻合。但是，要适合做酒杯的话，角必须是中空的。因此它不应该是实心的犀牛角，而应该是牛角。丁骕认为这是在殷墟发现的一种称为Bos exiguous Matsumoto的角。根据他的说法，水牛是家养动物，牛才是用作食物和祭品的野生动物。

李孝定在《甲骨文字集释》（台北，1965年，第3021页），多少接受了唐兰的意见，但是他补充说𡘙（《京津》1913）与《说文》中的㒸字极为相似。他觉得这种动物有两

---

[1] 丁骕：《契文兽类及兽形字释》，《中国文字》21（1966年9月），第28页；《中国文字》22（1966年12月），第31页；见第21期。

只角，“前面的一只大而又长，后面的一只小而短”。因此，他似乎倾向于认为这是一种犀牛，但他没有挑明。最后，根据《说文》他把它转写为舄，解释为“一种动物的名字”。

大多数学者最后都接受了唐兰的意见，把□转写为兕或冢（《康熙字典》认为舄字是抄写者把勹误写成勿的结果，因此，兕或冢是正确的写法）。唐兰的主要论据有两个。其一是甲骨文的□与篆书冢字很相似，其二是根据某些古代文献，兕本就是一个独角的体形巨大的野生动物的名字。

因此，目前大家同意把□转写为兕或冢，但是解释却不尽一致。有人认为它是独角兽，是“犀牛”。有人则认同古生物学家的意见，认为是一种野牛。本文将检讨甲骨文的相关材料和古生物学家的鉴定意见，还要检讨后代文献中有关兕的记载，看看能否澄清这个问题。

《甲编》3939

通过几位学者的努力，对大兽头上的刻辞的理解有了进步。屈万里根据《甲编》2416，在刻辞的末尾加了一个□。这是盂方伯的名字。根据和《甲编》3940、3941及其他文献的比较，我们认为田（“去狩猎”）字必须加在这段文字的前面。因此，我们把整个刻辞（甲编3939）翻译如下：

> 在□山脚狩猎，我们抓到白兕，并在X地举行了树祭。《合集》37398
>
> 第二月，（因为）是王的第十个祭日，我们举行

了肜祭，王来攻击盂方伯（⛎）。（☐邘金录，隻白兕，叔邘☐。在二月，隹王十祀，夕日，王来正盟方白☐。）

　　这个大头骨不是占卜用骨，刻辞也非卜辞。我们很容易把它定为帝辛时代的遗物，因为在帝辛时曾出征盂方的族长。在这次军事行动中，商王狩猎并祭献牺牲，祈望事事顺利。在一次狩猎中，他们猎到一头白兕，这对他们来说是一个吉兆。

兕及其考释

　　在《佚存》427中，也有这样一段刻辞，说"我们捉到一头白兕"（获白兕）。在《佚存》518中，还有"获商戠兕"这样一段刻辞。对它的解释值得在此讨论。商承祚把商释为赏，把戠解释为"黄色"[1]。陈梦家引用这段文字并解释戠为埴的借词，认为它是表示牛的一种特殊颜色的专用词汇（《综述》第240页）。许进雄在他的《明义士藏商代甲骨集》（第二卷，正文）中，两次把戠说成戠牛。开始他认为戠是灰黑色（片1784），后来又释为赤色（片2539）。岛邦男认为与颜色无涉，他把戠释为膱，大脔，意为切下牛肉以为祭品[2]。根据这个解释，"获商戠兕"可以这样翻译：

[1] 商承祚：《殷契佚存考释》（南京，1933年），518。

[2] 岛邦男：《殷墟卜辞研究》，日本版（1958年），第271页；中国版，第269页。

“我们在商猎到一头兕（适合）切肉”或“我们猎到一头大兕（适合）切肉。”无论如何，都与牛有关，在商甲骨文中，在戠之后，都跟一个动物的名字，这个动物总是牛。如果冢是一个牛科动物，也不应该有例外。

在《前编》2－5－7中，有所谓大冢的问题。由此，我们至少知道有时候兕是一种大型动物，但到底有多大，却没有多少帮助。

有关狩猎的卜辞

通常情况下，在商甲骨文中，冢出现在关于狩猎的卜辞中。胡厚宣注意到卜辞中猎兕的不同动词[1]。如果我们知道用来描述狩猎兕的不同词汇，我们也许就能够知道兕大概是一种什么动物。通过岛邦男（《综类》81－1、222－1到223－3）一书的帮助，我们能够做一次更系统的考察（即便随着新材料的刊布这种考察是不完整的）。下面就是有关狩猎词汇出现的情况：

获，44次；用网捉（罕、䍐），21次；追赶（逐），15次；射，13次；赶到河里（涉），4次；赶到包围圈里（宨、窋），4次；狩，3次；使之落到陷阱（？）（㞷），2次（陈梦家注意到㞷通常指夯土，但又指出在帝乙、帝辛时期，是一种狩猎方式，见《综述》第538页）；抓（执），1次；围

[1] 胡厚宣：《卜辞中所见之殷代农业》，见氏著《甲骨学商史论丛二集》，成都，1945年，第44～47页。

（？）（凷，围？），1次。

上述许多狩猎词汇可用来表示狩猎不同动物，这些卜辞通常很短，无助于我们对动物种类做出判断。但是，其中的一条信息引起了我们的注意。卜辞中用弓箭射杀动物（射）出现过13次。如果罴是犀牛，那怎么可能呢？因为即便今天用普通枪也难以射杀一头犀牛。但是，如果罴是一头白牛，用箭射杀它是可以的。把动物赶进河里（涉）出现过4次。这四段刻辞出现在同一件腹甲上（《甲编》3916）。屈万里把"涉"解释为"跋涉，涉过河"，而罴是一个动词，即"猎兕"。但是，在商甲骨文中，罴从来不作为动词使用。涉很可能有时候表示一种狩猎兕的手段。野兕是一种凶猛动物，但是一旦把它逐到河里，就很容易捉到它。如果这种动物是野水牛，这好像是很好的办法。

不单分析各种不同的狩猎方式，同时还要关注被狩动物的数量也许是有用的。比如在一次田猎中，获得40头兕（《续编》3-44-8），还有的猎到12头（《佚存》350）或11头（《丙编》102-1；《明》20）。犀牛不成群活动，因此很难一次获得如此众多的犀牛。相反，如果兕是野牛，就极有这种可能。

牺　牲

在占卜所用的牺牲中，有几次提及兕；其中4次用于禳祭（《综类》223-1），3次鼎祭（《综类》223-1），2次㞢祭（《综类》222-4，223-2）。因此，兕是可以奉献给祖先的珍贵牺牲。有时候还提到祖先的名字，比如祖丁、父丁（《宁沪》1－93）。

字　形

大量字形有很大变化的字，因为有一只角，从而被转写为兕。下面根据年代讨论其中的某些字形。

某些字形变化代表不同程度的笔画省略，比如，身体被侧面轮廓甚至一条曲线取代。但是基本因素并无不同。注意到下面的事实很重要：角从没立在鼻子的顶端，却总是从头后伸出来。还有，角从来也不是竖立的，却呈弧线向外延伸，角上通常还能看到纹理。如果这个字形代表水牛，这些特征极为吻合。在《萃编》941刻辞中，有一个字形并不完全表现轮廓，两角不上翘却从前面向外呈弧形延伸。丁骕认为这一定就是水牛[1]。

商人对这种动物印象深刻，不仅由于它有大角，也还可能因为它的嘴形。在多数情况下，字形的顶端代表大嘴。有时候，用一条线表示上下颌之间的区分。有时候，嘴是张开的，上下颌不应被看成是两只角，因为另有一只角且总是从头后伸出来（见《甲编》3916-105）。这很可能表示一头正在咆哮的猛兽，作为文字可能就是："猛"

[1]　丁骕：《契文兽类及兽形字释》，《中国文字》21（1966年9月），第28页；《中国文字》22（1966年12月），第31页；见第21期。

兽。在《京津》1913片刻辞上，有🄽这样一个字形，上半部与《甲编》3916-10的变体略同，可能表现张开的上下颌骨，却没有刻划角。因此不很确定这是否同一个字形，是否代表同一种动物。

多数情况下，这种动物的尾端用一撮毛发表示。但是犀牛的尾端是没有毛发的。这种尾巴的特征正与牛的吻合。

在甲骨文中，🄼和🄽是两个不同的字。这意味着其时既有家牛也有野牛。也许对于必须在狩猎中获得的野兽，他们用整个动物的象形表示，而某些家畜他们则只用它们的头部象形表示。比如通常出现在数字后面的🄽和🄼，可能最先作为文字而出现，后来才用来表示某种分类。

武丁时期

粹编 941　　邺初 1-38-12　　续编 3-43-5　　乙编 8672　　乙编 8672

戬寿 41-3　　乙编 8049　　粹编 939　　丙编 86-10　　乙编 764

祖庚，祖甲时期

文　录
68-724

前　编
3-31-1

后　编
1-30-10

遗　珠
593

康丁时期

甲编
3916-8

摭　续
133

甲编
1915

后编
2-38-5

外编
54

甲编
3914

甲编
2026

佚存
265

续编
6-20-11

甲编
1633

武乙，文武丁时期

甲 编
840

人 文
2359

甲 编
620

宁 沪
1-193

帝乙，帝辛时期

佚 存
518

续 编
3-44-8

续 编
3-44-9

佚 存
427

甲 编
3939

续 编
3-24-5

粹 编
940

京 津
5321

前 编
2-5-7

续 编
3-28-5

石牛（5号墓）
《考古》，1977年第3期，第152页。

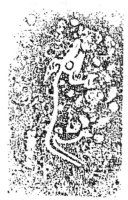

牛方鼎

甲编 3916-10

音韵学分析

据高本汉[1]，牛、犀和兕在上古和古代汉语的读音分别如下：

牛	*ngiǔg	ngi̯ə̯u	(998a)
犀	*siər	siei	(596a)
兕	*dzi̯ər	zi:	(556a)

从音韵学的角度看，兕与牛没有关系，反而和犀很接近。㒸 和屮的字形也不相同。古人不会根据现代动物学的分类原则给动物分类，他们的分类当依据他们在野外面对这种动物的实际经验。对他们而言，兕是与犀同样的凶猛野兽：它们是不同种类的野牛。商代晚期，如果有犀牛存在于小屯地区，那也是非常罕见的（见下的古生物学分析），我们不知道商代的甲骨文中是否有一个特殊的词汇表示"犀牛"。音韵学分析只是有助于我们理解后来的兕和犀都不是家养动物而是野兽。

牛方鼎

在1934年9月到1936年12月的小屯发掘中，侯家庄HPKM1004号墓出土了一件牛方鼎。鼎的四面和四足上饰有

---

[1] Bernhard Karlgren, *Grammata Serica Recensa (repr. From BMFEA* 29, 1957).

牛头。鼎内底部有一个阴刻的象形符号，看起来像牛。它很可能是作为族徽使用的。

象形文字显示这种动物的侧影。其头后有一个大角，呈弧形向后延伸。角根粗大，角上有粗壮的纹理。这很可能是水牛的角。

吻部很大，嘴大张。这与《甲编》3916-8和3916-10上的字形很近似。另外一个出现在《甲编》2026上的字形必须和牛方鼎上的字加以比较。它们都有一只大角，一个大眼睛。如果牛方鼎底部的字形是一个族徽，一个名字，或者一个"字"，那也许不应该像看图画一样横着看它，它很可能必须竖着看，这样它与《甲编》3916-10字形的形似性就非常显著了（我想在这里感谢Noel Barnard教授，他为我精心复制了牛方鼎的照片和拓片）。

在1976年春天的小屯发掘中，5号墓（即妇好墓）出土了一件石牛（长约25毫米）[1]。根据角的形状和纹理来看，很清楚它是一头水牛。吻部大而突出。甲骨文中兕的某些字形，角呈弧形向后伸展而不竖立，吻部大且呈方形，与此有很多共同之处。

大兽头骨

在法国国家自然历史博物馆古生物学部主任Léonard

---

[1]　《殷墟考古发掘的又一重要新收获》，《考古》1977年第3期，第151～153页。

Ginsburg的指导下，Sauveur d'Assignies先生在巴黎工作多年，从事古生物学研究。1979年，d'Assignies先生陪我访问南港的"中央研究院"，得以近距离观察大兽头骨。他画了图也做了测量。1980年7月初，d'Assignies先生、Ginsburg教授和我在巴黎的法国国家自然历史博物馆会面，讨论大兽头骨的归属问题。两位专家都完全赞成德日进和裴文中的意见：牙齿（我有照片）和骨头肯定是牛的。后来，通过照片和线图，他们还和馆藏的所有其他牛和水牛的头骨加以比较，结果是：大兽头骨是水牛的。牛的两角根部位于额骨较高的位置，而水牛的则较低。另外，牛的两角根分得很开，水牛的则很近。就大兽头骨而言，角根部的位置很低，角根中部的凸起距离额骨中缝仅5.5厘米。对两位古生物学家而言，大兽头骨是水牛的头骨。小屯出土的所有水牛都属于圣水牛（*Bubalus mephistopheles* Hopwood），但是巴黎没有这种水牛的标本，因此也说不上更多的话。

古生物学

在这篇短文里，不可能展开讨论古生物学有关中国的犀牛、牛和水牛的问题。我们只是根据《中国古生物志》和《古脊椎动物学报》，简单报告我们已知的全新世和历史时代初期华北动物群的情况。犀牛曾在浙江和长江中游地区出土，但是小屯之外的长江以北地区，只在河南淅川下王岗遗址发现过。在该遗址的仰韶文化地层中，曾发现过苏门犀

（*Rhinoceros sumatrensis*）的骸骨[1]。因此河南的这几块犀牛骨远在晚商之前约2500～3000年前。就小屯而言，在德日进和杨钟健的《安阳殷墟之哺乳动物群》（《中国古生物志》丙种，第12号，第1册，1936年6月出版）中并未列出犀牛。后来，杨钟健和刘东生在他们更加全面的新报告《安阳殷墟之哺乳动物群补遗》（《中国考古学报》第四册，1949年，第149～150页）里，才指出发现了两块犀牛的指骨。第一块是左第三脚掌骨，另一块是一下端已断去之掌骨，可能为第二手掌骨。不幸的是，由于没有发现牙齿和头骨，难以鉴定种属。石璋如在他的《河南安阳小屯殷墓中的动物遗骸》（《文史哲学报》第3期，台北，1953年，第1～14页）中说，"貘与犀牛在发掘时未曾注意其出土地"（第5页）。因此，我们不能判断犀牛骨究竟是出自仰韶、龙山还是小屯文化层。

不管如何，犀牛只有两块跖骨被发现，而水牛却多达一千多个个体。在二三千年之后，河南南部的犀牛还生活在黄河以北地区吗？还是这些犀牛跖骨只是从南方带来的珍贵礼物？我们无从知道。但是，商人能够大量狩猎豕（一次多达40头），这不可能是犀牛。

在全新世初期的华北地区，原始牛（*Bos primigenius* Bojanus）跟其他许多动物一起消失了。但是，在整个中国，不能确定种的牛（*Bovinae* indet.）随处可见。这里无

---

[1] Zhou Benxiong周本雄, "The Fossil Rhinocerotides of Locality 1, Choukoutien," *Vertebrata PalAsiatica* 17.3 (July 1979), p. 254.

法罗列出土地点。但是，应该注意到，牛的驯化也许早在仰韶时期就已经开始了[1]。所有在小屯发现的牛都属于*Bos exiguus* Matsumoto（东北野牛）种，现在已经灭绝了。它们的数量不是很多，只有百多个个体。很可能它们中的一部分是圈养的，但是肯定也还有野牛在森林里游荡。知道下面的情况很重要：在祭祀坑中埋葬的牛骨，如果是完整的骨架，一定是牛（oxen）而非水牛（bufflalo）[2]。对某些牺牲而言，如果是要埋掉的整个动物，商人总是选择牛。

在全新世初期，王氏水牛（*Bubalus wansjocki*）灭绝，新水牛发展起来，圣水牛就是这样一个新种。其时在华北湿热的气候环境下，茂密的植被得以发展。在河北三河，就发现了这个时期的圣水牛[3]。在陕西蓝田，水牛（*Bubalus* sp.）也曾在全新世地层中发现[4]。陕西西安附近的客省庄，在龙山文化地层中也曾发现水牛（*Bubalus* sp.）的遗骨。张光直认为它们都已是家养动物[5]。在小屯，水牛的遗骨众多，数量过千，均属于目前已经灭绝的圣水牛（*Bubalus*

[1] Chang Kwang-chih（张光直），*The Archaeology of Ancient China* (3ʳᵈ ed., New Haven, 1977), p.95.

[2] 石璋如：《河南安阳小屯殷墓中的动物遗骸》，《文史哲学报》第3期，台北，1953年，第7~9页。

[3] Chang Kwang-chih（张光直），*The Archaeology of Ancient China*, p.33.

[4] 黄万波、张玉萍：《陕西蓝田地区第四纪哺乳动物化石地点》，《古脊椎动物学报》10卷1期（1966年2月），第42页。

[5] Chang Kwang-chih（张光直），*The Archaeology of Ancient China*, p.174-175.

mephistopheles Hopwood）。像我们已知的那样，圣水牛从全新世初期开始就出现在华北地区。在埋葬整牲的祭祀坑中不见水牛，但是就其他祭祀而言，牺牲在烧、煮之前被肢解，这种情况下，水牛肉很可能被使用[1]。因为小屯的水牛如此众多，许多可能是家养的，但是在森林、河流附近和沼泽地区，野水牛可能还在游荡。许进雄认为这些是野水牛，但是某些可能已经驯化。[2]野水牛是暴躁危险的动物，抓它很难，因此猎到水牛是特别值得炫耀的事情。

从卜辞可知，商人经常狩猎兕。如果兕是野水牛，这种动物的遗骸应该很多，事实也确是如此。用箭射杀野水牛并非难事，一次狩猎杀掉40头野水牛也非不可能。水牛的肉可能用于某些祭祀。最要紧的是，古生物学家认为大兽头骨是水牛的头骨。这个头骨不是为占卜准备的，属记事刻辞。如同在附近发现的鹿头骨一样，它也是一件狩猎战利品。绝大多数水牛是灰色的，但是有时候水牛生下来毛发和皮肤就没有颜色，看起来完全是白色的。即使现在这种情况也不罕见。这由所谓的白化病所致。在狩猎中抓获一只野生的白水牛是可能的，虽然并非平常之事。商人觉得这样一件了不起的事情值得记录下来，还把它当成一个吉兆。他们通常用整个动物𡘝的侧面轮廓表示猎物的字形，但是对于用于祭祀的牺牲，他们则用头的正面𥝢象形表示。

---

[1]　见Keightley, *Sources of Shang History*, p. 11, n. 37.

[2]　Hsu Chin-hsiung, *The Menzies Collection*, Vol. II: *The Text. Commentary of fragment 2025.*

兕、罳和甲骨文🐂

学者都用兕或罳字转写🐂。这是唐兰根据字形相近得出的结论。转写大致无误，但是有一点必须说清楚。甲骨文🐂的上端垂直向上突起的部分，是方形的嘴或者张开的上下颌，而角则从头后开始向斜下方延伸（《甲编》3916-10🐂）。从字形来看，兕或罳字是演化的结果。后代的人也许把字的上部看成是两角的象形，但是在进化的初期阶段，它很可能还是如甲骨文🐂顶部所表示的那样是一个张开的大嘴。

不管字形的演变发生了什么，检讨一下兕或罳在古代文献是如何使用的，看看它在多大程度上与它在甲骨文中的用法接近，还是很重要的。

先秦文献中的兕或罳

先秦文献中的兕字出现在两三个青铜器的器名中，比如兕父癸鼎。但不幸的是，兕字本身不见于铭文。这个青铜器只有一个动物的象形，兕是青铜铭文的著录者用来代表这个动物象形的文字[1]。

有意思的是，在这几个铭文中，动物的前面总是站着一

---

[1]　阮元：《积古斋钟鼎彝器款识》，卷一，第5页。

个持弓的人。

最要紧的是检讨兕字本身在文献中的应用。为了更好地按照时代变化研究兕字的变迁历史，必须把原文和后来的注疏分别开来。

《诗经》

《小雅·吉日》："我们拉开弓，我们挂上箭，……我们杀死大犀牛，为了宴宾客……[1]"（既张我弓，既挟我矢。……，殪此大犀。以御宾客，……）

用箭射杀一头犀牛是不太可能的。相反，如果它是一头野牛，就成为可能之事，野牛的肉对于宾客来说大概是一种美味。

《小雅·何草不黄》："我们不是犀牛，我们不是老虎……[2]"（匪兕匪虎，……）

把兕和老虎并举，因为它们同样危险。有经验的猎手知道得很清楚，野牛特别是野水牛是凶猛好斗的野兽。

《国风》之《卷耳》《七月》，《小雅》之《桑扈》，《鲁颂》之《丝衣》都提及"兕觥"。犀牛的角不像牛角那样是空心的[3]，因此不能当成酒杯。水牛角长而弯曲，容量很大，与《桑扈》下面的叙述吻合："兕觥弯又长……[4]"（兕觥其觩，……）

[1]　Bernhard Karlgren, *The Book of Odes* (Stockholm, 1950), p.124.

[2]　Bernhard Karlgren, *The Book of Odes* (Stockholm, 1950), p.185.

[3]　丁骕：《契文兽类及兽形字释》，《中国文字》21，注6。

[4]　Bernhard Karlgren, *The Book of Odes* (Stockholm, 1950), p.168.

《论语·季氏》："（当）老虎（或）兕从笼子里窜出来……"（虎兕出于柙……）在这里，兕被认为是像老虎一样的猛兽。

《墨子·明鬼下》："他能把兕和老虎活活撕开……"（生列兕虎……）兕和老虎是同样凶猛的野兽。

《墨子·公输》："荆占据了云梦泽，云梦泽里充满了犀牛、兕和鹿……"（荆有云梦，犀兕麋鹿满之……）

在这段有关云梦动物的描写里，兕与犀牛及各种不同的鹿是明显分开的。也许它是一种野牛。

《道德经》之《贵生》把虎与兕并举，但是又说："兕找不到地方插它的角……"（兕无所投其角，虎无所措其爪……）。说得很清楚，兕是靠角攻击的。

《庄子·秋水》《荀子·礼论篇》《韩非子·解老》也间接提到兕。《荀子·议兵篇》还说到犀牛和兕的皮可以做成铠甲（楚人鲛革犀兕以为甲……）。

《周礼》之《冬官》《考工记》《函人》都说："犀牛做的铠甲有七个结，兕做的铠甲有六个结……，犀牛甲能用一百年，兕甲能用二百年。"（犀甲七属，兕甲六属……犀甲寿百年，兕甲寿二百年……）

显然犀牛和兕做的铠甲是不同的。

《周礼》之《地官》《司徒》《族师》：对于所有的服务职责来说，它负责监督和惩罚的责任（凡事，掌其比觥挞罚之事）。

《周礼》之《春官》《宗伯》《小胥》：他们使用角质

容器惩罚那些犯罪的人（觵其不敬者）。

　　大多数学者认为觵是觥的变体，因为两者的古音都是kwǎng。在《诗经》里，兕觥总是用于宴会等喜庆场合，但是这个觵却是用作惩罚的器具。如果这个器具是一个实心的犀牛角，中间肯定是人工掏空的。相反，牛角本是空心，空心出自天然，因此作为惩罚器具会更有意义。因为水牛角比黄牛角的容量大，似乎尤其适用于惩罚。

　　《仪礼·乡射礼》谈到兕中的制作，它是兕形容器（大夫，兕中，各以其物获）。

　　《左传·宣公二年》提到用犀牛、牛和兕的皮制作铠甲的问题。这三种动物是不同的。《左传·成公十四年》提到兕觥（引用《诗经·小雅·桑扈》）。《左传·昭公元年》说到客人们举起兕爵饮酒作乐（举兕爵……，饮酒乐……）。

　　《国语·晋语》："从前我们的先祖唐叔在徒地的森林里用他的箭射一只兕，杀死了它并且制作了一副铠甲……"（昔吾先君唐叔射兕于徒林，殪，以为大甲……）

　　同样，也提到可以用箭射杀兕，但是，另一方面又说得很清楚：兕的皮很厚，足以用来制作铠甲。

　　《国语·楚语》："在巴地和浦地有数量很多的犀牛、犛、兕、象……"（巴浦之犀、犛、兕、象，其可尽乎……）

　　这里同样把兕和犀牛做了清楚的划分。兕前面的字是犛，即生长在四川巴郡的西藏牦牛（Tibetan yack, *Bos*

grunniens），兕可能是另外一种野牛。

《战国策校注》卷五"楚"（《四部丛刊》）：把兕和虎并举，还说当一头发怒的兕攻击王车的时候："王亲自射（箭）然后用旄旌杀死它。（有狂兕牂车依轮而至，王亲引弓而射，一发而毙。王抽旄旌而抑兕首……）"这种事不可能发生在犀牛身上。

《战国策校注》卷十"宋"（《四部丛刊》）：描述云梦泽的动物，列举有犀牛、兕、獐和鹿等各种不同的种类（荆有云梦，犀兕麋鹿盈之……）。

《楚辞·招魂》："王亲自射（箭），他害怕灰兕。（君王亲发兮，惮青兕。）"

兕是灰（青）色的，它是可以用箭射杀的凶猛野兽。《楚辞·九思》也把兕和虎并提，且把它们当成坏人的表征。

《列子·仲尼篇》："我能撕裂犀牛和兕的皮。"（吾之力能裂犀兕之革。）

把兕拿来和犀牛比皮厚，这个兕更像是水牛而非黄牛。

《山海经》卷一《南山经》之"祷过之山"，卷二《西山经》之"嶓冢之山""女妆之山""厎阳之山""众兽之山"，卷三《北山经》之"敦薨之山"，卷五《中山经》之"美山""崌山"，兕与犀牛、熊、虎、豹、牛、牦牛、鹿和象并举。有一处记载尤其值得注意：

《山海经》卷十《海内南经》："舜墓的东边，湘江的南边有兕；它们样子像牛，苍黑的皮肤，头上有一只角。"（兕在舜葬东，湘水南，其状如牛，苍黑，一角。）

先秦文献多次提及兕，第一次说到兕有独角的是《山海经》。从此以后，有几位作者提到兕有独角，很可能他们都受到《山海经》的影响。但是《山海经》的许多描述荒诞离奇，是当时流行的故事。比如，《山海经》是这样描述犀牛的：

《中山经·釐山》："有一种野兽像牛，灰色，哭起来像婴儿，吃人，人称犀牛。"（有兽焉，其状如牛。苍身，其音如婴儿，是食人，其名曰犀渠。）

把《山海经》当成真实可靠的史料是不切实际的。

《竹书纪年·周昭王十六年》："在王伐荆楚时，渡过汉水遇到大兕。"（伐楚荆，涉汉，遇大兕……）

由此可知兕是可以在水里发现的。

《晏子春秋》之《内篇·谏上》把兕与虎并举的（手裂兕虎）。

《吕氏春秋》卷11提及"用箭射杀追赶你的兕"。（射随兕，中之……）要用弓箭射杀一头因伤而暴怒的犀牛显然是不可能的。相反，如果是一头野牛就很可以理解。注意这事就曾经在云梦发生过。

根据先秦文献兕的特征如下：

1. 兕是一种野生动物。

2. 它跟犀牛不同。

3. 用箭可以射杀它，它的肉鲜美可口，可用来招待贵宾。

4. 它是和虎一样易怒且危险的动物。

5. 主要用角攻击。

6. 角长且呈弓形，中空，可用作酒杯，容量很大。

7. 颜色是灰的（青）。

8. 它的皮像犀牛皮一样可用做铠甲。

所有这些特征都与野水牛吻合。唯一的矛盾来自《山海经》，《山海经》说兕有一角。这可能是个靠不住的说法，后来许多类似的说法也可能由此而来。

汉代文献

在此阶段，我们将不再重复前一阶段文献中出现过的东西。提到兕的文献见诸《韩诗外传》、《淮南子》、《史记》、《急就篇》、扬雄的《蜀都赋》、《前汉书》、王逸的《楚辞补注》、马融的《论语注》、高诱的《战国策注》等。内容与先秦略同。下面的意见可在当时的主要字典里找到：

《尔雅·释兽》卷18："兕像牛"（兕，似牛。）

《说文解字·舄部》："兕像青色的野牛。（如野牛而青）"

这些定义清楚说明兕是牛属动物（bovine），与牛（ox）略似，又有不同。

郑玄是少数几位有不同意见的学者之一，在《仪礼·乡射礼》注里，他说："兕，动物之名，似牛，一角。"（兕，兽名，似牛一角。）

显然他好像受到《山海经》（《海内南经》见上文）的影响。

兕字在《史记》（《齐太公世家》）的一处文字中用得很特别。在过孟津之前，师尚父开始对军队训话："苍兕，苍兕。"这件事也记载在《尚书逸文》和王充的《论衡·是应篇》里。稍后，在郭璞《山海经注》的序言里，也提到苍兕。对马融而言，苍兕是管理划船手的官名。在《论衡》中，王充说苍兕是九头水兽。不管如何，是与水相关的东西，而苍和青两种颜色很接近。

三国、两晋文献

在万震的《南州异物志》、《陈琳书》、韦昭《国语注》、左思《吴都赋》、葛洪《抱朴子》和《后汉书》中，兕字的用法与先秦文献略同。只有郭璞和刘欣期的说法不很相同。

郭璞：

《山海经》卷一《南山经》之"祷过之山"："在山脚下有很多犀牛和兕。（其下多犀、兕……）"郭注："兕如水牛，色青，一角，重三千斤。"（兕亦似水牛，青色，一角，重三千斤）

《山海经图赞》："兕壮，色青黑，死力尽。皮可做甲，角能助你成功。"（译注：此系直译，原文未见。）

《江赋》："水兕呼如阳侯雷。"

《尔雅》（见上）疏："兕一角，色青，重千斤。"（一角，青色，重千金）

郭璞注对后人有深刻影响。在他之后，许多学者重复兕是独角兽的说法。但是他的看法并不代表西晋以前几百年众多学者的意见。在他之前，只有《山海经》和郑玄说过兕有一角。郭璞对《山海经》特别有兴趣，不仅为它作注，也深受它的影响。《山海经》把犀牛和兕区分开来，但是对两者的描述都很诡谲（见上文）。

刘欣期：

《交州记》："兕出九德，有一角，角长三尺余，形如马鞭柄。"

这段话后面提到的"角长三尺余"，已经在万震的《南州异物志》中提到，但是前面的"一角"是刘加的，很可能也是受到《山海经》和郭璞的影响。

从《诗经》到东晋晚期的古代文献，除了《山海经》和少数受其影响的几位作者，都不曾说过兕是只有一角的动物。兕的特性在评述先秦文献的结尾已经做过分析（见上文）。兕是野水牛的假说似乎是与所有文献吻合的。

结　论

迄今为止，对甲骨文的🐂和兕字的解释，还未有定论。我们的研究从考察大兽头骨开始。这个兽头和它周围被发现的鹿头骨一样，可被视为狩猎的战利品。因此，相关记录也雕刻在战利品——这头被巧妙捕捉的动物的脑袋上。经过仔细观察，古生物学家肯定大兽头骨是水牛头骨。把这些因素通盘加以考虑，我们又对🐂及其变体、铸造在牛方鼎底部的文字（西北冈M1004）、小石牛的头部特征（小屯5号墓）、后代有关兕的发音、商代卜辞及从先秦到东晋末期的所有文献，进行了新的研究。研究结果可以总结如下：

1. 大兽头骨是水牛的头骨。

2. 在商代甲骨文的象形文字𡘇中，角不像犀牛那样从鼻上竖起，却总是从头后伸出，这正是牛的特征。角上常见的表示纹理的刻划，也与水牛角的特征吻合。尾端表示毛发的刻划，与犀牛的特征不符，相反却与牛的相合。

3. 牛方鼎底部铸造的动物造型，角基非常宽大，角上可见粗壮纹理。这与水牛角的特征极相吻合。整个造型与《甲编》3916－10的象形文字非常近似。

4. 小屯5号墓的小石牛显然代表一头卧在地上的水牛。口鼻的形态以及角上的粗壮纹理和商代甲骨文𡘇的某些变体吻合。

5. 在商代的甲骨文中，𡘇是狩猎中被捕获的野生动物，能被弓箭射杀。某些时候，一次狩猎活动可以获得多头。这种事情可能发生在野牛身上，却不可能发生在犀牛身上。

6. 商代之后，兕和犀显然是两个不同的字，尽管发音接近。它们可能被认为是代表两种不同的野生动物，只在某些方面近似。

7. 根据古生物学家的意见，全新世的华北地区有圣水牛。小屯有不少圣水牛的遗骸被发现。某些可能是家养的，还有的则是野生的。

8. 从先秦到东晋的绝大多数古代文献，并无兕只有一角的记录。《山海经》是唯一的例外，也有一些作者受它的影响。兕在文献记载中的特征，与水牛最接近。

9. 商甲骨文中的𡘇和后代的兕字似乎是同一个字。𡘇的特征并不总能得到正确的分析，它的演化可能与以前设想的也不一样，但是它的语义却好像总是一样的：一头野水牛。

甲骨文是商代晚期语言的某种记录。对于它们的研究，尤其需要语言学家参与。但是，语言是思想的体现，人们的思维方式深受具体生活环境的影响。我们对具体环境、社会制度、商人的习俗等了解得越透彻，我们就能越了解他们，而了解对于研究他们的语言是有很大帮助的。

本文的目的就是要把研究建立在各种不同的证据之上。如果我们仅仅依靠语言学的分析，我们会说兕就是犀牛，因为在甲骨文中，总是有另外一个字表示牛（半），而在后代的语言里，兕和犀又存在语音学上的近似性。但是，注意到德日进和裴文中鉴定结果的学者们，认为兕是野牛。其中某些学者比如丁骕，考虑到晚商小屯地区的水牛是家养的，相信兕是野生黄牛。但是，某些古生物学家鉴定出大兽头骨就是水牛头骨。从这个事实出发，我们细心考察了从晚商到东晋的所有证据，我们发现把兕认定为水牛，比任何其他解释都更与各种证据吻合。

本文翻译得到刘莉、付永旭、谢礼晔、李永强诸位同仁的帮助，特此致谢！

（译自*Monumenta Serica*,Vol.XXXIX, 1990-1991,pp.131-157.原刊《南方文物》2007年第4期）

关于高本汉《古代中国的丰产符号》的几点讨论

[德] 何可思（Eduard Erkes）著

陈星灿　译

友人高本汉（B. Karlgren）友好地送给我一篇他的论文抽印本《古代中国的丰产符号》（载《东方博物馆馆刊》第2期，1930年），我认为这是了解古代中国宗教最重要的一篇文献。尽管如此，高本汉谈到的某些问题，对我来说仍有进一步申述的必要。本文只把话题放在两个方面，一个是我以前讨论过的，另外一个是和高本汉不同的。

第一个要谈的是神主（ancestral tablet）的起源问题。在拙文《前佛教时代中国的偶像》[1]中，像沙畹（Chavannes）、孔好古（Conrady）和施耐德（Schindler）等已经提出的那样，我试图证明神主起源于代表死者的人形偶像。在我引用的几段中国古代文献中，高本汉只引用了其中一种，即屈原《天问》中的诗句，那句诗说的是武王带着文王的"尸"上战场。据王逸注，这个"尸"就是文王的尸体，但是根据朱熹的解释，"尸"不过就是文王的"木主"。那么，我现在根据这两种解释得出的结论就是，很可能携带"木主"上战场是从更早的携带死者尸体上战场的习俗发展而来。因此，"木主"某种程度上代表尸体，也就

---

[1]　*Artibus Asiae*, 1928, pp. 5-12.

是死者的形象。高本汉认为这种说法是武断的，说它不能证明
"'木主'的形状或其中任一部分跟尸体有相近之处"。他的
结论是："何可思的观点不足为据，因为缺乏关键证据。"

如果我的说法只是根据《天问》中的这段话，高本汉
的批评可能是严重的，但也许不足以一锤定音。不过高本汉
显然忽略了我引用的其他几种文献。我相信，它们毫无疑问
地证明了"木主"就是人形偶像。首先，在宋玉的《招魂》
第49行，我在上举拙文注29里面已经讨论过，其中提到死
者的像[1]（偶像），这个像，就像文字本身由"人"和"形
象"所清楚显示的那样，不可能是其他东西，而只能是人形
雕像（a human-shaped statue），朱熹对此也有清楚明白的
解释。另外，《论衡》也把"木主"描述为人的形象。《论
衡》的这段话是这样的："据《礼》，一个人进入宗祠，
'主'并不在场。人必须考虑雕刻一块一尺二寸长的木头并
名之为'主'。对这个主，人敬畏它，但并不把它做成人
的形像[2]。" 如此说来，1）"木主"这个词指代人形的雕
像；2）把人形雕像放在祭坛上的习惯，在汉代已不再被认

---

[1]　像。

[2]　《论衡》25.9b(Forke, *The Lung-heng*, I 538)。说的是丁兰的故
　　事。丁兰曾经问他父亲的神主（ancestral statue），这个神主曾
　　在山东的墓雕中被复制和描述。见Chavannes, *La sculpture sur
　　Pierre*, pl. III and p.10/11. 作者在这里引用的原文是："礼，宗庙之
　　主，以木为之，长尺两寸，以像先祖。孝子入庙，主心事之，虽
　　知木主非亲，亦当尽敬，有所主事。"见（《论衡·乱龙篇》，
　　见北京大学历史系论衡小组《论衡注释》第三册，中华书局，
　　1979年，第922页。——译者注。

为是适宜的；3）因此，这必然是一个属于周代的更古老的习俗，如果这是汉代的一种创新，那么王充当然不会忘记予以批评。所以，我想，我们可以公正地把"木主"一词翻译为"木雕人像"（wooden image）。我的结论是，古代文献中所谓的"木主"，也就是说的人形雕像（a human-shaped statue）。

还有其他证据支持我的说法。在拙文中，我已经引用过某些文献，说明采用祖先形象而非木主（wooden tablet）的习俗，在中国的某些地区一直延续到很晚近的时代，比如福建晚至17世纪。人形偶像从更简单的牌位（tablet）发展而来的假说，在我看来是不可能的，因为相反的例子比比皆是：符号从自然的再现物（或者某种被视为再现物的东西）发展而来，但它本身并非更自然的概念的前身。因此，我认为高本汉视现代神主上的"眼睛和耳朵"为添加在"主"字上的最后一笔这种习俗，"一定是惯常的失范或狭隘的改进"的意见，是无法接受的。用血本身就足以证明这种仪式的古老性，而且总体而言，类似的"惯常的失范"并非其他，而不过是对古老的经历过象征性发展的仪式的回归。因此，为使雕像复活而添加一个点点的做法是毫无意义的，但是添加眼睛和耳朵的做法却是很可以理解的。所有这些对我而言都证明添加"眼睛和耳朵"的习俗是古老的仪式，而"天主"则是这种仪式的晚期形式。

支持"木主"原本似人的观点的另外一条证据，是在其他汉藏语系民族里也存在人形祖先形象。云南的倮倮族在其祭祖仪式上就使用"一块非常粗糙的木头，很模糊地雕琢出人形"[1]。类似的习俗也见于越南北部的倮倮族和摩梭人中，在他们那里，祖先雕像"是以尺寸为七节长的兰花茎代表男人，以九节长的兰花茎代表女人，再加上一些纸片，最后制作出一个约10厘米高，有比较模糊形象的雕像。这种雕像一般是放置在墙之间，墙顶，或者挂在隔板下。它被当作祖先牌位[2]。"那加人（Angami Naga）也有类似的习俗，他们把人偶安放在死者的坟墓上[3]。如果一个战死沙场的人尸体找不回了，他们就埋一个偶像来代替[4]，这也让我们想起中国古代的"尸"来。凡此种种，表明祖先雕像对于汉藏语系诸民族是不陌生的，因此它或者是汉藏语系诸民族的共同遗产，抑或是后来从中国人那里借用的，无论如何，都证明中国人原本有人形的祖先雕像而非牌位。更要紧的是安南人的习俗，他们全盘接受了中国的祖先崇拜，但是却依然规定祖先牌位必须同人形有某种略微的近似之处[5]。

另一方面，我非常同意高本汉关于祖[6]是男性生殖器象形的意见。这个字指代男性生殖器的见解却非新解。我

[1] Liétard, Les Lo-lo-p'o (1913)，p. 131. 此处所引法文承法国高等实践学院研究生孙僖先生翻译，志此感谢。

[2] Lunet de lajonquière, *Ethnographie du Tongkin septentrional* (1906)，p. 331, After Vial, Les Lolos(1898), p.31. 此处法文承法国高等实践学院研究生孙僖先生翻译，志此感谢。

[3] J. H。 Hutton, *The Angami Nagas* (1921), p. 23; 47/8; 67;227

[4] *Loc. cit.* p. 185; 191.

[5] Camerling, *ber Ahnenkult in Hinterindien* (1928), p. 240.

[6] See Karlgren, *loc, cit.* p. 3 et seq.

当学生的时候，就从老师孔好古那里知道这个看法。它也被施耐德[1]甚至更早的甲柏连孜（Gabelentz）提及过，他们无疑都是从中国文献得来的，尽管我并不能确认这种说法的出处。在我看到高本汉的论文之前几个月，我曾就古老的中国阳物崇拜的轨迹跟步禅（Buschan）博士讨论过，他把我们的讨论也纳入到他准备发表的讨论阳物崇拜的论著中。不过，我的结论是，"祖"并不等同于"木主"，只不过有两种类型的祖先形象，一种是人形的"主"，另一种是男性生殖器的"祖"。这对我来说也最好地解释了指代祖先牌位的两个术语的存在。在高本汉看来（见其论文第7页），"给'祖先'（ancestor）和'祖先牌位'（ancestor tablet）分别给予不同定名是合乎实际的"观点，在我而言并不十分可能，因为这样的区分在原始宗教甚至在更高级的宗教里也难以看到。还有，高本汉本人的论文表明，中国古代文献对这两个词汇的应用，也没有指示任何此类区别的存在。

我们的另外一个不同看法，是关于"（琮）宗"——大地女神（symbol of the earth-goddess）——的原初意义。我曾在上面提及的论文中把"琮"解释为地母之阴物（vagina of mother goddess）。高本汉怀疑这个说法，他认为这"完全缺乏"中国文献的支持。迄今为止，的确没见过这样直接的解释，但要说这一说法完全没有中国古代文献支持却又不

---

[1] Schindlet, *Die Prinzipien der chinesischen Schriftbildung*, OZ 1916, p. 287, pl. 9, no. 32.

然。我其实已经在拙文中引用过某些证据。按照《礼记》的说法，会把牺牲埋在坑里祭祀土地，这种做法在许多民族的宗教里都有表现，而且也具有同样的含义，也就是说，是通过这种方式把牺牲送入大地母亲（Mother Earth）的子宫。《易经》中之"坤"卦，坤与"琮"是如此近似，两者的关联不容置疑，正因为如此它常常被用作"琮"的点缀[1]。在我看来，高本汉本人天才的关于"琮"在祖先祭祀中的作用的研究，也证明了"琮"有生殖器的意涵。我赞成他的说法，即"琮"很可能是覆盖在男性生殖器祖先形象（phallic ancestral image）的"祖"上的盖子（cover），因此它也是神圣之物。假如我们承认这一点，结论便必然是"琮"也具有宗教的含义，因为不如此它便不能成为祭祀之物。作为覆盖在"祖"上的盖子，它只可能是另外一个生殖器，即女性生殖器，或者代表女性祖先，或者同时代表已经跟死者联结起来的地母（Earth Goddess）。如果我们接受高本汉关于生殖器祖先形象的理论，那么这个女性祖先必然在相同的形式下接受祭祀。有利于第二种假说的证据，我们可以举出高本汉再高明不过的所谓"亚形"，这个在古代青铜器上常见的代表"琮"的图案。作为在祖先祭祀仪式上使用的物品，很可能会表现死者赖以返回的大地母亲的子宫，这刚好与史前欧洲的所谓人面瓮（face-urns）相互呼应，后者的功能一

---

[1]　参见 Laufer, *Jade*，图49/50，第132页；另见 Schindler上引文第74页，图版第29；孔好古有关《易经》的研究也涉及这个问题，参见他最近即将在*Asia Major*上发表的论文。

般也是如此解释的[1]。这样联系起来看，在埋葬仪式中，把
"琮"放在死者的腹部，就好像意味着为他提供了以性交为
目的的服务[2]。

因此，我想"琮"的本义很可能就是地神（Deity
Earth）的形象，由她作为母亲和万物之源的生殖器来表
现。如果我们考虑到"琮"在古代墓葬仪式中发挥的作
用，这似乎是一个自然而然的结论[3]。尽管郑玄在《周
礼》注中对随葬六瑞（idols）的解释，年代既晚，也过于
牵强，难以据信，但我们只可能在他试图解释玉器的各种
形式这个部分拒绝他的理论，却没有理由怀疑郑玄有关这
些物件名字的信息是正确无误的。因此，郑玄把璧解释为
天的形象是没有问题的。高本汉正确地观察到，施耐德已
经证明璧就是日轮（sun-disk），但是高本汉却忘记施耐
德也同样证明"天神"（Deity Heaven）[4]的概念，是从太
阳神（Sun God）发展而来。因此，郑玄把璧释作天的象
征是正确的，我们也没有理由不相信他的其他解释，尽管
他对这些不同形状玉器的功能的理解不过是纯粹形而上的

[1]　参见J. Richter, *Der vorgeschichtliche Mensch* (in Remount, Erde und
　　Mensch)，第528页。如果"归"通常意义上代表"死"的话，那
　　么原意是否就是"回到母亲的子宫"？见《列子》1,4a (Wilhelm,
　　Li Dsi, p.4)："鬼归也，归其真宅"；《尸子》2.22 b："鬼者，
　　归也，故古者谓死人为鬼人。"
[2]　见《周礼》郑玄注，见《周礼》5，37a/b（Tien-jui, Biot, Im
　　490/1）；另见高本汉上引文，第24页。
[3]　参见高本汉上引文第24页等等。
[4]　*Hirth Aniversary Volume*, p. 301, et seq.

猜测。这六种玉器本身无非是原始的且非常古老的各类神祇的自然再现，它们被放置在墓葬中用以保护死者不受来自各方危害的侵袭，或者，就像宋玉在《招魂》[1]中所描绘的那样，当他们在危机四伏的天上、地下和四极中漫游的时候会得到保护。对此最好的证明是——正如高本汉所言——"琮"是作为男人象征的"璧"的对应物的女人的象征，因为假如璧是天的象征，是男性力量代表的话，那么"琮"只能是地的象征，是女性力量的代表。

还有，王后和国王把"琮"作为秤砣（steelyard weight）使用本身，似乎也暗示了它跟祭地的礼仪相关联，因为度量衡是市场管理的一部分，而这通常是由王后管理的，因为它们属于女性的范畴且跟女性祭礼相伴而行（阴礼）[2]。因此，很可能它们本属于王后，只不过到了后来，父权取代了母权，它们才转到国王名下。《考工记》说"琮"先由王后使用然后才由国王使用的说法[3]，也指出了同样的意思，因为最古老的礼仪总是最先提及的。

综上所述，"琮"的功能在我看来可做如下解释：

"琮"原本是由其生殖器代表的地神（deity earth）的

---

[1] 类似的仪式在雅库特人（Yakuts）中也存在。萨满的棺材里要放置四个木偶，猎鹰放在头部，布谷鸟放在脚下，另外两个偶像则放在他的身体两侧，这些精灵就可以把他带到它们的世界。见 Priklonski ap. Bastian, *Allerlei aus Vol ksund menschenkunde*(1888), I. 211.

[2] 《周礼》2.25b/26a（Nei-tsai内宰，Biot I, 145/6）. 又见Conrady, *China*（Pflugk-Harttung's *Weltgeschichte*, vol. III), p.504.

[3] 《周礼》12.4a (Biot II, 527/8).

形象。它在丧葬仪式中扮演了非常重要的角色，用它象征死者回到其伟大母亲的怀抱。作为大地母亲的象征，它是女性力量的符号，代表着王后的权威，在那些属于她的涉及市场管理和度量衡仪式的领域，就更是如此。当这些礼仪转向由国王掌控后，女性的符号还继续伴随。"琮"的真实意义，就像其男性对应物的"璧"一样，必须在宇宙观的范畴里追寻，它正是从这里转入人类社会的领域的。

（译自《东方博物馆馆刊》第3期，1931年，第63～68页。原载《南方文物》2016年第2期）

中国和日本男性生殖器形象的巫术用途及其后世遗风[1]

[英] 阿瑟·魏利 （Arthur Waley） 著

陈星灿　译

原编者按：在读了我的论文《古代中国的丰产符号》（本刊第2期）之后，阿瑟·魏利先生撰写此文，对拙作做了补充。两篇文章充分展示了有关性符号具有神奇保护力量的信仰。

——高本汉

日本人北静卢所撰《梅園日記》（1844年）（卷18，《百家説林》続编一，第139页）说：在青藤老人徐渭（1520～1593年）的《路史》中曾言："某学者拥有大量藏书，就把一张春宫画放在每一只书箱里。有人问他为什么这样做，他说一个地方有大量藏书会招致火灾，但是这些物件（即这类绘画）则能驱除火患。"[2]

在方以智（1640年进士）的《物理小识》里有一句话：

---

[1]　原刊《东方博物馆馆刊》第3期，第61～62页，1931年。

[2]　这里的中国古代文献，作者可能是根据日文文献引述或仅仅撮意而成，与译者能查到的中文古代文献比较，引文颇有不同。因为查不到日文原文，这里只能根据作者的引文意译，特此说明。——译者

"春宫画名为笼底书。如果把它放在书笼底部，它就会赶走书蠹。"这些绘画就是我们所谓的枕绘，即枕头画……

在《戒庵老人漫笔》（17世纪李诩所作）里也有一段话："（山东）青州城北丰山脚下麦田里有一座古墓，发现很多厚蚌（蛤）壳。壳里面皆有彩色的树木和人物画。人物无分男女皆裸体，相拥相抱栩栩如生……，正类现在的春画。沈辨之得约百枚。这些物件估计跟北朝（公元5～6世纪）的厌镇有关，这是不会错的。"

在《猇园》一书里也有这样一段话："在关洛周齐（陕西、河南、山东）地区[1]，常发现古瓷器、木碗和带座的木花瓶[2]。上面有繁缛的图像，描绘男女秘戏之状。老辈人传说是魏和北齐五胡乱华时（6世纪）埋下的，北人害怕土地仍有中原王气，瘗此为厌胜之具。"

陆容（1436～1496年）的《菽园杂记》说："成化年间（1465～1487年），在大运河上建防护堤，一块石头破裂，里面发现3尺大小的人物，男女相抱，肢体凸凹有致，好似雕刻一般。"

日尾荆山（1789～1859年）的《燕居雜話》（1837年）（《百家說林》統编二，第389页），有如下记载："我少年时访问某地，在房间里打开书箱，发现每个书箱中都塞有

---

[1] 查该书中文文献的原文是"关洛周秦间"，这里作者使用日人著作，作"关洛周齐地区"，所以文中的说明也变成了"陕西、河南、山东"云云，这是不对的。——译者
[2] 英文原文是"wooden vases with stands"，查对《猇园》原文，该是"锭柎"。——译者

一幅春画。问其缘由，有人告诉我是为了保护书籍不受（因占有许多书籍而带来的）坏影响。"

伊势安斋（伊势贞丈，1715～1784年）在其《铠色谈》（成书于1771年）的增补本里这样说："在藏武器的箱子里，应该放一卷春画。武士出战之前，展读此画然后面带微笑出门。最后胜利就一定属于他。"

最后，我想请大家注意何可思（Eduard Erkes）博士在《人种学》第Ⅳ卷发表的那些有意思的青铜器，应该把它们跟上述文献结合起来加以详细研究。

（原载《南方文物》2016年第3期）

季节繁殖仪式及斯堪的纳维亚和中国的死亡崇拜

[瑞典] 汉娜·赖 (Hanna Rydh) 著

陈星灿 译

　　本刊第一期上，在一篇名为《试论随葬陶器的象征意义》的论文中[1]，我曾有机会指出在北方以及许多其他地方，包括欧洲和欧洲之外的地区（也包括新石器时代和铜石并用时代的中国），我们曾使用过有别于家用日常陶器的象征性的墓葬陶器。同时，也提到繁殖力崇拜 (fertility cult) 在史前时代发挥的重要作用，及其在墓葬仪式 (burial rites) 中所习见的种种表现，其目的即在于帮助死者找到新生，为此我已经举出过我相信足够令人信服的证据，对这种象征性的装饰做出过类似的解释。这就是为什么我要在同一刊物上——只要篇幅允许——考虑也许有必要把这个在瑞典（或者说作为北欧一部分）所做的民族志范围内的小小的调查结果公布于众。在这里，生和死、繁殖仪式 (the fertility rites) 和死亡仪式 (the rites for the dead) 这两种元素似乎从来都是水火不容的。上面提到的我以前论文的工作，为解决后来的问题提供了一把钥匙，这个解决方案，反过来却强调了上面第一次提到的论文中所涉及的其中一个关键理论的

---

[1]　H. Rydh, Symbolism in mortuary ceramics, *Bulletin of the Museum of Far Eastern Antiquities, No.* 1, 1929. 请参考同期 J. A. Andersson, On symbolism in the prehistoric painted ceramics of China.

概率，即死亡崇拜所包含的某种繁殖仪式。

我在这里首先要考虑的问题，是北欧特别是瑞典地区圣诞节的庆典活动。圣诞节无疑是一年中最重要的节日，会通过一系列宗教节日（church holydays）加以纪念，但首先是在家里举办的数不清的各种准备活动和仪式。瑞典的圣诞庆典尤具趣味，无论是专业的科学研究工作者还是本地民间生活的业余爱好者，都留下了十分丰富的研究材料。说到前者，应该提到E. Reuterkiöld[1]，Matin Persson Nilsson[2]，N. Keyland[3]，N.E. Hammarstedt[4]，Louise Hagberg [5]和Hilding Celander[6]等人的著作。正是根据这些已经发表的材料，我试图发现就下面将要讨论的圣诞典礼把两种甚至某些情况下三种不同意见（每一种就其本身而言都很重要）联系起来的纽带。

[1] *Om gamla julseder in Göteborgs stifts Julhälsning*, 1913.
[2] *Arets folkliga fester*, Stockholm (1917)，此处引用为*Folkliga fester*（德国节缩版：*Die volkstümlichen Feste des Jahres in Religionsgesch. Volksbücher*, III, H. 17, 18, Tübingen, 1914) *and Studien zur Vorgeschichte des Weihnachtsfestes in Archiv für Religions-wissenschaft*, XIX, Leipzig-Berlin（1918），此处引用为*Vorgeschichte des Weihnachtsfestes*.
[3] 除其他外，应特别参照 *Julbröd, Julbochar och Staffanssång,* Stochholm (1919).
[4] 除其他外，应参考 *Fataburen* (Stockholm)的一系列论文。同样应特别参照*Julkakor-solbilder in Från Nordiska Museets Samlingar. Bilder och Studier tillägnade Gustaf Upmark*, Stockholm (1925).
[5] 论文见诸*Fataburen*. 另见 *Julstakar och jultråd in Från Nordiska Museets Samlingar. Bilder och Studier tillägnade Gustaf Upmark*.
[6] Nordisk *Jul*. I. Stcokholm (1928).

作为生者节日的圣诞节

"圣诞节"原本并非是基督徒的节日。圣诞节作为耶稣的生日也不被早期基督教会所认可，这个事实早已被人们所熟知[1]。当基督教终于来到北方的时候，它已经发展成为一种基督教的节日，但是却与这里相当鲜明的冬至庆典活动相结合，后者是一个非常古老的庆典传统。

根据Snorre Sturlason在*Heimskringla*里的说明，北方民族在Hokunótt，höknatten（鹰之夜）庆祝冬至，这一天就在冬至日的1月14日左右。

许多博学之人，从Olof Rudbeck[2]到Troels Lund[3]和蒙德留斯（Montelius）[4]，都已经指出异教徒北欧人的"Jul"（圣诞节），是光明（the light）或太阳（the Sun）的节日。蒙德留斯曾特别引用Prokopius（公元6世纪）北极地区居民有关太阳回归庆典的描述，清楚地说明"太阳不仅赐予光芒，也赐予作物。因此，按照Ynglinga传说的说法，Woden指挥斯韦阿人（the Svear）为祈求来年丰收而向（太阳）奉献牺牲。"蒙德留斯的说明，常常并没有被后来的研

---

[1] 参见 Nilsson, *Folkliga fester*, 第123页及其以后部分。

[2] *Atland eller Manheim*.

[3] *Dagligt Liv I Norden I det 16de Aarhundrede*. Vol. VII. Copenhagen (1885), p.4.

[4] *Midvinterns solfest in Svenska Fornminnesföreningens Tidskrift*, IX, Stockhom (1896).

究者所注意[1]。太阳崇拜的确至少从青铜时代就在北方地区流行，这首先从岩画得到证明[2]。但是，没有疑问的是，无论如何，这种太阳崇拜不是把太阳作为光明传播者而进行的唯美崇拜，这也从过去几年的调查得到了确切无疑的证实。太阳是作为繁殖力的催化剂而被人们崇拜的，是作为大地果实的生产者而被人们崇拜的。如果大家对此没有异议，也只有这样，不管你怎样叫它，"圣诞节"才可能被称为太阳的节日（sun festival）或繁殖力的节日（fertility festival）。因此我们也才可以把异教徒北欧人的"圣诞节"庆典视为对繁殖力的崇拜。对这种力量的崇拜我们不仅在北方民族也在所有原始民族那里都能发现。

丰产崇拜的形式，因人们的需要而变化。在石器时代的早期阶段，人们祈求狩猎成功，因此就把猎物描绘在岩画中。随着农业的产生，农业的最大推动力——太阳，又被人们崇拜，负载太阳穿过太空的太阳的轮子、船舶和马匹，也因此而加以描绘。随着阿萨学说（Asa doctrine）的到来，托尔（the Thor）、沃登（Woden）和弗雷（Frey）又占据了乌普萨拉古城至高无上的神位。托尔和弗雷作为丰饶之神的特性尤其突出。托尔，拥有荣誉之地，手持战斧作为其符号，这个丰产符号甚至比神自己还要古老[3]。牺牲的盛宴是为了

[1] H. Celander 上引文第4页。
[2] 请参考 O. Almgren, *Hällristningar och Kultbruk in Kungl. Vitterhets Historie och Antikvitets Akademiens Handlingar* 35, Stockholm (1926-1927). *French résumé: Gravures sur rochers et rites magiques.*
[3] 上引拙文第99页及其后面部分。

献给神的荣耀，其中最要紧的就是冬至节献祭，特别是在丹麦莱尔（Leire）每八年举行一次的庆典活动上。据梅塞堡的西特摩（Thietmar of Merseburg，1019年）所言，这个活动要献祭99个人和同样数量的马、狗和公鸡（而非鹰）[1]。不管每九年举行一次的乌普萨拉古城的牺牲盛宴是否与此雷同，根据不雷曼的亚当（Adam of Bremen）的说法，它也是在冬至举行的，尽管没有明确提及，但两者很可能是一样的。至少，我们听说沃登指挥斯韦阿人（the Svear）用献祭庆祝冬至，目的即是"获得好收成"[2]。这些牺牲与庆典相伴而行，其中的爱尔啤酒（ale-drinking）宴饮与牺牲本身一样重要，人们在此向他们诸神和勇敢的逝者祝酒[3]。很显然，这种献祭的盛宴活动，也是一种交感巫术，与早期人类通过在岩石上描绘动物以获得他们热切希望得到的猎物的方法有异曲同工之妙。描绘的动物越多，收获的猎物便越多；年度收获盛宴上谁吃得越多，来年谁就可能获得更多的食物。这个节日如此重要，因此如果有人无法负担"Jul"（圣诞节）盛宴的庆祝活动，他便会惴惴不安[4]。

　　除了这些有关"Jul"的异教徒的庆典之外（我得说到现在为止我只谈到了它的一个侧面），我们也还有现行的

---

[1]　这个说法因为证明了hokunoótt为höknatt(即hawk-night鹰之夜)而被人们所接受。参见E. *Brate, Höknatten in Maalog Minne*, Kristiania (1911)，p. 406及Nilsson, *Folkliga Fester*, p. 156.

[2]　上引O. Montelius文第69、70页。

[3]　Nilsson, *Folkliga fester*, p. 155.

[4]　上引O. Montelius文第70页。

圣诞节风俗，或者通过后代文献知道的那些无疑属于异教徒的特点。就此关联而言，无须探讨基督教日耳曼的圣诞节有多少是从罗马人或北欧人而来的问题。从尼尔森（M.P. Nilsson）[1]对提列（A. Tille）[2]和比丰格（G.Bilfinger）[3]的反驳就足以证明，虽然基督教的圣诞节类似罗马农神节（Roman Saturnalia）和罗马古历元月初一（the Kalends）的盛宴，但是，日耳曼特别是北欧的圣诞节庆典更多是从古代的本地崇拜风俗而来。就此而言，一定不要忘记当一种风俗被有的学者称为罗马的，被另外的学者称为日耳曼的时候，实际上它可能只是普遍存在的东西，它的真实来源既不能追溯到罗马或日耳曼，也不能追溯到所有已知的地方。这与把本地传统推崇为日耳曼基督教风俗的基础的合理性是一致的，罗马基督教风俗中并没有这样一个对应物，尽管相对于异教徒的日耳曼风俗也存在异教徒的罗马风俗。就这个我要回答的问题而言，我还没有觉察到从别处寻求不同风俗的可能来源的重要性，因此也就没有提供相关信息。现在基督教节日的唯一名字，北欧语的"Jul"（英语的"Yule"，更老的芬兰语的"géol"，都是从斯堪的纳维亚语的"jaulo"来的），尽管语言学家对这个词的解释还有分歧，但它本身表明圣诞节的盛宴就是古老的异教徒的"Jul"，这是它被

---

[1] *Vorgeschichte des Weihnachtsfestes*, p. 94. 在*Folkliga fester*也曾论及。

[2] *Die Geschichte der deutschen Weihnacht, Leipzig*(1893), and *Yule and Christmas, their place in the Germanic year*, London (1899).

[3] *Untersuchungen über die Zeitrechnung der alten Germanen, II: Das germanische Julfest, Programm*, Stuttgart (1901).

基督教化的一个尝试[1]。我要特别强调的是，我的本意并非要详细描述作为一个整体的北欧圣诞节庆典，或者它们的地方变体。我只想讨论那些本属于古代异教徒"Jul"的圣诞节庆典的主要现象。

对今天的瑞典人来说，圣诞树是圣诞节的主要符号。但是所有的调查者都坦率地告诉我们，圣诞树现在这种挂上蜡烛、苹果、糖果等等的形式，是从德国借来的。它不见于18世纪末期之前，即便到了19世纪末期也不常见。这个说法是正确的，圣诞树有其前身也是正确的。这个前身主要就是所谓的"maj"——把云杉或者松树的枝叶砍下，只把树冠部分保留下来——它不仅出现在圣诞节上，也在夏至、婚礼、搭盖屋顶的宴会、其他可能的仪式场合出现，甚至也会出现在葬礼上[2]。尽管如此，在我看来，圣诞树的现代性还是被过度强调了。德国的圣诞树本身不过就是大家都知道的"Maj"，打个比方说，就是把周围装扮得更漂亮一些。当晚近圣诞树从德国来到瑞典的时候，也不过是教堂（the Hall）和牧师住所（the Vicarage）富丽堂皇的点缀。但是，在这里的农民那儿，它却与古老的伙伴"Maj"相遇了，后者还在室外占据着原初的重要地位，有更多证据显示其重要性有时候甚至表现在粪堆本身（dung-heap itself）。也有同样亲缘关系的其他表现形式比如"焚烧圣诞树丛"（burning Christmas bush）[3]

---

[1] 上引Nilsson, *Folkliga fester* 第150页及其后面部分。

[2] 就"Maj"的情况，请参考Nilsson,*Folkliga fester* 第23页。

[3] H. Calender上引文 第156页。

和"苹果碎块"（äpplekrakarna——apple scrags）等[1]。最常见的形式就是maj的绿叶被剁碎撒在地面上。把云杉和杜松的枝叶抛洒在地上也是圣诞节的一种习俗。难怪由绅士们引进来的外国的布满装饰的圣诞树，会把它的穷亲戚"maj"从农民的心里挤出去。此事如果这么看，就不应该忘记"maj"及其相关联的种种，在可爱的圣诞树的胜利到来之前已经铺了数百年的路，它早就是一种人们耳熟能详的风俗。美好的老式的"maj"并没有被淘汰，不过是从室外搬到室内并且装扮得更华丽了[2]。圣诞树的故事为我们提供了一个再好不过的社会阶层的流通史。但那不是"maj"吗？那棵古老的生命之树，如同外面的保卫树（guardian tree）一样，人们不是在圣诞节向它敬献啤酒、粥、糕点、牛奶和白酒（"brännvin"）吗？[3]""maj"的其他形式还有灌木丛，它赐予繁殖之力，因此也带来快乐[4]。特别是四旬斋（the Lenten）和圣诞节的嫩枝条[5]，放在外面招待鸟儿的成把的谷穗，有时候也被挂在

---

[1] H. Calender上引文，第154页。

[2] 圣诞树上装饰着糖果，也装饰着红苹果，据说这在"äpplekrakarna"中也有。

[3] Nilsson, *Folkliga fester*, p. 221. 这里也许应该包括"圣诞原木"（Christmas log）。圣诞节期间原木被点燃焚烧，"余烬被抛洒在装麦的箱子里，因此就会有好收成"，或者"撒在羊圈里，因此产羔季节就会有丰产"。见Nilsson, *Folkliga fester*, p. 195.

[4] 参见上引书第271页。另见 W. Mannhardt, *Wald-und Feldkulte*, I, Berlin (1875), p. 251.

[5] N. Keyland上引文第102页。该页有文：特别是在Fraksände和Värmland，孩子们为准备圣诞节会采摘桦树枝。古谚云："'我该做的都做了，现在就只剩下给孩子们采摘桦枝了。'老妇在平安夜这样说道。"

"maj"上，的确，总体来看，其精神意义正跟这些物件的所有其他许多形式一样，这其中麦秸在圣诞节习俗中发挥了作用。尤其明显的，是"löktneken"的重要性，即把最好的燕麦穗在收获季节割取下来放在一边，好好保存并在圣诞节前夜悬挂出来。还有把圣诞节麦秸抛洒在田地里或者把它们撒在果树周围的习俗[1]。把麦秸撒在农舍地面的做法被抛撒云杉树枝的做法取代了[2]。麦秸十字架（straw-crosses）很常见；某些麦秸做的物件还加上了其他东西，这也强调了它们作为繁殖力提供者的重要性。

就圣诞节麦秸冠而言，"它至少可以被认为是从最后收获的一束麦穗演化而来的装饰形式，在许多地方常常被悬挂在农舍的房顶上。[3]"没有必要讨论鸡蛋之于繁殖力的重要性。在基督教里鸡蛋是复活的符号，因此之故，鸡蛋被放在田野里，鸡蛋皮则和种子搅拌在一起，以获得好收成[4]。当麦秸用来制造圣诞雄鹿（Yule Buck）的时候——圣诞节最惹眼的特征之一——麦秸和雄鹿可都是繁殖力的催化剂。雄鹿和其他动物——特别是有角的动物——一样[5]，充当这

[1] 参见E. Reuterskiöld上引文第11页和H. Celander上引文第148页。

[2] 参见H. Celander上引文第140页。

[3] N.E. Hammarstedt, *En julutstallning I Nordiska Museet in Fataburen* 1909, p. 251. 类似的用猪鬃做成的猪鬃冠很可能也跟公猪作为繁殖力之源的重要性相关联。参见下文。

[4] Louise Hagberg, *Påskäggen och deras hedniska ursprung in Fataburen* 1906, p. 153 et seq.

[5] 在尼尔森的概念里，雄鹿是"植被的恶魔"（Vegetation demon）。参见Nilsson, *Folkliga fester*, p. 219.

个角色已有非常古老的传统。不可思议的是，摩洛哥旧石器时代就有这种雄鹿的图像，在鹿角的中间还描绘着太阳的圆轮[1]。就此关联而言，我愿意指出，我曾经讨论过的北欧地区之外出土的象征性的墓葬陶器，会经常描绘带角的动物及其被视为繁殖力符号的相关母题。在上文我引用的苏萨（Susa）高脚杯的图像（图版Ⅴ：8）上，描绘了一只动物，它的双角环绕着一枚枝条，你问任何一个瑞典人这个图案的意涵，答案都会是"一只圣诞节雄鹿和一束'maj'树枝"。当雄鹿成为托尔雷神（the god Thor）的座驾之时，雄鹿也和托尔的符号——斧头一样，是比神本身还要古老的。它们成为神的辅佐，是因为雷神托尔是丰产之神（a god of fruitfulness），不管他被称为太阳神还是雷神——即赐雨之神——都不过是他作为丰产之神的不同面相罢了[2]。

就此关联而言，还应该提到那些手持斧头或锤子的圣诞节雄鹿（人装扮成雄鹿的样子）[3]，两者的关联也是显而易见的。

就许多这些古老的风俗而言，后来基督教的有关解释已经模糊了原来的意义，但是古老的含义还是常常显现出来。比如把圣诞麦秸撒在农舍的地面上，抛撒麦秸的人也许会把麦秸解释为模仿救世主坐卧的麦草吧。但是，在古代斯马兰

---

[1] L.Frobenius, H. Obermaier, Hádschra Máktuba, München (1925), PI. 91, 94,134.

[2] 当尼尔森（Nilsson, *Folkliga fester*, p. 219）说难以理解雷神托尔为什么会被雄鹿拖拉的时候，就像刚才已经讨论的那样，答案并不难找。在我看来，丰饶之神弗雷（Frey）和公猪（boar）的关系，也当作如是观。

[3] 参见N.Keyland上引文第14页。

（Småland）的某个地区，这却是一种传统习俗，平安夜如果不把圣诞麦秸盖在地面上，来年就不要期望有收成[1]。圣诞之夜，人们往往睡在麦秸铺就的地板上，这种行为的仪式含义[2]正同田野里举行的仪式性婚礼（ritualistic nuptials）和曼哈（Mannhardt）所说的"maj"婚礼略同[3]。同样要紧的是，这些习俗并不仅仅跟圣诞节相伴。

前面提到"maj"可以出现在不同场合。因为"maj"与婚礼密切相关，所以在婚礼的前一天[4]，它便被树立起来，且一直保留到头生子出生为止[5]，麦秸冠也是如此[6]。把麦秸撒在地板上也是婚礼习俗[7]。1910年，斯堪尼亚乃莫（Nymo）教区的一个农民告诉我一件趣事。当问他儿时是否见过圣诞雄鹿的时候，他这样回答："小时候只在布莱肯（Blekinge）的边界见过一次圣诞雄鹿。[8]"这跟瓦穆兰

[1]　上引H. Celander文第140页。我更倾向于认为这种解释比尼尔森的早一些，尼尔森认为放置麦草是为了取暖。参见上引*Folkliga fester*第191页。我的见解被与此相应的婚礼习俗所支持，见本文第75/82页。
[2]　参见H. Celander上引文第143页。他指出，特别是在鲁诺（Runo，爱沙尼亚地名）和芬兰–瑞典的农民那里，有谚提及躺在麦秸上云云，便直指这个原意。
[3]　见同前第480页及以下。
[4]　N. Lithberg, *Bröllopsseder på Gottland in Fataburen* 1906, p. 84.
[5]　N.E. Hammarstedt, *Striden om vegetationsstången in Fataburen* 1907, p. 193.
[6]　H. Celander上引文第147页。
[7]　Nilsson, *Folkliga fester*, p. 191.
[8]　N. Keyland上引文第25页。

（Värmland）的福莱克萨德（Fryksände）的习俗略同[1]。

就此关联而言，应该提到古时候的（其实很大程度上也包括现在）圣诞节是举行隆重婚礼的时节。从福莱克萨德的情况可知，如果可能，所有婚礼，都是在圣诞节之后那一天举行的[2]。圣诞节庆典也包括年轻人用这种游戏取乐，这些游戏往往具有仪式意涵，圣诞雄鹿便是常见的一种。各种游戏则往往是在圣诞麦秸上展开的。

这里应该提到圣斯蒂芬日（St. Stephen's Day），也就是圣诞节之后那一天。这一天，人们把水洒在马身上，并骑马穿过田野。该习俗在其他国家也存在，比如在德国这一天有时候被称为"der grosse Pferdetag"[3]，在英国也有类似习俗[4]。圣斯蒂芬日的骑马，与圣诞节早期节目中的骑马回家似有一比，是与繁殖之神在田野骑行相关联的[5]。这尤其被德国南部人民中流传的丰饶女神涅耳瑟斯（Nerthus）的旅行所证明，也被富饶、和平和耕耘之神弗雷把和平和丰产运送给斯维尔人所证明[6]。

但是，圣诞节最要紧的特征之一，是那特别的圣诞食物。大吃大喝直到今天还是圣诞节的标志之一，这不仅是现

---

[1]　N. Keyland上引文第100页。

[2]　见上一个注释。

[3]　W. Mannhardt上引文I，第403页。

[4]　Nilsson, *Folkliga fester*, p. 259.

[5]　参见W. Mannhardt上引文第403页及其以后部分。另见H.F.Feilberg, *Jul*, I. p. 221.

[6]　参见W. Mannhardt上引文第403页及其以后部分。另见N. M. Petersen, *Mythologi*, p. 337.

代医生的梦魇，也会在圣诞来临之前数月耗费掉并不富裕家庭的全部积蓄，而这只能用传统的巨大力量来解释。我们今天依然是仪式性饮食的奴隶，这跟单纯的好生活无关，却具有非常严肃的确保来年衣食无虞的功能，一句话，它希望丰收。实际上，所有的圣诞食物，除了某些好吃的东西和"Lutfisk"（干鳕鱼），很可能都是从异教徒那里得来的。其中一个重要角色，是由猪扮演的。自古以来，猪都跟繁殖仪式（fertility rites）相关，猪也是丰饶和平和耕耘之神弗雷的坐骑。在乌普萨拉古城的牺牲盛宴上，牛和猪便是弗雷的祭祀品。我记得海得力克的公猪（Heidrik's boar）和萨利姆那公猪（the boar Särimner），每天被瓦哈拉（Valhalla）的勇士吃掉，但到了晚上猪们便又完好如初。没有哪个瑞典人圣诞节的桌子上没有猪头和猪肉火腿——经常被糖衣一圈圈地装扮起来，而这不过是太阳的古老符号——碎猪肉冻、猪肋骨、猪肉香肠或猪蹄。在放甜食的桌子上，猪头和猪肉火腿又被杏仁蛋白奶糖装扮起来。把一片面包蘸到猪肉汤里的习俗，也是牺牲宴（sacrificial meal）的遗留。作为圣诞节食物一部分的褐豆和绿豆，跟干果、苹果和大米粥等等一样，也有同样明显的意义。塞伦德尔（Celander）有关达士兰（Dalsland）某地吃粥一事的报告尤具启发意义[1]：老人舀了一勺粥，说道："我在肥沃的田野里收获"（I reap in the thick field）；然后老妇人也舀了一勺，说："我在肥沃的田野里采集"（I gather in the thick field）；最后，男孩也舀了

---

[1]　上引文第185页。

一勺，说："我做了一个捆扎器，我在肥沃的麦田里捆扎"
（I make a binder and bind in thick cornfield）。吃粥的调子无
疑也是一种咒语。粥也是其他节日的佳肴，还出现在婚礼、
打干草（hay-making）、喝啤酒（ale）和脱粒（threshing）
等节庆活动中[1]。稻子的意义在其他习俗里表露无遗，比如
把稻粒撒向即将出发的新婚夫妇。圣诞面包以各种形式出
现，用以表现太阳，或者以猪、公鹿、公鸡、抱窝的母鸡[2]
或 "有角的牛"（a hornoxe）等等[3]的形式出现，这是非常
明显的。我要特别提到令人称奇的杰穆兰的（Jämtland）青
蛙面包（frog-bread）[4]。家庭成员都会分配一堆特殊的不同
种类的面包。在克洛诺博格（Kronoberg）乡下，我曾经见
过一个圣诞桌子上摆放着一整列面包做的婚礼队伍。尤其要
紧的是所谓的såkakorna——播种蛋糕（the sowing cakes）。
这是为圣诞节准备的东西，它是用最后的一把麦穗磨成的面
做成的，其中隐藏着麦田所具有的"统治力量"。它被认为
是避难所，或者是由和面盆里最后的一个面团做成。整个圣

---

[1] 上引文第185页。另见H.F.Feilberg, *Dansk Bondeliv*, I, Copenhagen,
　　 (1910), p. 267.

[2] 各种样子的姜饼干（ginger biscuit）在民间延续时间最长。圣诞节
　　 餐桌上的黄油往往也被做成公鸡或其他相似动物的模样。

[3] N.E. Hammarstedt., Julkakor-solbilder in Fran Nordiska Museets
　　 Samlingar. Bilder och Studier tillagnade gustaf Upmark, Stockholm (1925),
　　 P. 59. Hammarstedt把抱窝的母鸡解释为"明显的表示夏季温暖的符
　　 号"，但在我看来把抱窝本身视为某种符号也许更简单一些。

[4] 参见拙文：*Ett ovanligt julbröd I jämtlands läns museum in*
　　 Heimbygdas tidskrift, I. Fornvårdren, Vol. IV, (1931)。就青蛙的含
　　 义也可参考我在本刊一期上发表的文章，第107页。

诞节期间，它都被摆放在桌子上，然后再把它放入粮仓，直到来年春天，部分把它和将要下播的种子混合起来，回归大地，部分则送给房子的主人和家畜，因为犁地的人和动物要吃掉这些播种蛋糕[1]。

圣诞节上跟吃不可分离的还有喝，令人称奇的是，异教徒的祝酒行为被基督教化为向耶稣基督、圣母玛利亚或上帝的敬酒了[2]。因此之故，圣诞啤酒具有神奇的力量。

作为逝者节日的圣诞节

尽管大部分研究者都同意把北方异教徒的 "Jul" 基本上视为一种繁殖力的节日（fertility festival），在这个方面给它贴上这样那样的标签，但我还没有指出的圣诞节的另外一个侧面，是与它所具有的鲜明的生命特征（life-feature）相矛盾的那个部分，就如同费尔伯格（H.F.Feilberg）在他有关圣诞节的完美著作中所着重强调的那样[3]。我说的是：圣诞节乃鬼魂（ghosts）和精灵（spirits）的盛宴。马丁·皮尔森·尼尔森根据自己的见闻写下上面首先提到的理论，却没有漠视费尔伯格有关圣诞节的看法，并指出分析各种因素有

[1] 同样的习俗也见于其他国家。参见Nilsson, *Folkliga fester* 第221页及其以后部分。关于基兰（Keyland）各种不同类型的面包，参见上引文。阿普兰（Uppland）的播种蛋糕上印着储藏室钥匙的印纹，很有意思。

[2] Nilsson, *Folkliga fester*, p.214.

[3] Jul, I, II, Copenhagen(1904).

多么困难："给北方异教徒的'Jul'描绘出一个清晰的图像似乎是一个奢望。这跟材料的性质有关，因为大部分信息的价值不很确定，只有很少确定无疑的观点。但是一个不完整的图像好过一个我们的知识空洞被我们自己的想象所填充的图像。"这是该作者在他的著作Årets foldliga fester其中一章Fornoordisk jul的最后一句话[1]。

但是，根据他后来在同一部著作中的看法，很清楚该作者并不看重圣诞节作为灵魂盛宴的意义，因为他解释这种看法必须有这样的一种基本概念：在日常信仰、精灵（elves）和小精灵（brownies）等等所见到的数量众多的人类，实际上便是逝去人们的灵魂。他说："我不能接受这种观念是正确的，但这却不是反对它的地方。[2]" "这肯定有误解，但是，信仰精灵、小精灵和幽灵的根本是信仰其他灵魂而不是已逝之人。因为这种混乱，死人的灵魂便和圣诞之夜漫游在黑暗中的精灵们混合在一起了。我们了解法国万灵宴（the Feast of All Souls）的历史。 在公元6世纪，它仍在古代罗马人所行2月份的某一天举行，几个世纪以后，当日耳曼人入侵了这个国家，教会就把11月1号的万圣宴（the Feast of All Saints）强加到了万灵宴头上，但是，因为人们不愿意强制自己背离逝去的亲人——而不仅仅是圣徒和殉道者——所以就把次日变成了万灵节，这个万灵节是各地天主教会随处可见的节日。在圣诞节日表上，没有哪天空闲下来会把万灵

---

[1]　P. 162.
[2]　见上引书第231页及其以后部分。

宴固定在秋季的哪一天。我们因此必须考虑哪一天比圣诞节更接近原初的节日。我们了解的大多数没有被干扰的异教徒的万灵节盛宴是在春季举行的，这固然没有问题，但也并非定律，我们不能因此就声称古代的日耳曼人也在春天举行他们的万灵宴。因此，对我而言，很可能瑞典流行的信仰——即把圣诞节的访客（Christmas visitors）变成对死者灵魂的信仰——代表了某种转型和更高发展。就像受基督教的影响灵魂变成了天使一样，在冬至夜游荡甚至遛到人家的自然界的精灵（the powers and spirits of Nature），不管好坏，都转化成了逝者的灵魂（souls of the departed）。因为万灵宴必须预先设定（pre-supposed），即便是在北欧的异教徒那里，也不知道曾经安排在什么时间，不过后来才跟圣诞节鬼魂活动的时间联系起来，打上了常见的圣诞节信仰的印记。"基兰德（Keyland）采取了模棱两可的态度[1]。"假如把死亡崇拜（death cult）作为一个工作假说，那么圣诞节的所有说法和做法都能得到解释。这虽然片面，自然也无不可。问题是，圣诞节是否从一开始就是为死者或者众灵设置的盛宴……另外一条探究圣诞节习俗的思路，则把重点放在强调众多有关生殖力的概念上，后者与圣诞节常见的庆典相关联。"

　　在古老的北方，"Jul"正如我们在北方传说里所看到的那样，鬼魂的元素（ghostly element）非常突出[2]。我们在后来的圣诞节习俗里也发现了死亡的概念，它主要体现在下

---

[1]　上引文第10页。

[2]　H.F. Feilberg, *Jul,* I, p.96 et seq. Nilsson, *Folkliga fester*, p. 160.

面的形式中。圣诞之夜，圣诞节摆放饮食的桌子不能清理，因为它必须留给死者的灵魂[1]。圣诞节铺在地上的麦秸，被解释为是给死者或者给自己安排的休息之地，那是希望给死者一个机会，让它在那个晚上睡在生者的床上[2]。死者被等待的事实，尤其表现在为逝去的家庭成员安排地方并将其空置的习俗上[3]，也体现在禁止在平安夜关闭壁炉烟道因此使死者的灵魂不能进入房内等等的习俗上[4]。人们相信死者是在圣诞礼拜开始阶段（early Christmas service）成群结队在教堂里庆祝的[5]。平安夜小精灵们在墓地跳舞，因为被黄金的支撑物（golden supports）抬举起来，所以人们能够看进来，或许，它们就像传说中的永比角（Ljungby horn）一样，也参加了宴会等等活动[6]。与此相关的，是从死者那里获得预知未来的可能性[7]。"问题从来都是一样的主题：死亡或婚姻。反复的提问单调乏味。"尼尔森这样说[8]。"女孩子想知道她们未来的丈夫是谁，因为在她们的生活里，婚姻是一切事情的中心。对于临近的死亡也很上心。但这并不

---

[1] 基兰德说："那个人还有实际需求且每年还应该能够大吃大喝一次"。见上引文第9页。这个概念跟原始人的概念无关。参见下文的第81、83页。

[2] 这个后面的解释当然是次要的。参见上引文第73~75页。另见N. Keyland上引文第9页。另见Nilsson所著*Folkliga fester*, p.229.

[3] 根据和Bishop E. Reuterskiöld的谈话。

[4] 根据和VexiBö的G. Lindwal先生的谈话。

[5] 参见Nilsson, *Folkliga fester*, p. 230及其他作者的作品。

[6] 上引文第223页。

[7] 参见上引文第234页及其他作者的作品。

[8] 上引文第239页。

意味着害怕死亡。相反，一个濒死的老农民面对死亡的沉
着冷静，是现代人难以理解的。没有人像他那样实现了禁
欲主义哲学家的劝诫'做一个离开生命之桌的满意顾客'
（to leave life's table a satisfied guest）。正因为如此，没有
什么死亡的预兆能够扰乱圣诞节的喜悦。除了生与死，在农
民的脑子里还有其他的思考：来年的收成如何？人畜是否兴
旺？"他们在圣诞节上关注上述这些问题理所当然。这对于
我们来说可能单调乏味，但并不矛盾。

　　尽管现在没有理由承认有这样一个普遍的信仰，即
相信死者的灵魂和自然界许多深藏不露引人遐思的精灵
（beings）之间有某种联系，但我发现不相信这种联系的存
在也很困难，在这种情况下死者的灵魂是原初（original）
的，比如，在谷仓或保卫树（guardian tree）的小精灵和农
场的古代居民之间。在挪威，保卫树是与住在农场附近的坟
丘里的所谓的högbonden（即mound peasant丘墩农民）相关
联的[1]，小精灵也从这里出来[2]。因为埋在农场附近坟丘里
的人并非其逝去的家人。因此，粥和圣诞节食物拿出来了，
啤酒则倒在坟丘上，一边还念叨着"上帝保佑坟丘平安"。
在萨特达伦（Säterdalen）阿达尔（Årdal）最古老的农庄，
当主妇把麦芽汁泼向长在"精灵墩"（elf mound）上的"精
灵桦树"（elf birch）时说："这正是你应该得到的，因为
你是如此优秀的一位斗士（fine fighter）！"——"祖先崇

[1]　Nilsson, *Folkliga fester*, p. 221.
[2]　塞兰德也持差不多同样的观点。参见前其引文第214页。

拜很难再找到如此朴实无华的表示了，"引用这个例子的塞兰德这样评价。对我来说，似乎同样难以忽视两者之间的联系：1. 死者的灵魂；2. 精灵或者小精灵，其来源似有感觉却晦暗不明；3. 随着基督教的普及，精灵或者变成天使，或者刚好相反成了制造麻烦的魔鬼，端看是好的还是坏的一面呈现出来。在我看来，我们要处理的时间长度还不足以看到尼尔森线（Nilsson's lines）的发展。因为晚至冰岛的传说里，魔鬼、小妖精（goblins）和精灵（brownies）还是比死者的灵魂更常见到的，但是其时我们已经跨入基督教时代，已经径直走向信仰天使和地下神灵的时代，这里没有地方容纳这样一个舞台，让死者的灵魂呈现出如此明确的一个表现形式。最近的研究，即便来自北方，就我所知也使我们能够把对死后生活的信仰追溯到石器时代，这也证明从遥远的古代开始在大众的观念里就相信死者的灵魂发挥了很大作用，也因此能够形成广泛的传统。

现在该我谈谈在我看来为什么从一开始"万灵节"就跟圣诞节相关的原因了。就此而言，也许基督教会不难从万圣节的设置和把它挪到11月1日这一天找一个借口，把那些因习俗永不能基督教化、对生命的狂热服从很难跟中世纪基督教概念的死亡意义相容的灵魂公开从圣诞节里移除出去[1]。另一方面，圣诞节作为死者的盛宴还将会继续很长一段时

---

[1] 这里也许应该提到，与此相类似，基督教试图摧毁古代罗马的死亡崇拜，却没有成功，死亡崇拜因此就被基督教化了，且变成了灵魂的盛宴。参见Feilberg前引文第79页。

间——直到今天，在瑞典，在圣诞节这一天和所谓"修墓日"（grave-decorating day）这一天上坟修墓一样频繁，圣诞节是现代新教形式的万灵节——证明古老异教徒的Jul仍然留在人们心中。

但是，我上面所说的，并不意味着我认为Jul原本只是灵魂的盛宴。相反，我认为它的来源植根于它作为生命繁殖力（fertility of Life）庆典的特性。所以如此，是因为Jul是作物和丰收的最盛大节日，其中包含着我试图加以解说的新的统一的思想，这是和上面提到的拙文表达的意思相一致的[1]，即死亡礼仪中所体现的繁殖仪式的重要性不仅是可以理解的、自然的，而且也是和原始人的概念极相吻合的[2]，换句话说，Jul——圣诞节——是死者的节日。死者归来，是为了参加给予生命的繁殖仪式，以便延续生命或者使其获得重生。

繁殖仪式和死亡仪式的关联，从瓦穆兰（Värmland）的弗莱克散德（Fryksände）地方的习俗中得到奇妙的支持，在那里婚礼常常是在圣诞节后那一天举行的。基兰德[3]说："新娘把婚礼上的一块面包——这也是圣诞节的面包[4]——藏到她胸前的衣服里，保留终生，并把它带到自己的棺材里。"我想起我曾经引用的跟此问题关系密切的埋葬习俗，

---

[1]　本刊第一期，第86页、109页及其他。

[2]　参见上引文第108页。

[3]　参见上引文第101页。

[4]　参见本文第77页有关"播种蛋糕"赐予土壤、牲畜和人类生命的重要意义。

就包括把鸡蛋[1]、大麦和豆子等等[2]放置在墓葬中。延续至今的类似的原始思维也可作证，事实是，晚到18甚至19世纪，把一瓶brännvin（蒸馏酒精）放在死者的坟墓中还很流行，无疑这原本也被认为是一种生命给予仪式，与圣诞节上的啤酒具有同样的含义。

　　同样的仪式当然也隐含在其他埋葬习俗中，不过其原初的含义已经完全消隐不见了。比如，妇女们常常穿着新娘的服装躺在墓葬里。在斯马兰（Småland）的某些地区，会在墓园的门上用云杉树枝搭建起一座"荣誉之门"（gate of honour），同举行婚礼搭建的门一模一样。唯一的不同，是婚礼之门的树枝蜷曲起来针叶向上，而墓葬之门的针叶朝下，但这种区别也许只是后来形成的。还有，葬礼上要在室外或者教堂树立起一棵maj树来[3]，有时候它也被树立在两者之间。在同一地区，被砍下的云杉和刺柏嫩枝不仅要撒在死者的家和灵柩之间的路上——正如在其他地区一样，而且邻居们还要把嫩枝撒在他们的房子前面，特别是送葬队伍经过的地方。布莱京（Blekinge）地区的人们也有类似的风

---

[1] 参见本文第74页有关麦秸冠中的鸡蛋部分。

[2] 参见本文第83页。另见上引拙文第111页。参见 Louise Hagberg, Påskäggen och deras heniska ursprung in Fataburen, 1906, p. 144 and 153.

[3] Nilsson, *Folkliga fester* 第33页提到奥茨博·哈拉德（Östbo härad）的这种风俗。我自己也曾在克洛诺博格（Kronoberg）县见到过。N. E. Hammarstedt, *Striden om vegetationsstången in Fataburen*（1907）第195页也提到过斯马兰的这种习俗，还说"墓葬树枝"（funeral branch）的顶部要毁掉，以便与"新娘柱"（bridal pole）相区别，这也许还是后来的变化。

俗。有时候这些嫩枝被撒成十字形。这些嫩枝无疑和圣诞节及其他节日被砍下的嫩枝——特别是婚礼上[1]撒在院子里或者房间地板（有时候是教堂地板）上有同样的意义，其含义和maj相同。嫩枝有时候也被麦秸所代替。这被如下的事实所证明：在布莱京，抛撒嫩枝被称为maja[2]。墓上用花圈装饰也许有同样的含义，不过现在已被人们忘记了。在我们自己的这个时代，圣诞节我们经常会在教堂墓地——特别是孩子们的墓上，发现小小的圣诞树，它们之所以被放在那里，是因为圣诞树对于瑞典人而言是亲切的，特别是在圣诞节期间，人们希望以此缅怀死者及其和他们一起度过的好时光。但是，墓地上的圣诞树——maj树——也还在延续，这也许有一个更直接的传统。

就像婚宴的例子一样，很有可能葬宴也同圣诞的吃喝（见上文第76页）有莫大关系。人人皆知，先前（特别是农村现在也还这样）在葬礼之后，接下来便是奢华的宴会，因为它通常没有节制所以往往令我们感到特别不舒服。在我们看来，这时候应该只能表示悲伤，但吃喝却似乎成为主题，舞蹈也并不罕见。我还记得孩童时代我曾参加过乡村的一个葬礼，当看到人们以死者的名义饮酒（前文第71、77页曾提及异教徒向上帝和死者的祝酒）时，我是多么的震惊。在葬礼上喝葡萄酒的做法，是一个十分古老的风俗，至今还能在

[1]　特别参见 N. Lithberg, *Bröllopsseder pa Gottland in Fataburen*, 1906, p. 86.
[2]　和Mr.C.A.von Zweibergk, Vexiö交谈得知。

社会所有不同阶层观察到。葬礼上的食物不能仅仅看作是人
们相信死者依然活着因此还需要吃喝的某种证据。也许多少
还应该看作是为了生者的某种安排或者生者为了纪念死者的
最后一次宴会。葬礼宴会的原初意义，对于死者非常重要，
在这个从一个阶段（或状态）转换为另一个阶段（或状态）
的节骨眼上，死者因此而得以进入一个新的或持续的存在，
不管这种存在到底是什么。这种帮助的形式自然同婚礼庆典
或特别是在圣诞节庆典所见的繁殖力仪礼相同。古人的这种
观念因此解释了濒死之人感到的某种焦虑，也显示葬宴必须
精心准备，死者必须得到"有尊严的埋葬"（be honourably
buried）。如此看来，这样的焦虑是比在那样一个严肃的场
合，把它跟仅仅为生者提供物质享受相关联更显合理。感觉
死亡临近的老妇，如果还能工作，可能自己会为她们的葬礼
烤制糕点。装在棺材中的死者，有时候甚至还会被搬到房
子里来，作为尊贵的客人参加葬礼[1]。在某些原始人的葬礼
上，宴会通常被认为是死者也要光临的。死者栽种果树的水
果和用死者喂养的动物做成的食物是要吃掉的[2]。或许这些
食物原本是在墓地被吃掉的，因为在俄罗斯和巴尔干的某些
地区，每一位参加葬礼的客人，要仪式性地吃掉一勺子混合
了放在墓地一块白布上的蜂蜜的粥，据说这种风俗至今还在

---

[1]　E. Reuterskiöld, *Om Döden och Livet in Inbjudan till teologie
doktorspromotionen vid Uppsala Universitet* 1927, p.7.

[2]　参见M. Ebett, *Reallexikon der Vorgeschichte,* Vol. XIII, art. *Totenfest
(by Thurnwald)*, Berlin(1929).

流行[1]。

葬礼宴具有非常古老的传统。种种证据表明，远古时代的宴会是在墓地举行的——我们通常称之为牺牲宴（sacrificial feast）。还有某些证据显示，有时候这些宴会甚至可能是食人的牺牲宴（cannibalistic sacrificial feast）。

甚至从新石器时代开始，就在墓葬中发现陶器中有粥的遗存——不少地方仍然是葬礼食物组成部分的"灵魂之粥"（soul porridge）以及象征性的死亡面包（death bread）[2]——对应着上文曾提到的放置在墓中的鸡蛋和大麦。但是，墓葬中也常常发现大量动物骨头，这显然是为死者准备的食物的遗留。好比圣诞节风俗有肉、素两个方面一样，放在墓葬中的东西也是如此。

在原始人那里，这些宴会往往在死者被埋葬之后第一年的某些固定时间不断重复。有时候，在第一年的四分之三时间过完之后，系列宴会才会以最后一次宴会的举行而告结束。很显然，死者不会被认为真的参加了宴会。在有些情况下，还会看到死者尸体被烧掉或者以这样那样的方式被毁掉的例子。这些不同的宴会在不同的阶段加以庆祝，似乎被认为与胎儿在母腹中长至临盆的各阶段相对应[3]。因此，当

---

[1] M. Ebett, *Reallexikon der Vorgeschichte*, Vol. XIII, art. *Totenmahl*, § 1 (by G. Wilke).

[2] M. Ebett, *Reallexikon der Vorgeschichte*, Vol. XIII, art. *Totenopfer*, § 3 (by G. Wilke).

[3] M. Ebett, *Reallexikon der Vorgeschichte*, Vol. XIII, art. *Totenfest and Totenkultus*, A, § 36 (by Thurnwald).

最后一次宴会举行之时，死者也即获得新生（was born to a new life）。

　　为解答本文提出的主要问题——理所当然作为繁殖力盛宴的圣诞节，是否同时也是死者的盛宴（a feast of the dead）？因为繁殖仪式（fertility rites）就包含在死亡仪式（death rites）中，其目的就是帮助死者获得新生？假如我们能够证明，总体来看与圣诞节（与繁殖力崇拜相关）相类似的风俗是与万灵盛宴相通的，那自然就非常重要了。总而言之，"万灵宴"（feast of souls）与"丰收宴"（harvest feast）是一回事吗？果如此，事情就再清楚不过了，问题的症结也就发现了，因为它与作为跟季节相关宴会的圣诞节无涉，却与万灵宴相匹配的繁殖力宴会具有逻辑上的一致性。事实是，我们现在知道不仅欧洲大部分地区有这样的例子，便是世界其他地区也是如此。菲尔伯格便征引了许多具有启发性的例子[1]。

　　在雅典庆祝花开和新酒到来的春季（Anthesteria），有一个三月初举行的献给酒神狄厄尼索斯（Dionysos）的神圣节日。在这个节日里，第一天，要把去年新发酵的葡萄酒倒出来，第二天，大家争先恐后一醉方休。第三天，是万灵节，当灵魂们在家里被人喂饱的时候，盛装着炒豆的陶罐便被放置在坟地上[2]。二月二十一日举行的罗马人的费拉利亚

---

[1]　上引文I，第6页及其以后。另参见Louise Hagberg, *Påskåggen och deras hedniska ursprung in Fataburen* 1906, p. 153.

[2]　Feilberg, Jul, I, p. 12.另参见 *Nordisk Familjebok*, Vol. I, art. *Anthesteria* (by A. M.. A〔lexanderson〕), Stockholm (1904).

（Feralia）节日，是一种万灵节（All Souls' Day），当然这也不是一种为了生者的丰收节，不仅有为死者准备的食物，比如配有面包的葡萄酒、盐、奶、油、蜜、鲜花和花环，而且随后的几天还有为生者准备的追思宴会（feast of remembrance for the living），令人想起丧葬宴会（burial feasts）[1]。

在公元567年法国图尔举办的主教会议上，明确禁止在墓地放置食物，尽管实际上那时候这一天是当作"圣彼得的椅子宴会"（Feast of St. Peter's Chair）加以庆祝的[2]，但放置食物的风俗还在继续。在三月举行的利莫利亚盛宴（Lemuria feast）上，当自杀者、被谋杀者被认为又能走动时，这家的父亲要把黑豆放到嘴里，赤脚穿过房子，口嚼黑豆，不能回头看，说："我给你这个，并用它买回我自己和我的东西。[3]"当晚于万圣宴（十一月一号）的万灵宴变成奉献给纪念死者的节日时，上面提到的异教徒的风俗也便没有保留地转到了这一天。房子各处摆放了献给死者的食物[4]，也制造了让死者进入房间的种种方便。但是，同时也还要上坟，还要把食物之类的东西，比如在许多地方是各种

[1] Feilberg前引文第 13页。另参见 *Nordisk Familjebok*, Vol. III, art. *Feralia* (by R . T〔örnebla〕dh) , Stockholm (1908).

[2] Feilberg 上引文，第16页。

[3] Feilberg 上引文，第13页。

[4] Feilberg 上引文，第30页及其以后。墨西哥有一个极端现实的风俗是这样描述的：一支蜡烛为家里所有的逝者点起来；还用纸做成一个个小棺材，里面放上用蛋糕或者糖果堆成的尸体；还要布置一张桌子，放上面包、烤玉米、水果、坚果甚至雪茄，而且总要有一瓶葡萄酒。

"灵魂面包"（soul bread），葡萄酒和蜂蜜（俄罗斯）、红鸡蛋（塞尔维亚）、麦草十字架（比利时）和鲜花等等，放置在墓地。在波斯尼亚和黑塞哥维那（Herzegovina），灵魂盛宴（a feast of souls）是在复活节之后的第一个星期五庆祝的，这时候，彩蛋和寇拉森（Kolacen，复活节面包）便被放置到坟地上[1]。在某些地方，生者往往兴高采烈地在教堂墓地（意大利的墨西拿）[2]、家里或者客栈吃喝。

后起的一种纪念死者的方式是施舍的风俗，而不是在他们的坟地放置礼物。比如法国，那一天要把榛子、核桃和苹果带到教堂，送给孩子们；在阿布鲁齐雅（Abruzzia），要送给穷人豌豆汤[3]。

我们在欧洲之外也发现了同样的风俗。类似的灵魂盛宴在波斯人、维达人、日本人和中国人那里也能看到[4]。

菲尔伯格征引的这些风俗，正如他自己所言，"在北方圣诞节的信仰里一再出现"，而且也非常说明问题，不过他自己并没有从中得出结论，而结论似乎是非常明显的。他说[5]，在春秋的播种季节，烦躁不安笼罩死者。它们是它们居家所在的黑暗之处的统治者；当农民的犁在肥沃的土地上开出沟来，他的手把种子撒在犁沟里，他便期望获得灵魂

[1] Louise Hagberg, Påskåggen och deras hedniska ursprung in Fataburen 1906.
[2] Feilberg 上引文，第76页及其以后。
[3] Feilberg 上引文，第78页及其以后。
[4] Feilberg 上引文，第7页及其以后。有关中国的情况，参见下节第86页。
[5] 上引文，I，第5页。

（spirits）的帮助，种子才能发芽生长。当嫩芽看到白天的光亮，来自灵魂的太阳、雨水和露水便要光临，但在此之前，嫩芽是在黑暗的地下潜滋暗长的。然后，当躁动不安降临到灵魂头上，它们便成群结队从它们的黑暗之家趁黑夜来到生者的居所。在它们曾经居住的地方，它们还在此生活的家人的家里，它们渴望善待并得到礼物，作为回报它们乐意使大地获得丰收。灶台前人们会为它们撑开桌子并将之加以装饰，当它获得食物之后又会被人们请求离开；因为死者和生者不能同时生活在一个屋檐下。这是我们人类有关死者崇拜的普遍思想和风俗，不管东西南北、高山平原，莫不如此。支配这种人类普遍思想的动机不可能是模糊不清的。躁动不安的灵魂和生者为了作物生长依赖灵魂帮助这一事实有何关系？他们的这种依赖又能向我们传达什么信息？经常听到的解释，是灵魂们在圣诞之夜回到它们曾经的家中，因为这是一年中最黑暗的夜晚；不过这个解释很暧昧，因为它难以解释为何非要在这个特别的夜晚，而在此前后的许多个夜晚差不多一样黑暗，或者说，每一个夜晚都足够黑暗，允许灵魂们趁机回家。就我所能，我发现，只有把繁殖盛宴和死亡盛宴（fertility and death feasts）结合起来才能自圆其说，而前提是认为死亡仪式（death rites）借自繁殖力崇拜（fertility cult）。

中国的繁殖仪式、死者崇拜和年度生命助长节日

直到现在我才开始讨论有关中国的这些问题，是因为

我特别想为这个国家单独开辟一节。在中国的社会生活中，对死者的崇拜至今还是最为基本和独特的一个特征。其主要原则便是祖先的灵魂崇拜。在中国，祖先崇拜是服务于再生（reincarnation）的生者对死者的崇拜，现在而且似乎从远古时代开始就远比西方有更为确凿的证据。但是，这种再生崇拜（cult of reincarnation）通常以土地或农耕崇拜（a cult of the soil or the tilth）这样一种令我们特别感兴趣的形式出现。葛兰言（Marcel Granet）在针对这个问题的简明而非常引人注目、受人欢迎的《中国宗教》（La religion des Chinois, Paris, 1922）一书里，强调了这个事实，而且在论及封建社会（公元前800～前200年）的祖先灵魂崇拜时确实还说明，"从一开始，祖先崇拜和土地崇拜就是基于利益和责任的共同体。[1]"

　　葛兰言以其生动的叙述风格证明——虽然那些证据在细节上的可靠性我无法判断，但他探讨的问题却与我的认识非常吻合，那便是如何在原始社会，也就是说远在封建社会之前，中国的农民生活就跟两个年度盛宴——春节（the Spring Festival）和秋节（the Autumn Festival）紧密相关。春节给所有即将重新开始的生命以信号：当河流的坚冰开始融化，春水获得新生之时；当第一场甘霖滋润大地；当春花开始绽放，树叶重新发芽；当桃李花开，燕子归来；当鸟儿开始配对筑巢之时，人们便庆祝春节[2]。这时候，人们被召

[1]　上引书第67页。
[2]　上引书第14页。

集到举行崇拜的神圣地点，与此同时此地也成为不同村庄青年男女的聚会之地。没有哪个男女能够在自己的村庄找到配偶，因为他（她）们和村里的其他年轻人关系过于亲近——要么是兄弟姐妹要么是表兄弟姐妹。只能和附近村庄交换才能成就婚姻，在远古时代，当母权制盛行之时，是年轻人迁入一个新的村庄，后来则是女孩子来到她们的新家[1]。当农忙之时，人人手里都是活，男人们夜晚住在田边可怜的小茅屋里，与他们住在山里的老婆和儿女分离，后者只是偶尔来探望一下并带来食物[2]。但是到了冬天，男人们从劳动中解脱出来，就像土地也要从劳动中解脱出来一样，该轮到妇女们忙碌了。她们缝缝补补，以满足全家人的穿用。在崇拜之地加以庆祝的春节，也就成为了不起的"媒婆"（great matchmaker）。"春这个字就意味着爱情"[3]，在庆祝再生的春宴上，性之仪礼（sexual rites）是其中最要紧的："少男少女在神圣的土地上集合起来，相信他（她）们充满朝气的婚姻就是与万物复苏相契合的一种手段。心里荡漾着对丰产的期望：就像他（她）吞下的蛋，就像他（她）们看到的流星，就像他（她）们采摘的一束束放在膝上的车前草，就像他（她）们海誓山盟时献给对方的鲜花，凡此在他（她）们看来都蕴含着成熟的原理（principles of maturity），因此他（她）们相信春日婚礼会帮助万物复苏，这便是他

---

[1]　上引书第4、11、25页。

[2]　上引书第3页及其以后。

[3]　上引书第14页，另见第7页。

（她）们赐予季节之雨的名字，而且使冬日人们停止耕作
的大地得到净化，把繁殖力带给田地[1]。如果春节说得上是
第一次的男女欢聚，那么一个家庭直到秋节过后还没有建
立起来[2]，秋节就是"狂吃海喝（a grand orgy of eating and
drinking）——这是再播种的盛宴，也是重新进入温柔乡的
盛宴"。农民相信他们与他们耕种的土地和收获的田野是
如此密不可分，这种相互依赖正是因为两者都享有同一个
大地。

这些与土地相关的性行为的发生，导致与土壤融为一
体的概念，也就是说，与其上建立家庭的大地融为一体。
这些性行为发生在房子的黑暗角落，那里正是存放粮食的
地方。——正是由于这些神圣情感的传染效果，使得家庭
主妇、人类之母、谷仓中的粮食和田地之间的真正的混乱
和特性的交换于焉发生。存在于种子中的生命元素，一如
存在于妇女的身体之中；放在婚礼睡椅附近的种子也会使
妇女受孕；妇女——种子的守护者，赐予种子生根发芽的
力量；种子给予营养；妇女变成护士。大地（the Earth）
就是母亲（Mother），就是护士（a Nurse），种子播于
其中；十月怀胎，妇女模仿大地。大地包含万物，大地孕
育万物。她把死者放在胸口，在前三天独自哺育新生的婴
儿。她是母亲之力量，给予生命，抚育成长。人类由她而
生，由她抚养，在生命的紧要关头——来到这个世界和离

---

[1] 参见上文第75页有关在田地里举行的仪式婚礼（ritual nuptial）。
[2] 葛兰言上引书第13页。

开这个世界——和她保持联系都至关重要。最要紧的照料便是把新生婴儿或濒死之人安放在地上。作为至高无上的家庭之力量（domestic power），大地（the Earth）自己就能告诉人们生死是否来到。她自己就能撤回或者赐予人们留在家庭生活的权力。在田地（on domestic soil）之上禁食（fasting）三天之后，当孩子得到大地母亲哺育并以响亮的哭声展示其从她而来的生命之力，他的母亲，根据土地优先原则，允许把他抱起来；她能够给他营养，最后孩子自己也能够吃饭了，这样才被准许进入生者的行列。当放置在地上的濒死之人，虽经整个家庭的沉痛呼唤也不能把生命唤醒留下来，那么死后三天，尸体就将永远地从生者的集体清除出去，并被埋葬在土中。葬礼有二重性：在史前时代，第二次埋葬发生在城镇或乡村之外，家庭墓地是一小块土地，任何不属于该家庭的人员都不允许进入这个地方；在古代，埋葬发生在家院（domestic enclosure）之内。第一次埋葬（first interment）通常都发生在家内甚至房屋之内，这个时间正好是死者肉体腐烂的时候。死亡之物因而进入家庭的土壤。尸体在靠近储藏谷物的阴暗角落腐烂解体——这些种子播进土壤，生根发芽；在同样的角落，又搬来婚床，妇女在此孕育新的生命。她们因此猜想她们的受孕是源自家庭土壤的丰产之力（Powers of Fecundity）作用的结果。正是在这块土壤之上孕育了她们身体之中潜滋暗长的生命，最终，她们出生的孩子验证了祖先的存在。人们坚信生命在祖先尸体解体的黑暗角落发生的原则；每一个生命都似乎是某位祖先的转生。当妇女在她出生的家里怀孕[1]，那就是母系家庭的职责去完成转生。新生儿只能是一位祖先，在大地母亲——母系祖先的共同物质（common substance）——之中栖居了一段时间之后，再一次复活为一个生命并且重新出现在活着的家庭成员中间，家庭的本质也像其大地（their Earth）一样是不朽的。死亡并不能消减它正如诞生也不能增加它一样，一个家庭成员的生或死无非是进入另一种存在形式。家庭被分为两个部分，一部分是生者，一部分是死者，尽管如此，他（她）们紧密相连且形成不分彼此的群体。对死去祖先的祭祀和对家庭土地神（domestic Soil）的祭祀，建立在相信它们是并行发展的两条路线——大地母亲这一概念的首要特性来自于她在圣位（Holy Places）节日里扮演的形象——祖先崇拜总是保留了季节祭祀的某种特点，相关的关键祭祀仪式总是发生在春秋季节，就好像正是在聚会发生的春季和秋季，转生的概念（the idea of reincarnation）才得以实现[2]。

在官方的儒教传统里，年度最重要的两个宴飨发生在冬至日和夏至日，在这些时候，皇帝分别在天坛和地坛——祭祀天地的地方——献上丰厚的礼物。

冬至节因此是在当"阳，创造性的天之伟力，光和热，达到其顶点且同时进入其转生"[3]之时加以庆祝的。随着在

---

[1]　只要母系制度继续存在便是如此。参见第87页上述。

[2]　参见M. Granet上引文第25～29页。

[3]　J. J. M. de Groot, *Universismus, die grundlage der Religion und Ethik, des Staatswesens und der Wissenschaften Chinas*, Berlin (1918), p. 155, seq. Cf. p.216.

繁缛的仪式上把异常丰富的动物和植物祭品献给神灵，皇帝的祖先也同样收到了他们应该得到的部分，为达到此目的其灵牌也被放在应该安放的位置[1]。节日的丰产特性是显明的，这从皇帝和主祭人最后的祷词可以看出：

老天爷啊，牺牲准备好了，祭坛已经被黑夜（darkness）所遮盖。

请您保佑我们；愿传达您福佑的云朵像大海之波一样无穷无尽。

您的仆人在每年的每一个季节祈求您的保佑；对来自他婚宴之上的香气予以最深切的关心。

他祈望遍地万物生长，您的仆人周围的德行也与日俱增。

老天爷啊！祈求您的保佑，大地因此可以复苏，田间作物因此可以茁壮成长。

请您保佑我善良的人民，他们因此可以享受真正的和平和安宁。

上面已经提到，在夏至庆典举行之时，盛大的祭祀宴会要献给大地之神，在这个场合，皇家的祖宗灵牌也要在仪式上出现[2]。一年的最后一天[3]，注定同样是为皇家祖先献祭的一

[1]　参见上引文第160页。关于消费从祭坛牺牲而来的所谓"吉祥之肉"（auspicious flesh）的话题，参见第175页及其后文。

[2]　de Groot, *Universismus*, p. 192.

[3]　参见上引书第216页。

天，这一天也跟我下面还要讲到的那个特别的"万灵之日"
（Day of All Souls）的清明节相关（第95页）。

从上面的讨论可以确认，中国人对死后生活的信仰是不
可撼动的。主导概念似乎就体现在上面所引用的文献中（第
73页）——新生的概念，转生，通常所谓"投胎"的过程，
"走进子宫"等等[1]。灵魂因此可以在另一个人的身体里寄居
下来，后者的灵魂最近才刚刚离开[2]。但是，生者无须放弃看
到死者灵魂回到其以前皮囊的希望。转生复活的故事难以尽
引。德格鲁特（de Groot）就说，如果他有关基督复活的说教
引不起人们多少兴趣，那在中国人而言同样的奇迹几乎每天
都在发生，对此，在中国的传教士一点也不感到惊奇[3]。

不过，不管它可能属于什么性质，转生都不可能发生。
中国宗教规定的葬礼极尽烦琐，对于生者而言确实也不堪重
负，恐怕在古代更是如此。我们这里只能在上面已经描述的
东西之外，再讨论几个大的方面。

第一次试图把死者唤醒的努力发生在死者断气之时，
站立在死者周围的人们大声呼喊，祈求逝去的灵魂回来[4]。
你会发现，这种对死者的哀悼一遍遍地在重复，正如大家都
知道的，这发生在东方社会的所有时代。最初也是最重要的
针对死者身体的行动便是洗身。这在周代（公元前1122～前
249年）既已实行，就高级贵族而言，是用大米水和小米酒

---

[1]　J. J. M. de Groot, *Religious System*, vol. 4, Leyden (1901), p. 143.
[2]　参见上引文第134页。
[3]　参见上引文第124页。
[4]　参见上引文第1卷第10页和第243页。

水洗身的[1]。此后，大米被填在死者的嘴里，也要把烧糊的
颗粒塞到嘴里。向死者嘴里填物的风俗，是指望促进丰产，
特别是把稻米[2]和子安贝[3]放进死者嘴里的行为，在古今中
国都很常见。这些填在嘴里的物质因时而变，也常常变成
玉，玉被认为是代表天的石头。"天即是玉，是金。[4]"
天，属阳，"是万物之母，是统治万物之大自然的主要能
源。[5]"德格鲁特指出，在福建省，要把一个玉环戴在死者
的胳臂或者脚踝[6]。很可能从新石器时代开始欧洲史前墓葬
中就屡见不鲜的玉器[7]——那些个通常或者以微型斧或者以
大型美观精制的斧，或者偶尔也同样以环出现的东西——具
有同样的意义。近东也出土过类似的护身符[8]。用于同样目
的的另外一些"阳"的象征符号，是各种珍珠，据说它们也
包含很多"阳物质"，可以"发出光芒"[9]。当钱币[10]用于

[1]　参见上引文第1卷第12页。

[2]　参见上引文第20页、276页。另见第356页。

[3]　关于子安贝的象征意义，参见上引拙文第103页。

[4]　参见de Groot上引文第1卷第271页。另参见发表在《东方博物馆馆
刊》第二期的B. Karlgren, Some fecundity symbols in ancient China.

[5]　参见de Groot上引文第1卷第22、271页。

[6]　参见上引文第279页。

[7]　德国、比利时、法国、意大利和瑞士均有。参见C. H. Read, British
Museum, *A Guide to the Antiquities of the Stone Age* （1921）, pp.
94, 122, 140; J. Déchelette, Manuel d'Archéologie, I, Paris (1908).
See Index *général: jade, jadéite*; F. v. Duhn, *Italische Gräberkunde*, I,
Heidelberg (1924), see Sachregister: Jadeitbeilchen, Nephritaxt.

[8]　上引J. Déchelette文第521页。

[9]　de Groot, *Religious System*, vol. 1, p. 277.

[10]　也包括银币，参见上引文第278页，另见358页。

类似的用途时，它是作为现代钱币性质的宝贝的替代品使用的，这个次要用途的获得无疑来自宝贝所具有的赐予丰产、富裕的力量。把食物放入死者口中的习俗停止了，比如厦门地区，但是把食物，比如煮熟的大米和豆子放在死者身旁还在流行[1]。无论过去或现在，给死者准备食物并非只是在死者刚死被放入棺材之前，此后也复如此[2]。食物或者放入棺材[3]，或者放入墓葬的其他部位[4]，主要包括各种谷物和稻米[5]。食物形式的祭品不断地在各种机会摆放在死者的坟前，比如清明节就是如此（参见下文第95页）。

一个明显的赐予生命的"死亡习俗"，是死者所穿的衣服——不管男女，死亡之时所穿的衣服，却是他（们）曾经在婚礼时穿过的[6]；在那样的场合，用来表明这对年轻的夫妇已然成为"充满生命活力的人物"[7]。女性的"新娘和死亡"服装，在贵妇阶层是极其华丽的，用繁缛的刺绣描绘出象征丰收和引起丰收的图案，比如负责降雨的龙[8]，作为"婚姻幸福"最高级象征的凤[9]等等。玉饰最为常见。其中最重要的是簪子，它常常被做成各种各样具

---

[1] 参见上引文第29页，另见第359页。

[2] 参见上引文第360、99页。

[3] 参见上引文第2卷第363页。

[4] 参见上引文第382页。

[5] 参见上引文第386页。

[6] 瑞典也有类似的风俗，参见前文第81页。

[7] de Groot, *Religious System*, vol. 1, p.81.

[8] 参见上引书第53页。关于龙作为"男性丰产符号"可参考上引 B. Karlgren文第36页。

[9] de Groot, *Religious System*, vol. 1, p.53.

有同样意义的象征符号，比如雄鹿、乌龟、仙鹤、鹳鸟、寿桃等等。这些物品的象征意义均有悠久的历史。生活在公元前一世纪的刘向，在其著作中曾说到雄鹿在千岁之后会变成蓝色。生活在公元前二世纪的刘安，也说到龟能活到三千岁。鹤和鹳也被认为千岁之后变为蓝色，两千岁之后变为黑色。不仅如此，"鹤"这个字，在几种方言中，都与表示欢喜和富裕的字同音。鹳和鹤在西方世界民间信仰中的重要作用如此广为人知，无须在此赘述。至于桃树，也同样是一个长寿符号；因此，公元四五世纪的《神异经》曾提到一棵桃树如何高达500尺，叶子如何长达8尺，桃子如何大过3尺，以及长生不老的仙丹妙药可以从果石（fruit-stone）中得到[1]。

还有，当为死者挑选棺木时，可以选一种——用德格鲁特的话说是——"可能便于他（她）们重回生命"[2]的木料。人们相信，常绿的松柏树尤其具有这种力量，这两种树木也被认为很长寿。这不能不让人想起柏树作为丧葬之木在东西方均复如此。《汉武帝内传》有这么一个故事，说武帝（公元前140～前86年）之时，有一个传说中的女王掌控这些不老之物，她就吃了松柏的树脂，因为"这可以延长寿命"[3]。在汉代，祝福"皇帝万岁"的酒是用柏树叶酿成的。还有很多证据说明这些树木的神异之处，这可能要

---

[1]　上引 B. Karlgren 文第37页。关于发簪及其象征意义，请参考 de Groot, *Religious System*, vol. 1, p.55.

[2]　上引 de Groot 文第294页。

[3]　参见上引文第297页。

从不同时代来引证。从朱弁所记作为官员和诗人的苏东坡
（1036～1101年）的故事开始，比如他写道："松树赐予人
类的福佑是非常多的。它的花，它的树脂，它长在根部的木
耳，食来均能令人长寿。"到了晚近时代，作为药典的《本
草纲目》也曾提到"长期饮食松树之汁，将使人身轻，防
止人变老，并使其寿命延长……。长食柏树籽，将使人壮
健——体重减轻，生命延长。[1]"

仅仅用这些木料制作棺木和地宫往往还不够。与此相关
的是，在汉代的显贵人物墓地，围绕棺木还要放置多余的柏
木，这些柏木要尽可能从根部截取，因为柏树越老越粗的部
分便储存有越多的生命活力。另一种此类赐予生命之树是常
绿的樟树[2]。

所有这些为死者提供赐予生命物质的种种努力，在中
国和在古代西方一样，以在显贵人物的墓地埋入人牲而达到
顶峰。通常是妻、妾和奴隶陪葬。德格鲁特引用了此类著名
的有关人牲的文献。公元前677年，当秦国的征服者秦武公
死亡之时，殉葬者多达66人[3]。他的侄子秦缪公死于公元前
619年，丧事更加奢华，殉葬者不少于177人。这种残酷的风
俗延续到很晚近的时代，这方面的证据很多，这里不妨征
引一些。当明太祖1398年驾崩之时，随葬的宫中妇女数量巨
大。根据权威文献，晚至1661年，清顺治皇帝的诸妇之一去

---

[1] 参见上引文第299页。
[2] 参见上引文第301页。
[3] 参见上引文第2卷第721页。

世，皇帝下令使30个年轻女子为之殉葬。但是，到1718年康熙皇帝的母亲去世，康熙帝则禁止四个自愿殉葬的侍女遂其心愿[1]。还可以征引很多晚近的例子。晚近有很多近亲、夫人、女儿或者忠实的女奴在墓葬尚未填埋之际投身其中或者以这样那样的方式断其生命以便允许其尽忠殉葬[2]。有时候这种自我牺牲的行为，是他或她在死者的灵牌之下放弃生命，相信此时灵魂已经栖居地下[3]。我们发现了一种人性化的牺牲方式，就是如果妻子活得比丈夫长久且自然死亡的话，把妻子埋入丈夫坟墓的风俗[4]。

一种极端的自我牺牲形式，特别是在有身份的家庭中易于发生，那就是如果未婚夫早亡，他的未婚妻，要穿上婚服，就像在婚礼上一样与他结合，在其棺材旁的桌子上参加婚宴，其时"婚姻被稻谷之灵（rice-spirits）所密封"。死者被认为是以一种看不见的或者以"灵牌"的形式出现。然后这个"死亡新娘"（death-bride）就搬入其未婚亡夫的父母家里，穿上寡妇的麻布衣服，担负起儿媳的重任，代表她和她的亡夫收养一个"继承人"[5]。

"人殉自然意味着这样一种观念的流行：妻或妾必须陪伴丈夫进入来生，以免其堕入孤独寡妇的凄苦生活"，德

[1]　de Groot, *Religious System*, vol. 1, p.734.
[2]　参见上引文第735页。
[3]　关于灵牌，请参见上面提到的de Groot文第1卷，第142页和第218页。
[4]　de Groot, *Religious System*, Vol.2, p. 800.
[5]　参见上引文第763页。

格鲁特这样说[1]。他接下来描述了一种著名的冥婚的细节，
这种婚姻据说也在中国实行。有足够的证据表明这种风俗
见于世界各地，但这里我们只征引一两个例子[2]。魏太祖
（220～227年在位）最钟爱的儿子和邴原的年轻女儿同时亡
故。太祖希望两人合葬，但邴原拒绝了这个建议，于是皇子
和一个新死的甄姓女子埋在一起。当魏明帝（227～239年在
位）的年轻女儿淑夭折之后，跟她合葬的是一个叫黄的人，
他其实才是个婴儿，是甄皇后兄弟的孙子。通过这样的方
式，这个小孩子被追封为黄列侯。从宋代开始，华北地区的
青年男女如果同时夭折，他（她）们的父母便要为亡灵找一
个媒人看看两人是否般配，婚姻是否幸福。还要把酒和水果
作为婚宴摆到年轻男子的坟墓前。还要准备两把椅子并排放
置，椅子上各放一面小旗。如果给死者敬酒的时候旗帜晃
动，那就说明两个灵魂走到了一起[3]。显然，未婚死者不能
自己孤独地留在坟墓中，这个观念如此根深蒂固，以至于实
行冥婚的习俗并不仅限于新死之时，如果没有合适的同时去
世的异性亡人，也可以把一个旧坟打开，把死者的棺材移到
新死者的坟墓之中。在周代，负责婚姻的官员其职责就是保
证没有已下葬的妇女从其墓地移出并被指定作为未婚死者的
忠实配偶[4]。

---

[1] 参见上引文第802页。

[2] 参见上引文第803页。

[3] 关于旗帜在葬礼中的作用及相信它是死者灵魂的住所的看法，参
见de Groot, *Religious System* 第1卷第125、174页。

[4] 参见上引文第2卷第802页。

比较而言非常轻微的殉葬形式，是把某些肖像放入墓穴，比如草编的"灵魂"或者人偶，或者把肖像挂在墓室或者墓上。King Ai（约公元前300年）就是把整个后宫的40位佳丽的石雕像，放入地宫深处很可能是安放棺材的地方[1]。

尽管还有很多葬礼借用丰产仪式的例子可资引用，但是仅上述所见，大概就足以显示这些仪式在古代和现代的中国发挥了怎样的一种支配作用。

上面我已经表明祖先灵魂崇拜如何在中国重大年度丰产节庆中发挥明确作用。接下来，我又证明了中国的葬礼如何只是包含了促进丰产（fertility-promoting）和赐予生命（life-giving）的礼仪，我将要得出的结论就是把这两种事实合并为一，展示现如今献给死者的葬礼，原本却只是单纯向生命表示祝贺的仪式[2]。每年一次的死者盛宴——清明节，与"万灵节"略相仿佛，是在四月五日前后庆祝的，此时正当草芽发绿（青）、空气清朗（明）的季节，所以节日的原本意涵，只是迎接太阳的重生[3]。这个节日，在原始时代只是由敲着木鼓的传令官发起的，从某些方面看，它与我们瑞典的复活节庆典相似。所以，节日期间，所有的肉都要禁止，只能吃鸡蛋，习惯上还要给它涂上各种各样的颜色。鸡蛋之所以被选为食物，是因为公鸡是祭献给太阳的动物。这一天早晨，人人都要来到墓地，把祭献食物——肉、鱼、

---

[1] 参见上引文第811页。

[2] 上引B. Karlgren文第45页。

[3] B. Navarra, *China und die Chinese*, Bremen (1901), p. 368.

鸟、蛋糕和酒——放在坟上。在坟头要插上缠绕着长长白纸条的竹杖[1]，点上鞭炮，并把墓葬周围打理干净，这样死者从中出来才不致有任何困难。坟墓还要用柳枝编成的笤帚清扫。据纳瓦拉（Navarra）所言，柳枝被认为具有驱魔的力量，毫无疑问这是因为远古时代柳树代表一种生命之树，即便今天，柳枝还被插在门的上方，妇女们也还会在其头发上插上小束柳枝[2]。

这次在中国大地的漫步，在我看来着重强调了丰产仪式如何在死亡礼仪中发挥了重要作用，解释了死者如何参与到丰产节庆中来，接下来，我将要讨论在我看来对于圣诞节是细枝末节的问题，不过某些学者可能会认为这是最最要紧的问题。

圣诞节被认为是一种保护手段

如果你问某些瑞典人为什么要把松枝撒到灵柩前面，答案将会是：这样做，死者会被松针刺伤因此将不再走动。"那好，你看"，某人会说，"在葬礼上撒松枝，松枝具有预防和阻止恶魔的作用，但在圣诞节这种行为什么又成为丰产仪式呢？这种古老风俗真是自相矛盾、不可思议呀！"在我以前的文章中，我已经对此做出回答。这里我只是重

---

[1] 参见上文第95页关于三角旗帜的描述。

[2] 关于该日皇家墓地的祭祀情况，请参见de Groot, *Universismus*, pp. 212 and 216.

复[1]，我相信保护的重要性是第二位的。就实际而言，所有促进丰产的东西或装饰品，甚至仪式本身，在其后期阶段，都被认为是具有预防性质的护身符、仪式等等，不管它们被称作是"防御恶魔之眼"或者防御其他什么东西。这个逻辑是连贯的，因为生命给予或者再生本身就是对恶魔或毁灭力量的最好防御。这样我似乎又触到了圣诞节的第三个面向，这也是常常提及的一个方面。"圣诞节到处翱翔着精怪，简直无处不在，因此没有什么不被污染的，"基兰德（N. Keyland）如此说[2]。"如果某人要通过彻底的消毒防范流感或者其他疾病，关键是要及时把室内的一切来一个大清扫，还要做好身体清洁，然后是对所有可能预防手段的观察和采取一切可能的防范措施。门上要放上铁器，或者用焦油画上十字，还要逼迫牲畜吃下用焦油做成的球球，把各种不同形状的柱子竖立在院子里，周围点上火，所有这一切都是要减少那些不请自来的、看不见力量侵入的有害作用。"很可能这就是晚近看到这些风俗的乡野之人的解释，但这却没有建立其宗教方面的意涵。可以发现从同一个地区得到的有关同一件事情的两条信息。海新-查维里奥斯（Hylthén-Cavallius）写道："把麦草编成的十字架放在田野里作为对所有魔法的防御。"J.J.通纳（Törner）谈到斯马兰的迷信，也说到"圣诞节的麦草十字架必须放在田野里或者挂在果树上，这样一切都能得到保佑。"塞兰德引用了这段

---

[1]　参见上引文第112页。
[2]　参见上引文第10页。

话，并做出这样的反应[1]："促进丰产和阻止危险势力的同样性质的双重力量（same two-fold power），归功于以十字架形式摆放的仲夏树枝，也归功于圣诞节用麦草做成的十字架。""悬挂在门上方的麦草十字架，很可能扮演了和用焦油在门上图画十字几乎一样的作用，那就是防止所有企图进入房子的邪恶势力。"就此说来，这一点很清楚，无论是在斯马兰还是法斯特哥特兰（Västgötland），人们都希望通过这些麦草十字架保护自己不受死者带来的邪恶影响。确实，两种意涵可能并行不悖，但这只是到了某一个时期而且是比较晚近的时期才会如此。原初的意涵是清楚的（参见上面第73页的论述）[2]。

　　"为了使家畜免于圣诞之夜的种种危险而采取的保护措施，形成了庭院和马厩平安夜风俗中最为庞杂的一组风俗。"塞兰德在另外一个地方如此说[3]。"你会发现多种形式的钢铁，比如斧头、刀子、镰刀等等，常常被放置在牛圈的门上。在斯堪尼亚（Scania）教区，作为一种特殊优待，奶牛们都会收到一片圣诞面包，这片面包是用缝衣针送到奶牛面前的，这样它们就不会遇到任何魔鬼带来的麻烦。"还有其他一些风俗，比如说在挪威，"要把谷物撒到马鬃

---

[1]　参见上文第94页。

[2]　这里我将不再讨论十字的形式是否（如塞兰德所考虑的）具有增加、加固的意涵。当然这并非不可能。考虑是否模仿基督教的十字架，这一点是否正确还可讨论。特别是在讨论圣诞节风俗时，我们不要忘记十字也一直是太阳的符号。

[3]　参见上引文第94页。

上——以此保护马们不受巫婆的侵害，否则巫婆可能把它们骑走。同样的方法也要施之于奶牛。"在上面说到的第一个例子中，就保护的重要性而言，钢铁与斧头、刀子及镰比较而言，显然是次要的。就其保护方面的重要性而言，又低于其作为丰产符号的重要性，比如后来成为雷神托尔符号的斧头，就其作为丰产的重要性而言，具有异常古老的传统[1]。至于镰刀，跟弗丽嘉（Frigga）和弗雷（Frey）的祭祀有关，也许具有类似的意义[2]。在上面提到的另外一个例子中，促进丰产的圣诞节面包当然是最重要的，缝衣针不过是后起的。当谷物撒在牛马身上的时候，其作为丰产的原初意义也是没有疑问的。

尽管还可以举出许许多多少有些不同的例子，上述种种已足以表明，这一组圣诞风俗，很可以自然且符合逻辑地纳入圣诞节是首要的丰产节日的范畴。某些物体、仪式等等反复出现的丰产和预防功能之间首要和次要的关系，是如此非同寻常，某些物体或仪式在后代被认为具有预防功能，却似乎表明它先前具有丰产功能[3]。

（译自《东方博物馆馆刊》第3期，1931年，第69~98页。原载《中国文化》2017年第2期）

---

[1] 我的前引论文，第99页。

[2] 见前面第86页的论述。

[3] 注意类似的功能也见于复活节鸡蛋。参见Louise Hagberg, *Påskäggen och deras hedniska ursprung in Fataburen* 1906, p. 148 et seq.

史前中国的一些礼仪用品

[瑞典] 高本汉 (B. Karlgren) 著

陈星灿 译

在新石器时代仰韶文化的典型遗址河南仰韶村，安特生教授发现了一些标本，初看很是神秘，但是我相信，它们一定是某种崇拜的象征。这些发现可分为三类，但是我们将会看到，它们彼此之间紧密关联。

第一类包括2件陶质标本，如图版所示。第一件（图版1：1）系棕褐色陶质，器表呈暗灰色，高115毫米。第二件（图版1：3）也系棕褐色陶质，器表则呈暗黑色，高112毫米。后者有一个尖锐的边缘突出器身外，却没有形成可拆卸的盖子。两件标本皆中空，开口在下部。图版1：1这件标本，器身底部向周围展开形成一个扁平圆圈，器身就立在其上；图版1：3标本相对应的部分因破碎而无法复原。两件标本的意义，因亚洲其他地区史前时代发现的同类物而得以揭示。

在他了不起的关于摩亨佐达罗及印度河文明的研究著作（1931年，第58页）中，约翰·马歇尔（John Marshall）爵士对史前印度发现的男性生殖器符号给予了详细描述。我在这里复制了一些他的插图，下面引用这些插图时我将用我的图版编号代替原书图版编号（原书图版XIII和XIV）。马歇尔写道：

现在，在摩亨佐达罗和哈拉帕，有三类象征物品值得关注，一般是石头做的，偶尔也有其他材料做的。第一类物品由图版1：2、4、5、7组成。其中的两个（图版1：2、4）无疑是男性生殖器形象，造型比较写实，确切地证明印度的男性生殖器崇拜早于雅利安人的到来，因而一劳永逸地批驳了这种崇拜是由希腊人或其他西方入侵者传入印度的古怪理论。支持该论点的更多证据，来自同样类型的两个写实标本，一件是男性生殖器（linga）或阴茎形象（图版1：6），另一件是女性生殖器（yoni）或女阴形象，是斯坦因爵士在巴鲁支斯坦北部地区的铜石并用时代遗址发现的，前者发现在木哈尔·浑带（Mughal Ghundai），后者则发现在培里阿诺·浑带（Periano Ghundai）。其他几件，形状很普通，性质也因此不是很明确。它们大小不一，高从半英寸到一英尺大小皆有，通常用石灰岩和条纹大理岩做成，但微型制品也有用贝壳、彩瓷和铅质玻璃制成的，后者有时候因模仿玛瑙还涂上颜色。这些微型制品可能是玩具，但那些大标本作为玩具可是太重了，其形状显然也不适合作为秤锤，更难以想象它们会是其他作为实用目的的物件。的确，对它们唯一合适的解释，就是它们是某种类型的神圣物品（sacred objects），大的可能是用于崇拜目的（cult purposes）的象征性供品（aniconic agalmata），小的可能是随身携带的护身符，就像今天湿婆崇拜者（Saivites）通常佩戴的微型男根雕刻

图版 1

一样。实际上，这些物品从形状来看，很可能就是男性生殖器（linga），即便普普通通，也很容易让我们把木哈尔·浑带的那件出土物称为男根（linga）（图版1∶6）。在中世纪和现代的印度，男性生殖器（linga）很少表现为写实的形式。其中的百分之九十九是如此平淡无奇，以至于大多数人很难发现它们原本是男性生殖器造型的特征。

的确，在我们讨论的石制品和木哈尔·浑带出土的男性生殖器模型之间的关联是如此紧密，远非乍看所能体会。前者中的某一些（图版1∶9）与其他标本不同，只有上半部分，而且还有小孔（从照片可以看到），好像是附着在某种基座上的。现在，同样的特征也能从木哈尔·浑带那件男根标本上发现，但是这件东西却是陶器而不是用石头做的，用于依附的底部或者不管什么地方是整体制造的，而且在连接部位断掉了。与湿婆男性生殖器（Siva linga）模型比较，底座也许是一个女性生殖器（yoni）的模型。

仰韶标本（图版1∶1、3）与印度河文明（图版1∶5、7、9）及巴鲁支斯坦（图版1∶6）世俗化的男根标本之间是如此相似，毫无疑问它们也有类似的用途。印度例证的重要性，特别基于这样的一种事实：就摩亨佐达罗标本而言，在马歇尔的分析之后，可以确认它们就是真正的男根造型——因为就印度西北部来说，这个推理建立在非常坚实的基础上，原始的男性生殖器崇拜从来就没有死掉，却依然是今天印度的现实存在。

有意思的是，仰韶标本与印度和巴鲁支斯坦的标本如出一辙，都有同样或多或少看起来像个"蘑菇帽"（mushroom hat）的上半部分。这让我们联想起与中国早期历史时期——商周青铜时代的关联来。

在一篇名为《古代中国的丰产符号》的文章（《东方博物馆馆刊》第2期，1930年）中，我深入讨论了早期中国王朝男性生殖器崇拜的历史，我用了一个东方博物馆收藏的标本（图版1：8），它是用像大理石一样的石头制造的，高297毫米，发现在商丘县附近的黄河北岸。包裹它的厚壳表明其年代古老，其上还雕刻着商式文字（甲骨文那样的文字），尽管我还不能释读这些文字。我大胆猜测，它一定是商代遗物。我的这个说法现在确实被一个在殷商首都安阳出土的一件类似标本（图版1：10）所证实（《邺中片羽》，图版32）。

这两件标本的男性生殖器特征如此明显，以至于没有必要再加讨论，但这决不意味着无话可谈。与此同时，因为它们是男根，它们正是我在有关早期中国青铜器研究中所称呼的"瓶形角"（bottle-shaped horns）的典型代表。很可能它们是作为表现饕餮或者龙的大型大理石雕刻上的角出现的。如果我们把它们与图版2、3所展示的青铜器比较，我们就会自然得出这个结论。

在图版2：1中，我们看到"瓶形角"是圆形的，顶部扁平并略向四周延伸形成盘状（Oeder藏品中的一件卣）。其形状与著名的尤氏（Eumorfopoulos）藏品中的双羊尊上的

装饰（图版2：3）相类似。但是，圆形的"蘑菇帽"状的类型更常见。在安阳出土的一个漂亮的斧头（《邺中片羽》，图版40）的饕餮头部我们发现了它，在安阳出土的一件鼎（图版2：2；《邺中片羽》，图版11）和住友藏品的那件著名的食人兽形青铜器的龙头（图版3：4）上我们也发现了它。我们还在山中藏品一件青铜觥的动物形盖子（图版3：1，又见梅原末治《支那古铜精华》图版147）上也发现了它。藤田藏品一件类似的青铜觥上也有这种东西。这样的例子还可以举出很多。

正是"瓶形角"的形状揭示出它们具有象征性的礼仪内涵。因为没有哪种动物的角有如此宽阔的"蘑菇帽"形的端部，它们显然不是动物角的自然再现，却具有某种象征意义。这种神奇动物（饕餮、龙）的粗大角部约等于礼仪性的男性生殖器（ritual phallus），宗教的意味十分明显，我们在此看到了典型的丰产（fecundity）和繁殖力（fertility）的符号。

我们要讨论的第二类物品，是三个线轴形的小陶器标本，同样也是河南仰韶村出土。最大的一件（图版3：7），浅灰色陶，高30毫米。第二件（图版3：6）与上述图版1：3一样是棕褐色陶质，器表黑色，高23毫米。第三件（图版3：5），黄红色，高仅17毫米。

这些小物件尤其神秘。我想应该结合某些早期中国青铜时代的资料对其加以研究。有两类礼器——爵和斝（见《东方博物馆馆刊》第9期，图版23～26、52～55），通常口部都有奇怪的"立柱"（uprights），柱头是形色各异的"盖

图版　3

帽"（caps），参见本文图版4。这些"立柱"的实际用途
不明。它们不可能是把手，因为它们并没有安在容器中间，
而且通常这种容器在器身一侧已有把手。我猜想它们的功能
是把某种（木质？）器盖固定下来。尽管如此，却无法解释
其特殊的形状。我们一会儿再回答这个问题。现在只需看图
版4：1、3、4的柱帽和仰韶村出土的新石器时代的陶器标本
惊人相似就可以了，前者简直就是后者的复制品。

　　我们要考察的第三类物品（图版3：8、9），是红色的
小圆锥形陶器，高度从34到75毫米不等。也是河南仰韶村
出土，我已经在上面提到的拙文中讨论过。正如线轴形仰
韶标本再现为青铜爵和斝上的"立柱"的情形一样，这些
圆锥形标本也直接移用到早期铜器爵和斝的同样部位，参
见图版4：2。

　　在拙文《古代中国的丰产符号》里，我强调这样一种
事实：早期中国文字清楚地揭示了殷商时代的男性生殖器崇
拜思想。"祖"（祖先、祖父）这个字，是男性生殖器的象
形，"宜"（献给地母神灵的牺牲）这个字也复如此：在祭
祀土地的社坛，有一个神柱，毫无疑问它的来源是男性生殖
器，说明在祈求丰收的社祭和祈求多产的祖庙祭祀之间有非
常密切的关联。我无须在此赘述那篇文章的观点。在这里只
展示一些"祖"（祖先）的造型就说明问题了（线图1）。
它们有些引自甲骨文（参见孙海波《甲骨文编》），有些引
自金文（参见容庚《金文编》）。上面这一行是甲骨文，下
面这一行是金文。

　　很容易看到，在上面我们研究的史前和早期历史时期

图版 4

线图 1

的文物与表示"祖"（父亲、生产者）的男性生殖器象形之间存在密切关联。那两件大型的史前仰韶标本（图版1：1、3）和安阳早期历史中心出土的角（图版1：8、10）的男性生殖器性质不言自明，这也得到印度和巴鲁支斯坦同类物品的强烈支持，在这里还得到早期历史时期文字中非常类似的男性生殖器造型的进一步佐证。仰韶出土的小圆锥形标本（图版3：8、9），同样再现于殷商（安阳）和周代的文字上，也具有同样的内涵。仰韶出土的线轴形状的物品（图版3：5、7）及其殷商时代的"投影"（图版4：1、3）是否像前者一样属于同一个范畴、是否属于具有类似的男性生殖器意涵的宗教符号，还颇有疑问。殷商时代表示"祖"的文字里没有跟"线轴"完全一样的写法。尽管如此，有三种东西使得有必要开放心胸将之视为同类性质的象征符号。首先，它们和大型的男性生殖器造型和小圆锥标本一同出土于仰韶遗址；其二，它们与小圆锥形标本一样再现于殷商青铜器上完全同样的位置（即爵和斝的"立柱"上）——作为小圆锥体的"同义替代品"（synonyms）出现在礼器上，说明整个装饰是象征性的、巫术性的，因此意味深长；其三，某些线轴形物品比如图版4：4，显然与无疑属于男性生殖器造型的角（图版1：8、9）密切相关。

　　如果仰韶出土的大型男性生殖器造型和同一地点出土的小线轴形及圆锥形标本具有某种宗教意涵，那么就可能假设前者是用于崇拜的物品，后者则是随身携带的护身符。

　　（译自《东方博物馆馆刊》第14期，1942年，第65～69页。原载《南方文物》2019年第3期）